Hume, a justiça e o pensamento político moderno

Maria Isabel Limongi

Hume, a justiça e o pensamento político moderno

alameda

Grafia atualizada segundo o Acordo Ortográfico da Língua Portuguesa de 1990, que entrou em vigor no Brasil em 2009.

Edição: Haroldo Ceravolo Sereza e Joana Monteleone
Projeto gráfico, diagramação: Ana Júlia Ribeiro
Capa: Ana Júlia Ribeiro
Assistente acadêmica: Tamara Santos
Revisão: Alexandra Colontini
Imagem da capa: Pixabay

CIP-BRASIL. CATALOGAÇÃO NA PUBLICAÇÃO
SINDICATO NACIONAL DOS EDITORES DE LIVROS, RJ

L714h

Limongi, Maria Isabel
Hume, a justiça e o pensamento político moderno / Maria Isabel Limongi. - 1. ed.
- São Paulo : Alameda, 2023.
366 p. ; 21 cm.

Inclui bibliografia
ISBN 978-65-5966-160-2

1. Hume, David, 1711-1776. 2. Ciências políticas. 3. Ética. I. Título.

23-82628 CDD: 320.01
CDU: 321.01

ALAMEDA CASA EDITORIAL
Rua 13 de Maio, 353 – Bela Vista
CEP 01327-000 – São Paulo, SP
Tel. (11) 3012-2403
www.alamedaeditorial.com.br

para Laura e Chico

Sumário

Introdução

Este livro reúne uma série de artigos, na maioria já publicados, alguns muito, outros menos modificados, de acordo com a necessidade de recompor o fio do argumento que lhes confere unidade. Seu objeto é o que Hume escreveu sobre a justiça, esse campo de investigação que Aristóteles circunscreveu como o de intersecção entre as duas grandes ciências práticas, a Ética e a Política, e que tem para Hume, assim como para Aristóteles, dois sentidos complementares: num sentido geral, a justiça é a virtude ou a disposição para respeitar as leis; num sentido particular, refere-se ao próprio ordenamento legal e político, na medida em que está imbuído de um valor que explica nossa adesão a ele.

O que singulariza e faz o interesse da investigação humiana sobre a justiça é que ele a pensou como uma instituição historicamente determinada, em relação às circunstâncias sociais e políticas das quais brota, interditando por todos os meios pensá-la em abstrato ou fora dessa relação. Assim, ao refletir sobre o tema clássico da justiça, do qual se ocupou desde o *Tratado da Natureza Humana*, Hume foi levado a pensar o processo *histórico,* ao mesmo tempo *social* e *político,* de instituição do Estado inglês. É no âmbito desta investigação, conduzido pelos seus imperativos e pelas opções teóricas feitas desde o *Tratado*, que Hume se tornou o historiador da Inglaterra, pelo que se notabilizou em seu tempo. Neste livro, busco reconstruir este modo concreto com que o autor pensou a instituição da justiça, do *Tratado da Natureza Humana* à *História da Inglaterra*, passando pela *Investigação sobre os princípios da moral* e os *Ensaios morais, políticos e literários*. A ênfase recai sobre os elementos propriamente políticos do processo, elementos que muitas vezes ficam à sombra em análises que costumam apresentar o tema da justiça em Hume pelo viés da economia ou da moral. Mas Hume, como procuro mostrar, tem um olhar fundamentalmente *político* para a justiça.

Tendo os escritos humianos sobre a justiça como objeto e de olho na reflexão política que neles se faz, interessou-me situá-los no tabuleiro do pensamento político moderno. Procurei mapear as alternativas, as possibilidades, as linguagens políticas então disponíveis, a fim de entender o lugar ocupado por Hume neste mapa – uma forma de destacar sua grandeza enquanto pensador político, ainda pouco reconhecida quando se trata de estudos sobre o pensamento político moderno, mas também uma maneira de ampliar a temática e pensá-la para além da estrita filosofia de Hume, situando-a numa história das ideias e colocando-a em movimento. Nessa história, olhei para trás e não para frente. O modo como o pensamento humiano penetrou e vicejou em leitores como Madison, Tocqueville ou Stuart Mill, fomentando o pensamento democrático que então se desenha, fica para outro estudo. O foco deste está no retrovisor.

Interessou-me a maneira com que Hume apropriou-se das linguagens políticas disponíveis em seu tempo, tais como as de Grotius, Maquiavel e Hobbes, e os diálogos que empreendeu com Locke e Harrington, para sinalizar, sobre esse pano de fundo, a grandeza e a importância do seu empreendimento enquanto pensador político. Busquei observar a maneira com que o autor articulou, sintetizou e recriou as alternativas teóricas e conceituais então presentes, em especial, as teorias da lei natural, o realismo maquiaveliano e a teoria do Estado de Hobbes. A análise corre rente ao texto, atenta à linguagem, aos empréstimos vocabulares e aos momentos precisos em que Hume faz referência aos autores com quem dialoga, para com isso buscar capturar o seu pensamento político em ato.

Sobre esse cenário, além do modo como Hume pensou o processo histórico e político de instituição do Estado inglês, interessou-me também, mas em segundo plano – mesmo porque este campo encontra-se melhor mapeado pela literatura secundária –, a maneira com que sua filosofia moral, alimentada pelo intenso debate pós-hobbesiano acerca da natureza e disposições morais do homem, o conduziu a delinear um novo e a partir de então ineludível objeto de investigação: a sociedade civil. Ainda que tenha usado pouco o termo, Hume contribuiu de maneira decisiva para situar o conceito, quando quase trinta anos antes da expressão ser cunhada em seu sentido contemporâneo por Adam Ferguson no *Ensaio sobre a história da sociedade civil* (1767), dedicou-se a pensar a maneira como os homens, pelo simples fato de conviverem entre si e estarem sujeitos à influência recíproca, na medida em que suas opiniões se somam e se chocam, formam uma rede ou sistema de opiniões em que se produzem normas, regras, valores morais, estéticos e epistêmicos, além dos jurídicos. Com isso, o que a partir de então passou-se a chamar *sociedade civil* delineia-se no horizonte investigativo de Hume como uma espécie de organismo moral auto-regulado, um sistema de opiniões e práticas, com certa autonomia em relação à ordem legal e política, mas que, por outro lado, na medida em que encerra uma boa dose de conflito e disputa, só pode existir propriamente onde houver um sistema legal e político estabelecido que o regule. É, portanto, a relação entre a sociedade civil e as instituições legais e políticas (o Estado) o que se desenha no horizonte.

Procuro assim mostrar que, sem Hume no tabuleiro do pensamento político moderno, não se compreende boa parte do jogo. Não se compreende o processo de pensamento que nos levou a localizar nossa experiência política precisamente nesse ínterim, na passagem, a via de mão dupla que conduz da sociedade às instituições políticas e vice-versa, para a qual Hume foi um dos primeiros a dirigir o olhar e a situar a reflexão. Se a relação entre ordenamento político e campo social esteve no horizonte de todo o pensamento político do século XVIII (de que outra coisa tratam Montesquieu e Rousseau?), ela assume com Hume (e de forma inaugural, pois ele a pensou antes mesmo de seus colegas franceses, e de forma independente) um caráter dinâmico, e mais radical, conforme seu olhar se dirige para *o processo* social e político de instituição da ordem legal e constitucional, fora do qual não pode ser pensada.

★

O livro começa então pela reconstrução da maneira com que Hume se inscreve no seio da moderna escola da lei natural, de cuja linguagem se valeu como ponto de partida para pensar a justiça, no *Tratado da Natureza Humana* e na *Investigação sobre os princípios da moral*. Dessa escola – mas não apenas dela, como se verá – Hume herda um olhar histórico para as instituições jurídicas e políticas ou para o que ele denomina o "sistema da justiça", que se institui e se consolida, para ele, assim como para Grotius e seus seguidores, ao longo de um processo histórico: a história da lei.

Meu esforço, contudo, não foi o de enquadrar Hume nessa tradição, mas o de mostrar os pontos de ruptura com a escola da lei natural, particularmente com Locke. Procuro mostrar que Hume se vale de Grotius contra Locke, para afastar-se da escola num ponto fundamental. Para ele, a história da lei natural não tem um núcleo lógico, que a preside e a põe em movimento, e não é abstrata, mas *circunstancial* – a história de acordos positivos sedimentados em certas práticas sociais efetivas. Procurei indicar que o diálogo de Hume com a escola da lei natural, de cujo esquema ele parte para pensar a justiça, vai no sentido de torná-lo um filósofo-historiador, já que para ele a história da lei – e isto já vem assinalado desde o *Tratado* – só pode ser narrada nos termos de uma história circunstanciada, tal qual encontramos na *História da Inglaterra.*

No segundo capítulo voltei-me então para o estudo da *História da Inglaterra*, onde encontramos a história da formação do sistema legal e constitucional inglês, lendo-a sobre o pano de fundo da jurisprudência desenvolvida no *Tratado da Natureza Humana* e na *Investigação sobre os Princípios da Moral.* Daí porque o foco esteja nesse momento nos primeiros volumes da *História* (os últimos a serem escritos e desde então os menos lidos) nos quais Hume desenvolve o que a partir do *Tratado* e da *Investigação* podemos chamar a história da lei natural, ou seja, a história legal que precede a consolidação do governo e a estabilização da autoridade política na forma da monarquia.

Ao narrar a história da lei inglesa, Hume insere-se no intenso debate que se desenrolou na Inglaterra entre os séculos XVII e XVIII, no período da guerra civil e da revolução gloriosa, em torno da natureza, da história e do balanço da constituição inglesa. Pode-se entender a *História da Inglaterra* como a sua contribuição para esse debate, uma contribuição que passa por uma crítica importante ao modo como a tradição da *common law* compreendeu a natureza e a história do sistema legal inglês. Uma nova concepção da história da lei enquanto história social emerge dessa crítica.

O debate constitucional inglês é assim o segundo eixo de interlocução a partir do qual a concepção humiana da história da lei se desenvolve. E aqui, como no embate com a escola da lei natural, Hume caminha no sentido de dar à lei um caráter integralmente histórico: a justiça e a ordem legal não são a razão revelada na história e sedimentada nos costumes, como queria Edmund Coke. Elas são o produto da história, sem nenhuma forma de existência fora dela. Trata-se de uma *instituição social.*

O estudo da posição de Hume no debate constitucional inglês e de seu embate com a *common law* permite reformular sua diferença com a escola moderna da lei natural nos seguintes termos: enquanto essa escola pensou a história social e política enquanto história legal – história dos efeitos jurídicos dos atos jurídicos da *pessoa*, conceito jurídico-normativo chave a partir do qual a escola projetou a história das relações jurídicas e políticas –, Hume – que não recorre à noção de pessoa como fundamento do direito – pensa a história da lei enquanto história social e política. Isto é: Grotius, Pufendorf e Locke fazem uma *história legal da sociedade e da política*, ao passo que Hume faz uma *história social e política da lei.*

Esta formulação conduz ao terceiro eixo a partir do qual compreender a história da lei tal como pensada por Hume: sua relação com Maquiavel, mais propriamente com o modo como Maquiavel pensou a instituição do ordenamento (*ordine*) jurídico-político com base na circunstância social e histórica. Sobre isso trata o terceiro capítulo, que reúne dois artigos independentes, mas complementares: um deles tratando especificamente da relação de Hume com Maquiavel, o outro tratando de modo mais geral do legado de Maquiavel, procurando distinguir o maquiavelismo de Hume do de Harrington e Montesquieu. A singularidade de Hume está em pensar o ordenamento jurídico-político não apenas *em relação com* (como Harrington e Montesquieu) mas *a partir do* campo social.

A partir daí, o quarto capítulo abre uma espécie de interlúdio, já que sua primeira parte não trata de Hume, mas de Hobbes. A passagem por Hobbes justifica-se em função de um elemento fundamental que já à primeira vista aproxima os dois autores: ambos caracterizam a justiça como um *artifício* e, em função disso, mantêm uma posição heterodoxa no interior da escola da lei natural, com a qual dialogam e a qual pertencem em certa medida. Pelo emprego do termo para designar a justiça, Hume foi acusado de "hobbismo", adjetivo que em seu tempo não era elogioso e que figurava no rol de acusações com que o detrataram os opositores de sua candidatura à cadeira de filosofia moral da Universidade de Edimburgo.

As diferenças entre Hobbes e Hume são contudo importantes. Enquanto Hobbes pensa o artifício jurídico como uma construção racional atemporal, o produto de um hipotético contrato e um sistema fechado em torno da soberania, Hume o introduz na história, incorporando ainda outro elemento fundamental – a sociedade civil, que é capaz de auto-regulação e não é inteiramente conformada pelo Estado, mas que está numa certa relação com ele, de forma que o sistema jurídico-constitucional (o Estado) se abre, tornando-se poroso em relação aos processos sociais e políticos que o produzem. Daí que, em se tratando de situar Hume no cenário do pensamento político moderno, é indispensável definir como ele se posiciona diante da teoria do Estado de Hobbes e Rousseau, levando em conta que a justiça é também para ele da ordem da convenção.

No capítulo quatro, trato ainda do modo como Hobbes pensa a relação do Estado com o que fica do lado de fora do sistema jurídico-político, com as relações sociais, não jurídicas, naturais, e que Hobbes conceitua nos termos de relações de poder (*potentia*). Ou seja, procuro delimitar como Hobbes aborda o tema que persigo em Hume, para a partir daí medir as semelhanças e diferenças. Hobbes tem o seu próprio modo de pensar a relação do sistema jurídico com o conjunto das forças e opiniões que perfazem o campo social. Os elementos - Estado e sociedade - que ele compreende em termos de estado civil e estado de natureza e que em sua teoria se sobrepõem, permanecendo exteriores um ao outro, como o óleo e o vinagre, em Hume se interpenetram. A passagem por Hobbes insere desse modo mais uma peça no tabuleiro do pensamento moderno em que Hume se espelha e contra o qual se projeta.

Ela sinaliza ainda o lugar de entrada dos artigos que compõem o quinto capítulo – os mais antigos do volume – no todo do livro. Tais artigos tratam dos processos autorregulativos da sociedade, processos que a tradição sentimentalista britânica, de Shaftesbury a Adam Smith, procurou pensar em resposta ao que se entendia ser o ceticismo moral de Hobbes, e, posteriormente, o de Mandeville. É toda uma teorização da sociedade civil que emerge daí.

Hume pensa a formação das regras da justiça como mais um desses processos sociais autorregulativos. Daí porque seja importante reconstrui-los para, a partir desse horizonte, compreender a justiça. Nessa reconstrução, interessou-me mostrar um ponto decisivo no modo com que Hume pensou os processos geradores das normas reguladoras da sociedade civil. Ele procurou pensar a *gênese* social e histórica das normas, recusando a todo custo tomá-las como dadas em alguma sorte de campo natural, transcendente ou transcendental. Importa-me também sinalizar a diferença estabelecida por Hume entre as regras morais, estéticas e epistêmicas, de um lado, e as regras de justiça, do outro. Enquanto as primeiras são espontâneas, resultado de um tendência à convergência inscrita na dinâmica social da circulação das opiniões, as segundas são artificiais, deliberadamente instituídas e sustentadas por uma autoridade em vigor.

Chegamos assim ao último capítulo, em que a jurisprudência (a história de lei) de Hume e o estudo da *História da Inglaterra* são retomados, a fim de pôr à luz a maneira fundamentalmente política com que Hume concebe a história legal. O que se faz em dois momentos. Primeiro, a partir de uma comparação entre a jurisprudência desenvolvida por Hume e a de Adam Smith. Procuro mostrar que, enquanto a jurisprudência de Smith segue fiel à cartilha da escola da lei natural, derivando as instituições de justiça do direito pessoal, Hume evita a todo custo narrar a história da lei recorrendo a critérios e valores de justiça pré-estabelecidos, anteriores àqueles que serão produzidos e institucionalizados por esta mesma história, cujo fio condutor é político e não moral. Esta é uma diferença importante com Smith e um ponto decisivo na maneira com que Hume compreende a disputa que se desenrolou na Inglaterra dos Stuart entre os comuns e a coroa. Hume recusa a interpretação tipicamente *whig* dessa história, de acordo com a qual os comuns estavam do lado da justiça e a coroa da tirania e da usurpação, assim como mais tarde recusará a tese de

Bolingbroke de que os *whigs* teriam corrompido a constituição sob a liderança de Walpole. A estas narrativas opõe uma outra, de acordo com a qual o sistema de justiça se faz objeto de disputa permanente. Daí a importância que assume a disputa partidária no último capítulo da história constitucional. A ideia é mostrar, a partir de uma análise dos volumes V e VI da *História da Inglaterra*, que, apesar de apelar à moderação e condenar os destemperos do partidarismo, Hume defende a disputa partidária como uma forma de regulação política do sistema de justiça.

Ao longo de todo o percurso o foco está na singularidade do pensamento político de Hume, no lugar que ele ocupa no tabuleiro do pensamento político moderno, na maneira com que efetuou a sua própria síntese das questões e formas de abordagem da sociedade e da política com as quais dialogou e das quais se apropriou. Quero salientar seu interesse e luz próprios, a fim que se passe a lê-lo como um pensador político da envergadura dos grandes, do porte de Montesquieu e Rousseau, com os quais disputa a compreensão e articulação teórica das questões políticas da modernidade. Sua síntese da nossa modernidade política é potente e precisa. O convite é para que nos reconheçamos nela.

*

Um tal convite não deixa de ser paradoxal. Pois, com ele, retiro a filosofia política de Hume de sua situação histórica (justamente esta filosofia, que tanto insistiu na importância desta circunstância) para tomar o seu pensamento como uma espécie de modelo, um tipo de filosofia, em abstrato, uma "peça" no tabuleiro da modernidade, uma "saída" nesse xadrez, cujo interesse pretendo iluminar. Registre-se assim a confissão da motivação por trás da elaboração deste livro. Não pretendo apenas apresentar, mas defender a maneira humiana de pensar enquanto alternativa consistente ao kantismo e hegelianismo predominantes na filosofia política brasileira. Por "maneira humiana de pensar" entenda-se o modo com que Hume pensou a gênese empírica da normatividade jurídico-política, meu foco principal, e, no limite, toda normatividade social – moral, estética, epistêmica. Meu interesse maior está em mostrar que Hume pensou uma tal gênese de maneira radical e consistente. Isto é: tratou-se efetivamente para ele de explicar como as normas *se instituem*, sem tomá-las como dadas, mas sem por isso esvaziar seu conteúdo crítico, recusando com isso a imagem tradicional que nele se colou a partir de Kant – a do cético, que se resigna a aceitar as instituições e os costumes tais como são porque não vislumbra critérios suficientemente seguros a partir dos quais criticá-los e corrigi-los. Hume, ao contrário, em todos os ramos em que aprofundou seu pensamento, buscou critérios para julgar e criticar o que está dado: regras para o juízo. Isto não é menos verdade para o campo da justiça. Sua filosofia social e política desponta assim como uma espécie de "outro iluminismo", um iluminismo menos universalista, mais situado e realista e, ainda assim, crítico, cuja referência proponho manter viva.

Cabe assim agradecer a todos que fizeram parte do percurso: a Marilena Chauí, Newton Bignotto, João Carlos Brum Torres e Cícero Romão Araújo, que compuseram a banca de titulação em que uma primeira versão do trabalho foi apresentada e discutida; a Pedro Paulo Pimenta, Fernão de Oliveira Salles, Laura Valadão Mattos, Mauricio Coutinho e Leonardo Mueller, do grupo de pesquisa "Imaginação Econômica" da USP; Cristina Foroni Consani, Joel Klein e Vinicius de Figueiredo, do grupo de Pesquisa "Direito e Política" da UFPR, que pacientemente discutiram comigo versões preliminares do livro, contribuindo diretamente para melhorá-lo no todo e nas partes. Os trabalhos dos colegas citados formam ainda uma rede de referências que dão norte a este trabalho. Nesse sentido, cabe mencionar, além deles, os membros do grupo do PROCAD em Filosofia Moderna, de cujas discussões animadas se nutriram os primeiros textos do conjunto, os que deram origem aos capítulos 1 e 5, os mais metafísicos do volume: Ethel Rocha, Lia Levy, Silvia Altman, Vivianne de Castilho Moreira, Edgar Marques, Gerson Louzado, Marcos Gleizer, Pedro Costa Rego, Ulysses Pinheiro, além de Alfredo Storck e Wladimir Barreto Lisboa, que me acolherem nos sucessivos colóquios de filosofia do direito organizados por eles na UFRGS, nos quais tive a chance de discutir muitas partes desse trabalho, ao lado dos temas de filosofia do direito que me apresentavam. Agradeço, além disso, a Márcio Suzuki, pelos seminários que animou em torno da filosofia moral britânica e da concepção de história no século XVIII, nos quais este trabalho se nutriu e por ocasião dos quais começou a ganhar a forma de um livro; a Newton Bignotto (novamente), Helton Adverse e Gabriel Pancera, que me acolheram em seus colóquios e discussões sobre Maquiavel na UFMG, quando pude testar a pertinência do meu Hume maquiaveliano e aprender com eles sobre Maquiavel. O maquiavelismo desse grupo, fortemente referenciado na obra de C. Lefort, sempre foi para mim um modelo de pensamento político que não pude deixar de incorporar em minha leitura de Hume, desdobrando-o no interior de uma linhagem liberal, nem por isso não republicana. Por trás desta influência, está a referência inabalável de Marilena Chauí, imprescindível também por sua maneira de mobilizar Espinosa, como uma espécie de pedra fundamental dissonante da modernidade. É nela que me inspiro (sem evidentemente chegar à sombra do modelo) quando procuro apresentar a filosofia de Hume enquanto um ato de pensamento, ele também em certa medida dissonante, inscrito em seu tempo, de maneira a modificá-lo e a produzir alternativas. Não posso deixar de mencionar também os meus colegas e amigos da UFPR, que me acompanham desde sempre e com os quais este livro, antes mesmo de nascer, sempre esteve em discussão, não apenas academicamente, mas também nas mesas de bar e de carteado: Luiz Damon Santos Moutinho, Luiz Repa, Paulo Vieira Neto, Rodrigo Brandão e Vinicius de Figueiredo (novamente), representando aqui um grupo maior de colegas e amigos que seria excessivo citar. Minhas amigas e colegas Andrea de Oliveira Castro, Maria Adriana Cappello, Monica Stival e Vilma Aguiar, "junta feminista" imprescindível, e os amigos Eugênio Vinci e Marco Mello forneceram uma rede de interlocução constante em discussões sobre as desventuras do Brasil contemporâneo, para as quais mobilizei e testei a chave "Hume" de pensar. Registro ainda meus agradecimentos a meus orientados e alunos, os quais me ajudaram a formular melhor minhas reflexões e propostas. E por fim agradeço a Tonico, por sua generosidade sem fim, o amor e o entusiasmo com que me acompanhou no processo de pesquisa e elaboração.

As referências às obras de Hume feitas no corpo do texto dizem respeito às ediçoes elencadas na bibliografia, de acordo com a seguinte notaçao:

Tratado da Natureza Huma (T)
Investigaçao sobre os Princípios da Moral (EPM)
Ensaios Morais, Políticos e Literários (E)
História da Inglaterra (H)

Hume jusnaturalista[1]

Em uma nota da *Investigação sobre os Princípios da Moral*, Hume declara que a sua teoria da origem da propriedade e da justiça "é, no essencial, a mesma sugerida e adotada por Grotius". (EPM, 257). Levando em conta que filiar-se a Grotius era uma atitude comum aos membros do que hoje se chama a escola moderna da lei natural, cabe perguntar sobre o que essa afirmação diz da relação de Hume com esta escola.

Como argumenta S. Buckle, Hutcheson e Hume, assim como Locke e Pufendorf, são continuadores de Grotius, na medida em que, como Grotius, pensam as "relações de propriedade enquanto respostas naturais a mudanças nas circunstâncias humanas, em função da crescente sofisticação da vida social" (BUCKLE, 1991, VII). Antes de Buckle, Duncan Forbes já argumentara que o método experimental de Hume está em linha de continuidade com um certo modo de investigação empírica e histórica sobre a lei natural posta em marcha por Grotius. Tal método consiste em retirar os princípios da lei natural de uma investigação sobre a natureza humana e de suas tendências para a vida social. Todos

1 Versões preliminares deste capítulo foram publicadas na forma dos seguintes artigos: (a) "Direito, História e Política em Locke". In: Levy, L; Rocha, E. (Org.). *Estudos de Filosofia Moderna*. 1ed. Porto Alegre: Linus, 2011; "Hume jusnaturalista" Kriterion (UFMG), v. LII, p. 447-456, 2011; "Hume e o caráter político da justiça". In: Limongi, M. I.; Figueiredo, V.; Repa, L. (Org.). *O público e suas normas*. 1ed. São Paulo: Barcarolla, 2015.

esses autores (a lista de Forbes é Grotius, Pufendorf, Cumberland e Hutcheson) pensam "a propriedade, os contratos e promessas, a sociedade civil e o governo como invenções humanas que aparecem enquanto e quando são requeridas para satisfazer a necessidade do animal social que o homem nunca deixa de ser" (FORBES, 1975, p. 27). A ideia fundamental que os reúne em uma certa escola é a de que essas instituições se estabelecem em um processo social e histórico.

A tese de que a teoria da justiça de Hume está em linha de continuidade com a tradição jusnaturalista moderna é ainda retomada por Haakonssen, para quem "boa parte da filosofia moral do século XVIII foi profundamente influenciada pelo desenvolvimento de teorias da lei natural no seio do protestantismo a partir de Hugo Grotius" (HAAKONSSEN, 1996, p. 1). E há vários outros estudos que exploram essa relação (Cf. LE JALLÉ, 2005; HARDT, 1997, cap. 1, ARAUJO, 1998) – uma relação inegável, da qual Hume se mostra ciente e cioso em sua nota sobre Grotius.

Não resta dúvida, portanto, de que Hume seguiu os passos da moderna escola da lei natural, uma vez que também para ele se trata de pensar o desenrolar histórico da lei. Mas, ele concebe esse processo de uma maneira singular e dissonante em relação à cartilha da escola. Para mostrá-lo, reconstruirei a maneira como Locke pensou a história natural da lei, para em seguida sinalizar como Hume mobiliza Grotius contra Locke, sem por isso tornar se estrito senso um jusnaturalista.

Locke e a história natural do direito

Para Locke, como para Grotius e Pufendorf, a propriedade se estabelece por meio de um processo; o processo de apropriação daquilo que Deus deu em comum a todos os homens. Daí porque seja histórica: porque instituída nesse processo.

A comunidade dos bens é o momento zero dessa história, o momento em que não há ainda propriedade. Ou melhor, o momento em que não há ainda propriedade *sobre os bens externos*, pois, para Locke, cada um tem desde sempre a propriedade sobre a própria pessoa, por extensão da qual adquire propriedade sobre os bens externos, como que agregando-os à própria pessoa pela ação do trabalho.

Esse trabalho ou o processo de apropriação dos bens externos se dá de várias formas. Primeiramente, através da caça e da colheita; depois, pela agricultura e pecuária e a consequente apropriação da terra; e, num momento ainda posterior, pelas relações de troca tornadas possíveis pela invenção da moeda. A história da propriedade tem, assim, diversos episódios, nos quais as relações de propriedade se modificam. O que não constitui propriedade num momento (por exemplo: o excesso de minha produção que perece sem uso), constitui em outro (este mesmo excesso, quando passível de troca por um «pedaço imperecível de metal amarelo"). A invenção da moeda, permitindo dar uso ao excesso de produção, torna legítima a apropriação ampliada e desigual. Eis porque o direito ou a lei natural são históricos, porque as relações de propriedade em que eles consistem modificam-se historicamente.

No entanto, se o sistema de direitos e deveres que articula a comunidade jurídica modifica-se historicamente, seu desenvolvimento histórico faz-se em torno de um certo núcleo lógico - a relação entre pessoa, trabalho e propriedade, uma relação que, ela mesma, não é histórica. Pois, as ideias morais, tais como "pessoa", "trabalho" e "propriedade", são para Locke, como as ideias matemáticas, feitas pelo entendimento, observando-se apenas a consistência interna entre as ideias simples de que são compostas (Cf. LOCKE 1979, II. 22. 2). Assim também no que se refere às relações dessas ideias compostas entre si: aqui o entendimento considera as relações entre as ideias sem se preocupar se algo na realidade corresponde a elas, mas levando em conta apenas o modo como as ideias se referem reciprocamente umas às outras (Cf. LOCKE 1979, III. 5. 3). Porque o discurso moral se faz a partir desse tipo de ideia (que Locke denomina ideias de modo e de relação), porque nele se consideram apenas as relações e a consistência das ideias entre si, sem que se leve em conta o que se supõe ser a realidade a qual correspondem, esse discurso tem para Locke um caráter demonstrativo, como as matemáticas (Cf. LOCKE 1979, IV. 3. 18). Seja lá o que a realidade for ou venha a ser, as relações morais permanecem válidas e iguais a si mesmas, quer o entendimento pouse ou não sua atenção sobre elas. Elas são, nesse sentido, lógicas.

Assim, a pessoa em sua relação com o trabalho e a propriedade constitui para Locke o princípio do direito num duplo sentido. Ela é a sua origem ou o ponto zero de sua história, pois na origem do processo de apropriação há propriedade sobre a própria pessoa e direito de apropriação pelo trabalho; mas ela é também o princípio ou o fundamento lógico do direito, uma determinada relação que se afirma de diferentes maneiras na história, conforme o trabalho constitui propriedade em diferentes circunstâncias. O trabalho altera as circunstâncias em que a relação pessoa/ trabalho/ propriedade - o núcleo lógico do direito - se afirma. A história da apropriação pelo trabalho, na medida em que reafirma essa relação, é história natural da lei ou da propriedade.

Nem toda história, é verdade, é história da realização da lei. A lei pode ser violada, usurpada, suspendida e requer, por isso, regulação política. Há desse modo toda uma história da institucionalização política da lei natural, sem a qual a lei não é capaz de regular as relações sociais. Mas, se há uma história política da lei, o fato é que para Locke nem toda história da lei é política. A lei tem uma historicidade que lhe é própria. Ainda que não institucionalizada, ela se realiza, criando a propriedade, regulando as relações entre os homens e movendo todo um conjunto de ações e relações sociais, que não são de natureza política, mas jurídica.

Isto porque, como Locke quis frisar, as relações de propriedade independem do consentimento. É um ponto caro a Locke e o ponto central de toda sua argumentação no famoso capítulo sobre a propriedade, no segundo *Tratado sobre o governo*, a afirmação de que tais relações são estabelecidas pelo trabalho, sem que para isso se requeira "nenhum pacto expresso por parte de todos os homens" (LOCKE 2005, #26). Uma nota de Laslett, na sua edição do segundo *Tratado*, nos adverte que esta afirmação

> confirma que o presente parágrafo e todo o capítulo sobre a propriedade foram escritos tendo Locke as obras de Filmer em mente e com vistas a uma refutação cabal delas. Isso porque foi Filmer quem levantou a dificuldade de que o comunismo original não poderia dar lugar à propriedade privada sem o consentimento universal da humanidade (LOCKE 2005, p. 406).

Com efeito, a tese de que o trabalho gera propriedade sem consentimento pode ser vista como uma estratégia de Locke para driblar a dificuldade que Filmer levantara contra Grotius, quanto ao modo de pensar o processo de constituição da propriedade a partir da comunidade original dos bens. Grotius faz depender esse processo de um consentimento dos homens, ainda que tácito, em relação ao ato de apropriação. Filmer objeta que, sendo assim, bastaria que um só homem não consentisse com a apropriação para que ela se tornasse ilegítima. Como mostra Buckle (BUCKLE 1991, cap. 3 (3.2), p. 161 e ss), a objeção é fraca e Grotius teria como respondê-la sem dificuldade. Mas Locke parece tê-la levado a sério, procurando colocar a questão fora de toda controvérsia. Ele o faz, afirmando que a propriedade, sendo gerada pelo trabalho, independe do consentimento.

Essa cartada tem um efeito colateral notável: ela traça uma linha de demarcação entre as esferas do direito e da política. Enquanto as relações políticas são instituídas pelo consentimento comum, o direito, pelo menos em sua origem, e por princípio, realiza-se e põe os homens em relação independentemente de um tal consentimento, pela circunstanciação histórica das relações lógicas em que ele consiste. Eis o que parece ser a conclusão do capítulo V do segundo *Tratado sobre o governo*: a lei natural pode, pôde ou poderia (pouco importando se de fato as coisas se passaram assim), conduzir a história humana até um momento bastante tardio (até pelo menos a invenção do dinheiro), sem que para isso fosse preciso qualquer consentimento ou acordo entre os homens, e, mais ainda, sem que houvesse qualquer motivo de controvérsia ou de injúria, qualquer motivo para a violação da lei.[2] O *jus* não é, assim, o produto de um acordo, mas, antes, o elemento em torno do qual os homens se põem de acordo.

Esta é uma conclusão surpreendente, quando comparada ao jusnaturalismo clássico. Pois, o que é para Cícero o direito (*jus*) senão o direito realizado na cidade, mais especificamente na república e particularmente em Roma, fundada sobre um *juris consensus,* um consentimento ou reconhecimento comum do que é o justo?[3] Para Cicero, todo direito é direito institucionalizado e consentido, não sendo o *jus* natural outra coisa senão aquilo sobre o que os homens deliberam politicamente. Todo o direito é deliberado, já que o valor da justiça varia segundo as circunstâncias (*tempore*). O que não é justo numa circunstância ou mesmo em geral - como, por exemplo, matar um amigo -, pode ser justo em outra - como matar um amigo tirano.[4] Daí porque se requei-

---

2 Locke conclui o capítulo V dizendo que, no princípio, isto é, antes da instituição da moeda, o trabalho instituía a propriedade de um modo que "não podia haver nenhum motivo de controvérsia acerca desse título nem sombra de dúvida quanto à extensão das posses que ele conferia" (LOCKE 2005, #51).

3 Segundo a definição de república oferecida por Cícero, em *A República*, "a republica é a coisa do povo" e o povo "a reunião de uma multidão de indivíduos associados em virtude de um acordo sobre o direito (*juris consensu*) e de uma comunidade de interesses" (CICERO 1954, I. xxv, p. 222).

4 Segundo Cícero, "acontece frequentemente que as circunstâncias (*tempora*) nas quais os atos que parecem ser os mais dignos de um homem justo ou daquele que consideramos um homem de bem mudam e assumem um valor oposto" (CICERO 1974, I. X. 31). Longe de ser uma observação isolada, ela é retomada no livro III do *Dos Deveres*, em que se trata de mostrar que o útil e o honesto jamais se opõem: "frequentemente ocorre que, em função das circunstâncias (*ut tempore*), aquilo que normalmente tomamos por feio, mostra-se não o ser. Tomemos como exemplo um caso em que isso se evidencia da forma a mais patente: pode haver maior crime do que matar, não apenas um homem, mas um amigo? Mas isso implica que é culpado de

ram complexos processos deliberativos para que o justo se deixe reconhecer e realizar. Seu valor em cada circunstância não é evidente e incontroverso. É preciso observar os exemplos, considerar a opinião dos mais sábios, persuadir, produzir acordo: tudo isso faz parte do processo deliberativo, pensado como um processo público e político.

Do mesmo modo, toda história é história política ou institucional - história da república. O reconhecimento comum do direito ou o reconhecimento de um direito comum é o momento zero dessa história, da história que realiza o direito, mas que, à diferença da história narrada por Locke, é, de cabo a rabo, história política, história dos acontecimentos políticos, do que foi decidido em determinadas circunstâncias e por determinados homens, segundo os registros e testemunhos.

Locke, por sua vez, dá ao direito uma história que, além de hipotética, não é política, a história pela qual a lei natural cria e modifica as relações de propriedade, sem que para isso se requeira de consentimento. Este é um ponto sobre o qual ele insiste desde os seus *Essays on Law of Nature* (LOCKE, 1988). Ali, no quinto ensaio, denominado "Pode a lei de natureza ser conhecida pelo consentimento geral dos homens (*ex hominum consensu*)?", Locke recusa enfaticamente que tenhamos que recorrer a qualquer tipo de acordo - mesmo os tácitos, mesmo a convergência espontânea das opiniões – para conhecer os preceitos da lei natural, dentre os quais o dever de constituir e respeitar a propriedade. A propriedade, assim como todo conteúdo da lei natural, deixa-se conhecer

---

um crime aquele que matou um tirano que é seu amigo? Esta não é a opinião do povo romano que, entre todas as ações de brilho, julga ser esta a mais bela. A utilidade suplantou a beleza? Ao contrário, é a beleza que realizou o útil" (CICERO 1974, III. IV. 19). Levar em conta as circunstâncias é assim a chave que permite desfazer a aparente oposição entre o útil e o honesto, oposição que, segundo Cícero, conduz a não realização dos deveres.

demonstrativamente a partir dos princípios da natureza humana. Essa ideia é retomada no *Ensaio sobre o entendimento humano*, na tese de que o entendimento atento deve poder perceber as relações existentes entre as ideias morais, como as de pessoa, trabalho e propriedade, assim como percebe que dois mais dois são quatro. É esse conhecimento, e não um acordo, o que se requer para que se determinem os conteúdos jurídicos.

Assim, vale frisar: para Locke, o *jus* não se funda em um acordo entre os homens, sendo antes um elemento que põe os homens em acordo, eliminando todo conflito e controvérsia e tornando desnecessárias (pelo menos no princípio e se fosse inteiramente respeitado) as instituições políticas. As relações de propriedade que o realizam (em seu núcleo lógico) e o reafirmam nas primeiras circunstâncias históricas criadas pelo trabalho perfazem portanto toda uma pré-história da política.

Seria, porém, um exagero dizer que no estado de natureza de Locke direito e política estão dissociados. Pois há uma segunda perspectiva, além do critério do consentimento, a partir da qual se pode delimitar, segundo o próprio Locke, o domínio da política. A política está concernida numa certa distribuição de poder necessária para fazer valer a lei. Dessa perspectiva, ela está diretamente imbricada na lei.[5]

5 Ao tratar da relação entre direito e política nos deparamos com a difícil e controversa questão de oferecer um conceito ou uma definição da política. As duas perspectivas a partir das quais a definimos aqui - a do consentimento e a da repartição do poder - são perspectivas sugeridas pelo próprio texto de Locke. Elas estão presentes também em Cícero, com quem o comparamos. Para Cícero, além do acordo, do *juris consensus* que funda a cidade, esta requer ainda governo para existir, ou melhor, para durar no tempo e estabilizar-se. É com essa observação que Cícero abre a questão da melhor forma de distribuição de poder na cidade, isto é, a discussão sobre as formas de governo, culminando no elogio da forma republicana (Cf. CICERO 1954 I. XXVI).

Pode-se dizer que o *jus* tem para Locke um fundamento teológico-político, pois ele se determina pela lei de natureza, e toda lei, por definição, reporta-se a uma autoridade que a faz cumprir pela aplicação de recompensas e punições. Sem elas, a lei seria vã, pois ela obriga, precisamente, *por meio* de recompensas e punições – no caso da lei natural, das recompensas e punições divinas. O *jus* tem assim um fundamento político, ou melhor, teológico-político, já que encontra o seu princípio normativo em Deus, enquanto um poder de punir e recompensar quem o viola ou respeita.

No plano das relações dos homens entre si, o *jus* depende igualmente de um poder de "aplicar leis com pena de morte" e, portanto, de uma relação política, sendo esta, precisamente, a definição lockiana do poder político: "o poder político é o direito de editar leis com pena de morte e, consequentemente, todas as penas menores." (LOCKE 2005, #3). Esse poder, sem o qual o direito não tem força normativa, Locke diz que ele pode ser o poder de todo e qualquer homem, segundo o seu próprio juízo e discrição. Pois cada homem é, por natureza, segundo ele, um executor da lei de natureza, podendo aplicar as punições e recompensas que considerar apropriadas, a fim de fazê-la valer. Locke coloca, deste modo, o poder político (o poder de aplicar as leis) na mão dos indivíduos.

Tal doutrina – a de que "no estado de natureza todos têm poder executivo da lei de natureza", – é qualificada por Locke como uma "*estranha doutrina*", que ele se propõe a defender das possíveis e prováveis objeções (LOCKE, 2005 #13). Como mostrou J. Tully, a doutrina é mesmo estranha, tratando-se "de uma das maiores inovações do pensamento político moderno" (TULLY 1993, p. 15). O que há de novo ou estranho aí, entre outras coisas, é o fato de a origem do poder político não ser reportada à cidade. Enquanto que para a escola da lei natural (Grotius e Pufendorf) "o poder político passa a existir quando o povo consente no estabelecimento de um governo institucional" (TULLY 1993, p. 18), para Locke, ele está presente nos indivíduos antes e independentemente da instituição da cidade. Eis o que Tully denominou o "individualismo político" de Locke (TULLY 1993, p. 15).

Isto, que Tully vê como uma ampliação do campo da política para além de suas fronteiras tradicionais, uma operação notável na medida em que tornou possível pensar pela primeira vez "a rebelião como uma atividade política do povo" (TULLY 1993, p. 20), pode ser pensado, de outro modo, como uma maneira de esvaziar o conteúdo político do poder ao qual se credita a força normativa do direito. O poder executivo do direito atribuído aos indivíduos, segundo o modelo teológico-político do qual Locke parte, leva o nome de um poder político, mas justamente, ao ser atribuído aos indivíduos, deixou de se referir a *polis*, deixou de ser o poder da cidade. O que resta então de propriamente político nele?

Trata-se do poder de executar a lei, sem o qual a lei não é lei. Atribuir esse poder aos indivíduos é um modo de dizer que a lei não precisa de uma autoridade constituída para se impor em toda a sua força normativa e produtividade histórica; é um modo de reduzir a um grau mínimo o conteúdo político do direito. Se o direito tem como contrapartida o poder, esse poder não precisa ser o da cidade, não precisa estar politicamente distribuído e institucionalizado para que o direito se realize. Assim como o direito não precisa ser deliberado e não depende de *consensus* para se definir, o poder do qual o direito retira a sua força normativa não precisa se organizar politicamente para que o direito se realize na história.[6]

Assim, Locke ofereceu o esquema a partir do qual pensar uma história natural, pré-política do direito e da lei.

6 Para um argumento em sentido contrário, mas aplicado a um momento histórico posterior, após a invenção do dinheiro e a instituição do governo, Cf. WALDRON, 2003.

Hume crítico de Locke sobre a origem da propriedade

Hume interessa-se pela história natural da lei, à qual dedica várias páginas do *Tratado da Natureza Humana* e da *Investigação sobre os Princípios da Moral*. Nessas passagens, entabula uma discussão cerrada com Locke (o que, aliás, pode-se dizer do *Tratado* como um todo), criticando a ideia de que a propriedade esteja fundada sobre o trabalho. No lugar disso, adota outra tese, mais próxima de Grotius e Pufendorf, segundo a qual a propriedade funda-se sobre um acordo e convenção em torno de regras de partilha da propriedade. A passagem do *Direito de guerra e paz* citada por Hume na nota em que se diz seguidor de Grotius (cf. supra, Introdução) insiste precisamente sobre esse ponto, a saber, sobre o caráter convencional e acordado da propriedade. Quanto a isso, pode-se dizer que Hume mobiliza Grotius contra Locke.

A nota se dá no apêndice III da *Investigação*, nomeado "Algumas considerações adicionais concernentes à justiça", cuja intenção, segundo Hume, é a de "fornecer uma explicação mais particularizada da origem e da natureza da justiça, e precisar alguma diferenças entre ela e as outras virtudes" (EPM, 255). Essas diferenças consistem no caráter artificial da justiça, em contraposição ao caráter natural das outras virtudes, uma distinção fundamental com a qual Hume abre a exposição da teoria da justiça no *Tratado* (III, 2, 1) e que na *Investigação* é tratada de forma marginal, no referido apêndice. Da exposição do *Tratado*, trata-se de reter nesse apêndice que a justiça é uma virtude artificial porque fundada sobre um acordo ou convenção em torno de certas regras de partilha e fixação da propriedade.

Interessa a Hume mostrar que tipo de acordo ou convenção é esse. Não se trata de um contrato ou promessa, insiste ele, mas de um "*sense of common interest*". "Tudo o que é vantajoso para duas ou mais pessoas se todas cumprem a sua parte, mas que perde toda vantagem se apenas uma o faz, não pode provir de nenhum outro princípio" (EPM, 257). Sobre a percepção de um interesse comum, fundam-se determinados esquemas de conduta, ou práticas regulares, isto é, práticas que se fundam e pressupõem a aceitação de determinadas regras gerais de conduta. Hume dá o exemplo da conduta de dois homens que remam conjuntamente um barco ou que partilham uma linguagem comum.

É nesse momento do texto, quando está dizendo que as regras de justiça consistem em práticas dessa natureza, que Hume puxa a nota sobre Grotius para dizer que "essa teoria relativa à origem da propriedade, e consequentemente da justiça, é, no essencial, a mesma sugerida e adotada por Grotius." Segue-se então a citação de um longo trecho do *Direito de guerra e paz* (livro II, cap. 2, # 4 e 5), no qual Grotius afirma basicamente duas coisas.

Em primeiro lugar, que a origem da propriedade está num consentimento - um consentimento que toma primeiramente a forma de um acordo explícito quanto à divisão dos bens e da terra, e depois, a de um acordo tácito quanto ao direito do primeiro ocupante em relação ao que não foi dividido no primeiro acordo. Trata-se assim de uma passagem em que Grotius frisa o caráter acordado ou convencional da propriedade.

Grotius afirma ainda que esse consentimento se dá num momento em que os bens não podiam mais ser usados em comum, em virtude do incremento das artes e da divisão do trabalho, de um lado, e de um certo "defeito na equidade e no amor" dos homens (da ambição e da inveja), do outro. Trata-se assim de uma passagem em que Grotius afirma o caráter histórico e adventício da propriedade, em função de certas mudanças na condição de vida dos homens, que tornaram inviável a comunidade original dos bens.

Ao filiar-se a Grotius, num contexto em que o caráter artificial da justiça é o que está em foco, Hume parece querer dizer que a afirmação de que a justiça é uma virtude artificial deve ser entendida no duplo sentido afirmado por Grotius na passagem citada: a justiça é artificial porque (1) repousa sobre um acordo explícito ou tácito acerca da propriedade e (2) porque é instituída pelos homens, ao longo de uma história.

O ponto 2 – a ideia de que a justiça tem uma história, sendo uma aquisição do homem, que a constrói por etapas, em resposta às mudanças advindas nas condições de sua existência – é, como vimos, um traço geral, a marca registrada da escola jusnaturalista moderna. No entanto, como mostrou Tuck (Cf. TUCK, 1995), essa tradição está longe de ser perfeitamente homogênea. Segundo ele, Grotius foi apropriado de diversos modos, nem sempre convergentes sobre certos pontos fundamentais. Há a apropriação feita por Selden e Hobbes e a apropriação feita pelos radicais ingleses – ambas as quais tomam o direito como uma liberdade fundamental, a ser limitada por atos voluntários, através dos quais essa liberdade se exerce. E há, por outro lado, a apropriação feita por Pufendorf, Cumberland e Locke, que já não tomam o direito como uma liberdade fundamental, mas como algo que pode ser perfeitamente traduzido em termos de um conjunto de deveres.

Seja como for, o fato é que esse caráter equívoco e multifacetado da tradição jusnaturalista moderna implica cautela na compreensão da menção de Hume a Grotius. Não há dúvida de que Hume seja seguidor de Grotius, porque como ele – assim como outros, tais como Hutcheson e Locke – entende que a propriedade constitui-se historicamente enquanto uma resposta a mudanças nas circunstâncias da vida humana. Mas há tensões importantes que não podem passar despercebidas nessa autofiliação à escola da lei natural. Na passagem do *Direito de Guerra e Paz* citada por Hume, Grotius não apenas afirma que a propriedade é histórica, mas que ela se funda sobre atos de consentimento explícitos e tácitos. Ora, esse é um ponto enfaticamente negado por Locke, contra Grotius e Pufendorf.

Como vimos, é um ponto central no argumento de Locke no famoso capítulo V do segundo *Tratado sobre o governo* que as relações de propriedade são estabelecidas pelo trabalho, sem que para isso se requeira "nenhum pacto expresso por parte de todos os homens." Esta afirmação fez seguidores. Lendo Grotius e Pufendorf a partir de Locke, Barbeirac acrescenta notas às famosas edições de suas obras, contestando-os sobre esse aspecto. Segundo Barbeirac, em nota à mesma passagem de Grotius citada por Hume, "não há necessidade de um contrato para fundar o direito da primeira ocupação" (Cf. GROTIUS, 2005, II, 2, #5, p. 427). Na mesma linha segue Hutcheson, ao insistir que a comunidade natural dos bens é negativa, o que quer dizer que "no princípio qualquer um podia com justiça ocupar o que quisesse, sem consultar o resto da humanidade, não sendo preciso recorrer a nenhuma antiga convenção dos homens para explicar a introdução da propriedade" (HUTCHESON, 1990, livro II, cap. 6, p. 159).

Assim, quando Hume cita Grotius precisamente nessa passagem em que Grotius está afirmando que a propriedade funda-se sobre um consentimento, ele certamente sabe que está tocando num ponto polêmico e que a filiação a Grotius não quer dizer apenas concordância com a tradição por ele inaugurada, mas também discordância com relação a certos rumos tomados por essa tradição – o que nos conduz ao conteúdo de uma segunda nota de Hume, desta vez ao *Tratado da Natureza Humana* III, 2, 4, em que ele se refere à teoria da propriedade de Locke.

O contexto da nota é o da explicação de como os homens chegam a estabelecer regras gerais de partilha da propriedade. Não basta, segundo Hume, que os homens reconheçam a utilidade social das regras de estabilização da posse, das quais derivam a propriedade. É preciso que a regra geral "que a posse deva ser estável" (T, 502), estabelecida pelo interesse comum, seja aplicada aos casos particulares, ou seja, é preciso que haja regras menos gerais, determinando quais bens pertencem a quem. Tal regra é, num primeiro momento, a regra da ocupação imediata. "Deve imediatamente ocorrer, como o mais natural expediente, que cada um continue a gozar daquilo de que no presente é senhor" (T, 503). Pressionados pela necessidade de haver uma regra que evite a "violência e a desordem", os homens concordam em adotar essa regra (*agree in prefering it* (T, 504), na medida em que ela é natural, chegando em seguida, pelo mesmo caminho, "*by universal agreement, express or tacit* (T, 505)", à regra da primeira ocupação. A ênfase no consentimento é fundamental na medida em que nos remete ao conteúdo da nota sobre Grotius e é tão mais relevante uma vez que é nesse exato momento que Hume introduz a nota contra Locke e seus seguidores.

Alguns filósofos, diz a nota, explicam (*account for*) o direito (*right*) de ocupação dizendo que "cada um tem a propriedade em seu trabalho" e que, quando se acrescenta algo a alguma coisa pelo trabalho, isso gera a propriedade sobre a coisa. Mas, contesta Hume, há muitas formas de ocupação, das quais não se pode dizer que se acrescentou algo àquilo que por meio dela se adquire, como quando se possui um campo pelo fato do seu gado pastar nele. Ou seja, qual tipo de propriedade o trabalho gera e qual tipo de trabalho gera propriedade são questões que estão longe de ser incontroversas, como supõe Locke.

A tese de que o trabalho constitui propriedade não é aceitável, em segundo lugar, porque é um modo de explicar a propriedade pela acessão (por acréscimo a algo que já se possui), o que, por sua vez, pressupõe a propriedade no lugar de explicá-la. A propriedade dos bens exteriores deriva-se da propriedade da própria pessoa, mas esta é simplesmente suposta e não explicada. E, por fim, não se pode dizer que o trabalho *acrescenta* alguma coisa a um objeto senão em sentido figurado. O trabalho apenas altera o objeto, uma alteração absolutamente relevante, porque por meio dela se estabelece uma relação entre os homens e os objetos sobre a qual se fundará a propriedade, mas insuficiente por si só para introduzi-la.

Antes, a propriedade explica-se para Hume "de acordo com os princípios precedentes", a saber, a partir de um consentimento em torno da regra sugerida pela relação de posse – a regra de que a posse gera propriedade, isto é, *direito* à posse. Hume está assim enfatizando que apenas o consentimento pode explicar a propriedade ou o direito à posse, por mais naturalmente que se imponha a nós a regra sobre a qual se irá consentir (a saber, que cada um tem direito ao que presentemente possui).

★

Sobre a questão do consentimento e toda a polêmica em torno dela, Tuck faz algumas observações que merecem menção. Ele chama atenção, em primeiro lugar, para o fato de que a tese de que a propriedade funda-se sobre um consentimento, expressa na passagem do *Direito de guerra e paz* citada por Hume, não foi sempre a posição de Grotius, que defendia em suas primeiras obras a ideia de haver direito de propriedade no estado de natureza independentemente de qualquer consentimento. A posição de Grotius é ambígua quanto a esse ponto. Tuck observa, além disso, que a ênfase de Pufendorf no consentimento vai contra a teoria do direito inaugurada por Grotius e desenvolvida por Selden e Hobbes. Pufendorf, querendo refutar Hobbes, teria jogado o bêbe junto com a água do banho – Grotius e os direitos –, uma vez que, se todo direito depende de um acordo sobre a sua utilidade geral, então, não há mais direitos fundamentais (TUCK, 1995, p. 161-2).

Ainda segundo Tuck, na Inglaterra, com Hale e Cumberland e, de maneira mais radical, com Locke, desenvolveu-se um outro tipo de recusa a Hobbes e à vertente absolutista do jusnaturalismo, que passou pela reabilitação do primeiro Grotius, para quem o direito à propriedade não depende de consentimento. Não haveria propriamente incompatibilidade entre o primeiro Grotius e o do *Direito de guerra e paz*, se tomarmos o consentimento de que ele nos fala nessa última obra como um consentimento tácito, não contratual. De fato, nota Tuck, Cumberland também fala em consentimento, mas de um consentimento tácito, e a questão central para Locke não está tanto em negar o consentimento em torno da propriedade, mas, mais especificamente, em negar que ela dependa de um consentimento explícito, ou seja, contratual. Como isso é também negado pelo "consentimento natural" de que nos fala Hume, as observações de Tuck podem significar que Hume, no lugar de se afastar, acompanha de perto esse movimento de reabilitação tipicamente britânico de Grotius contra Hobbes, do qual Locke seria o principal representante. Mas, se é assim, como entender a ênfase de Hume nas duas notas a que nos referimos acima (uma das quais claramente antilockiana) na necessidade e no papel do consentimento para a introdução da propriedade?

A questão é tão mais importante porque ela está no cerne da definição da justiça como virtude artificial, que corresponde ao contexto da nota de Hume sobre Grotius. Sabemos que essa tese gerou controvérsias e que Hume teve que se explicar sobre ela, quando uma lista de proposições tidas como perigosas a ele atribuídas circulou em campanha contra a sua candidatura à cadeira de filosofia moral de Edimburgo. Dentre as acusações, há a taxação de "hobbismo". Hume seria ainda pior do que Hobbes, segundo o autor do panfleto, por ter abolido todas as obrigações naturais, até mesmo a obrigação de fazer contratos e pactos, que Hobbes ainda reconheceria como uma obrigação natural. Hume respondeu a essa acusação em sua *Letter from a gentleman* (a partir da qual conhecemos também o conteúdo das acusações) e é provável que a sua nota de filiação a Grotius na *Investigação* faça parte de uma tentativa de se livrar dessa pecha.

Mas, o consentimento está longe de ter na teoria jurídica de Grotius o papel que tem na de Hume. Se Grotius atribui ao consentimento algum papel na constituição da propriedade a partir da ocupação, a ênfase no consentimento é toda de Hume. Valer-se de Grotius aqui é uma maneira de escamotear a subversão que se prepara. Locke pode discordar de Grotius e Pufendorf sobre se é o trabalho ou a ocupação consentida o ato jurídico relevante para a constituição da propriedade, mas mantém-se como um aluno bem comportado quando localiza o conteúdo do direito numa determinada relação entre a pessoa e seus atos juridicamente relevantes. É isso o que confere à história da lei o seu caráter demonstrativo, já que a história é a história dos atos das pessoas jurídicas e de suas consequências.

Costuma-se reconhecer como uma contribuição inovadora de Grotius a definição que ele oferece do direito (*jus*) no cap. 1 do *Direito de Guerra e de Paz* (Cf.VILLEY, 2009). Às definições tradicionais do direito, como o que não repugna a natureza de uma sociedade entre criaturas racionais e como o que está de acordo com a lei de natureza ou com a reta razão, Grotius acrescenta uma terceira: o direito pode ainda ser definido, segundo ele, como "qualidade moral ligada à pessoa para possuir ou fazer legitimamente (*juste*) alguma coisa" (GROTIUS, 2005, p. 138). Segundo Haakonssen,

> O ponto central é que Grotius, na esteira e sem dúvida inspirado por vários pensadores escolásticos, em particular os neotomistas espanhóis, transformou o conceito de *jus* tal como encontrado na lei romana e em Aquinas. No lugar de ser a característica de uma ação ou estado de coisas quando está de acordo com a lei (*in casu* a lei natural), *jus* é visto por Grotius como algo que uma pessoa tem. O conceito foi "subjetivado", centrado na pessoa: trata-se do poder que uma pessoa tem, pelo que é denominado uma qualidade moral da pessoa (HAAKONSSEN, 1999, p. 240).

Essa definição subjetiva do direito será explorada por Pufendorf para pensar uma história do direito, a partir da relação que ele estabelece em *De jure naturae et gentium*, I, 1 entre a pessoa moral e a noção central de sua filosofia moral e jurídica que é a noção de *entia moralia*. O homem é, segundo ele, uma pessoa moral na medida em que tem a *faculdade* (*facultas*) de produzir entidades morais (PUFENDORF, 1710, I, 1, I). Assim como os corpos produzem movimentos, enquanto afecções derivadas da disposição ou aptidão própria à sua natureza ou essência corpórea, pessoas produzem efeitos morais (I, I, II), enquanto uma afecção derivada da disposição ou aptidão própria à sua natureza moral. O homem enquanto pessoa é o *autor* dessas entidades, que devem sua eficácia a sua *autoridade* (I, I, IV), ou seja, à eficácia moral da sua pessoa. Ser uma pessoa é, portanto, ser dotado de uma certa eficácia moral, de uma certa *autoridade* para produzir conteúdos morais e jurídicos.

Um exemplo dessa capacidade da pessoa de produzir efeitos morais é a capacidade de constituir propriedade. A propriedade constitui-se por um ato da pessoa – o ato da ocupação ou do trabalho, pouco importa – gerando um efeito que é o direito antes inexistente ao uso da coisa, que tem assim o seu estatuto jurídico alterado, passando a ser a propriedade (direito de uso) de alguém. Outro exemplo é o contrato, a partir do qual essa tradição pensou os atos de constituição da propriedade por transferência e a instituição do governo civil. A pessoa é, assim, para a moderna escola do direito ou da lei natural, não apenas a fonte do direito, mas a fonte, o sujeito ou o autor de uma certa *história* do direito, uma vez que seus atos, como o contrato e o trabalho, produzem transformações sociais – novas relações de produção e novas relações de poder, pensadas enquanto novas formas de relações jurídicas. Ou seja, a história social, na medida em que é produzida por pessoas, é ao mesmo tempo e desde o princípio história jurídica.

No caso de Hume, embora declare que sua teoria da propriedade e da justiça "é, no essencial, a mesma sugerida e adotada por Grotius" (EPM, 255) e embora, de fato, ele descreva as etapas das relações de propriedade e da instituição do governo civil a partir de um esquema emprestado de Grotius, afasta-se dele e de sua escola nesse ponto fundamental: Hume não apenas não recorre à noção de pessoa como ponto de partida para contar a história das relações de propriedade, como em pelo menos duas ocasiões do *Tratado* critica explicitamente o recurso a essa noção para explicar um determinado conteúdo jurídico.

A primeira ocasião é a nota (T, 505) em que ele critica a tese lockiana de que a propriedade funda-se sobre o trabalho. Como vimos, um dos pontos da crítica está em dizer que isso é o mesmo que explicar a propriedade a partir da ascensão, ou seja, a partir de um direito anterior pressuposto (como a propriedade do bezerro pela propriedade da vaca), o que é raciocinar em círculos. A crítica se dirige especificamente à tese de Locke de que o trabalho gera direito, mas atinge igualmente Grotius e Pufendorf e toda pretensão de fundar o direito de propriedade nos atos da pessoa jurídica, seja o trabalho ou a ocupação. O que Hume está dizendo é que isso é o mesmo que explicar um conteúdo jurídico a partir de um outro, pressuposto e não explicado. É conferir conteúdo jurídico a determinados atos a partir da pressuposição de uma certa natureza jurídica do homem enquanto pessoa.

Em outra ocasião, Hume critica a definição clássica da justiça como "a vontade constante e perpétua de dar a cada um o seu direito (*his due*)" que se encontra nos *Institutos*. A definição não é boa, segundo ele, porque supõe que "existam tais coisas como o direito e a propriedade independentemente da justiça e de maneira antecedente" (T, 526). Hume quer mostrar, ao contrário, na contramão da tradição jusnaturalista, que a justiça (*justitia*) antecede o direito (*jus*). Por justiça, ele entende, nesse contexto, certas regras acordadas de estabilização da posse, que os homens tacitamente aceitam em suas práticas sociais para evitar a constante disputa pelos bens materiais. A noção fundamental a partir da qual Hume pensa o direito de propriedade e a história das relações de propriedade não é, portanto, a de pessoa, mas a de regra.

Tal regra não está dada à razão, como uma relação lógica com base na qual se possa medir os acontecimentos históricos e as práticas sociais concernentes às relações de propriedade. A regra é sempre histórica, estando fundada sobre as práticas e as opiniões. Pode-se assim dizer que o que há de singularmente importante no jusnaturalismo de Hume é que para ele a opinião de utilidade é a única medida da justiça. Grotius recusa a ideia de que a utilidade seja a mãe da justiça, ainda que afirme não haver incompatibilidade entre justiça e utilidade, como, aliás também afirma Cícero no *Dos Deveres,* ao articular o útil e o honesto (Cf. BUCKLE, 1991, p. 265-60). Mas, no esquema de Grotius e de Cícero, a utilidade não é *a* medida da justiça, e sim a natureza, a ordem das coisas. Essa ideia parece sobreviver no jusaturalismo moderno, mas não no de Hume, que faz da utilidade a *única* fonte da justiça.

Mais precisamente, certas regras de partilha da propriedade impõem-se porque *são percebidas como* úteis para a sociedade, sendo essa percepção o que nos motiva a respeitá-las. Esse ponto é fundamental: a utilidade não se afirma do ponto de vista de uma ordem dada ou providencial do mundo ou da natureza, mas é algo de que os homens têm que se convencer para que possam se obrigar diante da justiça e, nessa medida, criá-la. Essa é uma tese fundamental de Hume com relação a todas as virtudes, não apenas a justiça: a virtude não é outra coisa senão o que *é considerado* virtuoso, ou seja, nada além de opinião, uma opinião que é sempre histórica, porque formada no processo pelo qual se afere *a posteriori* os efeitos das ações. Assim, não há medida natural, no sentido de um padrão a-histórico e independente da ação humana, da justiça. A justiça é uma prática social, sustentada pela opinião dos homens de que essa prática é socialmente vantajosa. Eis o que o autor do panfleto contra Hume deve ter pressentido como algo perigosamente distante da cartilha jusnaturalista.

Diante dessa desconfiança, Hume defende-se acentuando sua filiação a Grotius. Grotius já não dizia que a justiça é uma instituição humana, em resposta às mudanças advindas nas circunstâncias em que se tecem as relações inter-humanas, de maneira a assegurar e fortalecer os vínculos sociais? Já não dizia que esta instituição depende de algum tipo de consentimento? Sim, mas para Grotius a justiça não é apenas uma instituição, mas uma instituição que responde a certas relações naturalmente dadas entre pessoas e entre pessoas e coisas, relações que podem ser objeto de conhecimento e demonstração. Esse ponto que interessava a Locke, Barbeirac e outros frisar, Hume nega, valendo-se de Grotius até o ponto de subvertê-lo.

Hume e a história da lei natural

Passo agora a analisar o modo fundamentalmente político com que Hume concebeu a história da lei no *Tratado da Natureza Humana* e *Investigação sobre os princípios da moral.*

Hume segue a moderna escola da lei natural ao reproduzir as etapas ou passos pelos quais a escola pensou o processo histórico de formação da propriedade – ocupação, prescrição, acessão, sucessão e troca. Seguindo a escola, ele começa a sua história da lei pela ideia de que a ocupação gera propriedade.

> Deve imediatamente ocorrer, como o mais natural expediente, que cada um continue a gozar daquilo de que dispõe no presente, e que a propriedade ou posse constante se vincule (*be conjoin'd*) à posse imediata.
>
> (...)
>
> ... os homens consentem (*wou'd acquiesce*) facilmente com este expediente, que cada um continue a gozar daquilo que no presente possui; sendo esta a razão pela qual eles se colocam tão naturalmente de acordo em torno dessa solução (why *they wou'd so naturally agree in preferring it*) (T, 503-4).

A razão para a aquiescência à regra da ocupação presente está, em parte, no fato de os homens precisarem de uma regra, no fato de a regra ser útil. Mas isso não basta para a determinação do seu conteúdo e para explicar porque a regra é precisamente esta e não outra qualquer. Aqui é preciso lançar mão do conceito de lei de natureza. Os conteúdos da justiça são naturais na medida em que são sugeridos pela natureza. É a natureza que põe em relação pessoas e coisas, sugerindo a posse presente como modo de determinação da propriedade. A posse pela ocupação é, nesse sentido, uma lei de natureza, posto que a relação entre pessoas e coisas (relações de contiguidade e causalidade) sobre a qual a regra se funda é uma relação naturalmente dada (entenda-se: uma relação entre ideias que o entendimento humano tende naturalmente a fazer).

Termina aqui, porém, a concordância de Hume com a cartilha jusnaturalista. Hume afasta-se da tradição no modo de pensar *como* a natureza determina os conteúdos da justiça. Para ele, a utilidade pública não é critério suficiente de determinação do conteúdo particular da regra. Ou seja, o conteúdo da regra não pode ser deduzido a partir do princípio de utilidade, como se estivesse de algum modo inscrito na natureza das coisas.

> Há sem dúvida motivos de interesse público na base da maioria das regras que determinam a propriedade; mas ainda assim eu suspeito que essas regras são principalmente fixadas por propriedades mais frívolas do nosso pensamento e concepção (T, 504, nota).

Essa propriedade "mais frívola" do pensamento (entenda-se: uma forma de relacionar ideias irredutível ao princípio racional da intuição e dedução), responsável pela determinação do conteúdo da propriedade, consiste na tendência da imaginação a acrescentar determinadas relações fictícias a relações dadas, quando estas são bastante fortes, como uma maneira de fortalecê-las ainda mais.

> Eu já observei na natureza humana que, quando dois objetos aparecem em relação estreita um com

> o outro, a mente tende a atribuir-lhes uma relação adicional, de maneira a completar sua união; e essa inclinação é tão forte a ponto de frequentemente nos fazer incorrer em erros (como o da conjunção entre o pensamento e a matéria) se acharmos que podem servir a esse propósito (T, 504, nota).

Hume oferece diversos exemplos dessa tendência. É ela que explica o modo como arrumamos objetos, tornando contíguos aqueles que apresentam uma relação prévia de semelhança. É em função dessa tendência, igualmente, que atribuímos ao som um determinado lugar ou posição local, fortalecendo desse modo a relação causal entre o som e o objeto que o emite. Nesses casos, diz Hume, "nós fingimos (*feign*) uma nova relação, ainda que absurda, de maneira a completar alguma união" (Idem.ib.). A ideia é que algo semelhante ocorre com relação à propriedade. A propriedade é, nesse sentido, uma ficção da imaginação (e não uma relação dada com as coisas) – o que quer dizer que o *jus* (a propriedade em seu caráter normativo) não está inscrito *na* natureza, mas é criado *a partir da* natureza, a partir de relações que não são desde o princípio jurídicas ou normativas – no caso da propriedade, as relações de posse. Assim, Hume dirá que a propriedade "não é algo real nos objetos", mas se impõe com o tempo (T, 509), negando desse modo que as relações de propriedade sejam dadas de maneira a-histórica na natureza das coisas.

Um importante exemplo dessa tendência da imaginação responsável pela formação da relação de propriedade, que ajuda a esclarecer em que sentido esta relação é uma ficção, está na relação de identidade atribuída pela imaginação a objetos que mantém entre si uma extrema semelhança, como as percepções interrompidas de uma mesa, abordada por Hume no livro I do *Tratado* (T, I, 4,

2). Quando a mente passa da relação de semelhança à de identidade, forma-se segundo Hume a *ficção* da existência contínua dos objetos. Trata-se de uma ficção, pois, nas coisas, ou, se quisermos, juntamente com as percepções, são dadas apenas a relação de forte semelhança entre as percepções, não a de sua identidade, já que as percepções são numericamente diferentes. Da mesma maneira, no caso da propriedade, são apenas as relações que constituem a posse, não a propriedade, que são naturalmente dadas. Que seja assim é algo que se percebe em função de uma certa contradição entre a ideia dada (a semelhança; a posse) e a acrescentada (a identidade; a propriedade). Quando refletimos sobre a identidade que atribuímos a percepções muito semelhantes, vemos que a identidade se resolve na semelhança; quando refletimos sobre as relações de propriedade vemos que se resolvem nas de posse.

No caso da propriedade, a passagem cria, precisamente, o direito. Trata-se de uma "união moral" entre determinados objetos e pessoas que se estabelece sobre uma "união natural" (T, 510, nota). O direito repousa, portanto, sobre a tendência da imaginação a fortalecer relações dadas por meio de novas relações, ainda que *fictícias*, *absurdas*, *erradas*, adjetivos usados por Hume e que se aplicam à propriedade, na medida em que permanece uma tensão entre ela e a mera posse. A invenção da propriedade é, no entanto, facilitada e mesmo justificada por sua utilidade, que oferece uma razão para a passagem, aliviando a tensão entre a ficção e o dado.

Na atribuição de identidade a percepções semelhantes, uma tensão permanece: a "mínima reflexão" faz ver que por trás da identidade há apenas semelhança (T, 214), de modo que não ficamos "inteiramente convencidos de que percepções semelhantes são contínuas, idênticas e independentes" (T, 215). Dessa tensão nasce a filosofia, com suas teorias sobre a substância e o acidente, no caso da filosofia antiga, ou sobre as qualidades primárias e secundárias, no caso da filosofia moderna, as quais Hume apresenta nas seções seguintes à que explica a origem da crença na existência contínua e independente dos objetos, como tentativas vãs de resolver a contradição que permanece evidente na atribuição de identidade a objetos perceptivos meramente semelhantes.

Mas, assim como é apenas o filósofo que se ocupa dessa contradição, a qual o homem vulgar desconsidera, é natural que a tensão entre posse e propriedade seja desconsiderada. A passagem da posse à propriedade é ainda facilitada pela utilidade da propriedade, com o que a ficção se justifica e se impõe de um modo tal que chega a ser difícil desfazê-la e notar que a propriedade não é uma relação dada juntamente com as coisas. Isso, aliás, nem se requer: que a propriedade seja respeitada! Que a normatividade jurídica se imponha! E se é o caso de lembrar que a propriedade não é real é apenas para desfazer o equívoco de pensar a justiça como dada de uma vez por todas, *sub specie aeternitatis*, independente de uma história humana e de um conjunto de decisões e consentimentos; para lembrar que a justiça tem um caráter circunstancial e dinâmico (e não lógico, como queriam Locke e Pufendorf).[7]

Na passagem da posse à propriedade – passagem absolutamente capital, porque fundante da normatividade jurídica – estão, assim, de um lado, determinados conteúdos sugeridos e propostos pela imaginação em torno dos quais fixar a posse, e, do outro, a aceitação e justificação da passagem em função de sua utilidade pública. O fundamental é notar que a imaginação sozinha, sem o acordo e o consentimento, não seria capaz de sustentar as práticas de seguir determinadas regras de propriedade, em vista da tensão entre a re-

7 Isso vale também para a ficção da existência contínua e independente dos objetos. Do ponto de vista prático e pragmático, ela é incontestável.

lação moral da propriedade e a relação natural da posse, ainda que, por outro lado, seja preciso não perder de vista que o consentimento sozinho, abstraído dos conteúdos em torno dos quais se produz, não seria tampouco suficiente para fundá-las (ou seja, a ordem jurídica não se institui segundo um processo de tipo contratual).

Assim, Hume reforça a ideia clássica de que os conteúdos da justiça se determinam por acordo (o que é diferente de dizer por contrato), no contexto do jusnaturalismo moderno, ao estabelecer que o acordo é o que confere caráter normativo aos conteúdos da lei natural (entenda-se: aos conteúdos de justiça sugeridos pela natureza e que são pré-jurídicos). O *jus* procede do acordo, não da natureza. O acordo é o que promove a passagem da natureza ao direito.

Se tomarmos o acordo e o consenso como critérios de identificação do político (como faz Locke[8]) então, pode-se dizer que a sociedade regulada pela justiça é, para Hume, mesmo sem governo, uma comunidade política, porque fundada sobre acordos positivos. Nesse sentido, há política para Hume muito antes da instituição de um governo.

Mas, se entendermos que o critério fundamental de identificação do político é a existência de uma instância de governo (como faz mais estritamente Locke), também nesse caso pode-se dizer que a justiça tem para Hume um caráter político. Pois o *jus* é político, para ele, não apenas porque depende de consentimen-

8 De acordo com Locke, a sociedade política caracteriza-se fundamentalmente pela existência de uma "judicatura à qual apelar", uma "autoridade para decidir sobre as controvérsias entre (os homens) e punir os infratores" (LOCKE, 2005, #87). Essa judicatura e autoridade são fundadas por acordo, sendo esta uma marca distintiva da comunidade política em relação à natural. Na sociedade política há a necessidade de acordo expresso em torno das leis, mas não na comunidade natural.

to, mas também porque seu conteúdo não pode ser determinado senão onde houver uma autoridade civil que decida entre possibilidades conflitantes.

Hume considera que, muito embora os princípios da natureza humana possam sugerir certos acordos e fazer convergir as opiniões em torno de certas regras, há casos em que a controvérsia é instransponível. E isto não se explica em virtude de certos traços da natureza humana, tal como o egoísmo ou a incapacidade de agir segundo interesses menos imediatos. Não se trata apenas da dificuldade de fazer com que os homens ajam segundo os acordos estabelecidos, mas da dificuldade de fazer com que cheguem a estabelecer acordos, sem a mediação de um terceiro, de um árbitro. Esta dificuldade concerne à natureza mesma da propriedade e das regras de justiça e diz respeito à impossibilidade de chegar a um acordo e estabilizá-lo em meio a interesses conflitantes.

Diferentemente das controvérsias relativas ao gosto ou à moral, nas que concernem à propriedade, nenhum padrão se oferece como forma de dirimi-las. Não há como alcançar um ponto de vista mais geral abarcando a diversidade das perspectivas. Não há como *regular*, mas há por vezes que se *decidir* entre perspectivas diversas. Eis porque um sistema de regras de justiça está inevitavelmente atrelado à autoridade de uma instância de governo que o administre, aplique e sustente as decisões sobre as quais se assenta. Encontramos aqui um limite para a ideia, no entanto cara a Hume, de que a justiça é o produto de um acordo.

Enquanto as controvérsias relativas ao gosto e à moral podem ser reguladas, sem prejuízo da diversidade das opiniões, pela referência a um padrão capaz de exibir e fornecer determinadas regras para o julgar em meio a diversidade de perspectivas (ver adiante cap. 5.3), nas querelas em torno da propriedade, não há nenhum padrão a que se referir.

Essas querelas aparecem, por exemplo, quando se trata de definir o que é a posse. Vimos que a imaginação a determina pelo modo como relaciona determinados bens a determinadas pessoas. Mas a dificuldade está em que a imaginação não procede de maneira regular nesse processo. A posse consiste no poder de usar um objeto. Mas, quando começa, quando termina exatamente esse poder?

> Considera-se que um javali que cai em nossa armadilha está em nossa posse, quando é impossível que escape. Mas o que queremos dizer com impossível? Como separar a impossibilidade de uma improbabilidade? E como distinguir exatamente esta última da probabilidade? Como marcar os limites precisos entre uma e outra e mostrar o padrão (*standard*), pelo qual decidimos todas as disputas que podem surgir e que vemos pela experiência frequentemente surgir em torno dessa questão? (T, 506)

Hume insistirá nesse problema nas longas notas da seção 3, parte 2, livro III do *Tratado*, em que entabula uma cerrada discussão com a tradição jusnaturalista. A primeira nota insiste sobre o papel da imaginação no estabelecimento do conteúdo das regras de justiça, mais precisamente sobre a tendência da imaginação a acrescentar relações fictícias a relações dadas, que vimos ser constitutiva da propriedade. A segunda nota critica a teoria lockiana da propriedade e estabelece, por contraste, que a propriedade, mesmo tendo o seu conteúdo sugerido pela natureza, nem por isso dispensa o acordo, a convenção e a aceitação refletida da regra para se constituir. As terceira e quarta notas, as mais longas, acrescentam a isso que, se a imaginação procede de maneira regular na passagem da posse à propriedade, o mesmo não se passa com a determinação da posse, o que termina por tornar a propriedade irregular.

Assim, por exemplo, consideramos injusto que alguém tome do outro um coelho em cuja caça investiu (o exemplo está em Locke), mas não consideramos injusto que alguém mais alerta e atento se apodere da maçã no momento em que ela cai da árvore, em lugar de um outro que também a visasse, mas sem a mesma rapidez na ação. Isso se deve à relação mais estreita entre o caçador e a lebre, tendo em vista que a imobilidade da lebre é um efeito da indústria do caçador e que essa relação se acrescenta ao "poder certo e infalível de usufruir do objeto", fortalecendo essa última relação e determinando a posse. Em outros casos, porém, esse poder não é requerido e uma outra relação é suficiente para estabelecer a posse e, consequentemente, a propriedade. É o caso da visão de um objeto escondido e difícil de achar "de acordo com a máxima segundo a qual um continente inteiro pertence à nação que primeiramente o descobre" (T, 507). A conclusão retirada desses exemplos é que, uma vez que cada caso é decidido segundo uma regra diferente, não há um padrão ao qual se referir para dirimir ou regular as controvérsias em torno da posse e da propriedade.

> Por todas essas circunstâncias é fácil ver quão complexas podem se tornar muitas questões concernentes à propriedade por ocupação; o menor esforço de pensamento nos apresenta uma série de casos não suscetíveis de uma decisão razoável (*of any reasonable decision*) (T, 507, nota).

Essa "decisão razoável" que faz falta aqui é aquela que, segundo a tradição jusnaturalista, se faz segundo a razão e a natureza, e que, no esquema de Hume, que nesse ponto não é tão irracionalista quanto possa parecer, se constrói por referência a um padrão. Hume considera em seguida algumas controvérsias que costumam ser abordadas pelos escritores que trataram da lei de natureza, para, no lugar de buscar um critério para decidi-las, como faziam esses escritores, declarar:

> De minha parte, penso que é impossível resolver a controvérsia, pois toda a questão depende da fantasia (*fancy*) que, nesse caso, não possui um padrão (*standard*) preciso ou determinado com base no qual possa formular sua sentença *(idem)*.

Fantasia é o termo reservado por Hume para designar a imaginação no seu funcionamento irregular. Onde a imaginação funciona de maneira irregular, não há padrão e princípio regulador a que recorrer. Não há regras gerais pelas quais pautar o juízo. A decisão dessas controvérsias tem, deste modo, algo de inevitavelmente arbitrário. A quem pertence a cidade abandonada, dentre as colônias gregas que enviaram mensageiros para dela se apossar? Àquela cujo mensageiro, percebendo que o outro estava mais próximo aos portões da cidade, envia uma flecha que a toca antes da mão do adversário, ou a este segundo, que tocou a porta primeiro? A quem pertence o copo de ferro: àquele que lhe deu a forma ou a quem possuía a sua matéria? Não há como decidir. Do ponto de vista da utilidade pública, as decisões são indiferentes. A imaginação tampouco oferece um critério de decisão, já que não estabelece a posse de maneira regular. Eis aqui o espaço a ser ocupado pela autoridade ou pelo poder político na formação das regras de justiça.

Esse espaço é o que abre a distância entre a normatividade jurídica e a moral. Diferentemente das regras morais de conduta, que surgem espontaneamente do intercâmbio dos sentimentos, as regras de fixação da propriedade repousam sobre um acordo, uma decisão de tomá-las como regras, em vista de um fim esperado. Esse acordo não é uma convergência espontânea de opiniões, mas um artifício, porque não há nesse caso um padrão que faça convergir as opiniões, sendo o acordo em torno das regras de justiça um acordo em torno de uma certa *decisão* acerca de um determinado conteúdo de justiça – o que torna a justiça dependente das ações de uma autoridade constituída, a autoridade que toma a decisão, a sustenta e a aplica.

Assim, todo sistema jurídico, para se constituir, precisa de uma autoridade dada – e portanto constituída alhures, por uma via não legal, não como autoridade legitimada pela lei, mas como autoridade que põe a lei – sustentando as decisões que esse sistema comporta. A autoridade tem que estar presente desde o princípio na constituição desse sistema, sendo que é essa exigência, decorrente do modo como Hume pensou já desde o *Tratado* o processo de formação das regras de justiça, o que explica a importância e a atenção que cada vez mais ele concede às fontes não legais da autoridade. Assim, não se deve ver nisso uma guinada autoritária,[9] pois, desde o *Tratado,* o lugar da autoridade está assinalado com bastante precisão no sistema jurídico de Hume. O que Hume fez foi desenvolver, posteriormente, no *Ensaios* e na *História da Inglaterra,* os contornos da teoria da autoridade necessária para completar o seu pensamento jurídico.

Assim, sistemas jurídicos requerem a intervenção de uma autoridade para se constituir, sendo que o papel da autoridade

---

9 Cf. VLACHOS, 1955 e GIARRIZZO, 1962, segundo os quais Hume teria ao longo da vida se afastado dos *Whig* e se aproximado dos *Tories*, na medida em que alargava o espaço da autoridade sobre a liberdade.

não se reduz à aplicação e interpretação de regras previamente dadas, independentemente das relações de poder, numa condição de perfeita igualdade. A autoridade tem um papel fundamental a desempenhar na própria constituição desse sistema. Ela é causa.

Tendo isso em vista, e o que se disse acerca do acordo utilitário e do papel da imaginação na constituição das regras de justiça, torna-se importante distinguir entre diversos tipos de causa, descendentes em generalidade, operando em conjunto na formação de um sistema de regras de estabilização da posse. Em primeiro lugar, há a utilidade ou a opinião de utilidade, como causa geral. Em todo sistema de justiça ela opera como causa. Na sua ausência, uma regra de justiça deixa de existir como regra: "quando uma lei civil é tão perversa a ponto de prejudicar todos os interesses da sociedade, ela perde toda a sua autoridade e as pessoas passam a julgar pelas ideias da justiça natural, que estão em conformidade com esses interesses" (EPM, 197, nota). Se inteiramente inúteis (ou se percebidas assim), as regras de justiça deixam de ser seguidas, pois, dado que existem na prática acordada de segui-las, desfeitas as práticas, elas deixam de existir.

Há, em segundo lugar, o funcionamento regular da imaginação, como na passagem da posse à propriedade, segundo princípios gerais que operam não apenas nesse caso, como numa série de outros. Ao que se acrescenta, em terceiro lugar, certos modos irregulares e singulares da imaginação funcionar, como na determinação da posse, abrindo margem para a decisão inscrita no e assegurada pelo direito civil acerca de um conteúdo determinado de justiça. Essas causas são claramente distinguidas por Hume na *Investigação sobre os princípios da moral*, 3, 2, em que são mencionadas três causas responsáveis pela determinação do conteúdo de uma regra de justiça: a utilidade, a analogia (ou "conexões muito tênues traçadas pela imaginação") e a lei civil (EPM, 195-6).

Tais causas são descendentes em generalidade. Em todo sistema de justiça estão presentes a primeira e a segunda causa, responsáveis por aquilo que os sistemas têm em comum, a saber, o conteúdo natural do direito. A terceira causa aponta para o que é variável em cada sistema, diferenciando-os entre si. Nenhuma delas opera sozinha. Um sistema de justiça forma-se pelo entrecruzamento das causas.[10] De modo que não há um conteúdo do direito natural que não seja codeterminado pelo direito civil, e que não esteja nesse sentido permeado por uma relação de poder: "podemos, em geral, observar que *todas* as questões relativas à propriedade são subordinadas à autoridade das leis civis, que estendem, restringem, qualificam e alteram as regras da justiça natural de acordo com a conveniência particular de cada comunidade" (EPM, 196).

Isso não quer dizer, porém, que os sistemas de justiça sejam inteiramente arbitrários e simplesmente fundados sobre relações de poder, pois, o papel desempenhado pela autoridade não apaga o papel igualmente fundamental do acordo e do consentimento em torno das regras de justiça. Esses dois princípios aparentemente antagônicos convivem *na história*, como dois tipos de causas, gerais e particulares, na determinação dos sistemas de justiça historicamente constituídos, sendo a combinação desses elementos – o consentimento e a circunstância histórica, a liberdade e a autoridade, o geral e o particular o que confere interesse à teoria humiana da justiça, na medida em que dá à justiça um caráter circunstancial, acidental e irregular, sem abrir mão do seu aspecto racional e regular, igualmente fundamental em sua gênese histórica.

---

10 Sobre o entrecruzamento das causas particulares e gerais na ciência política de Hume, ver MALHERBE, 2001.

★

O que dizer, para concluir, da relação de Hume com a moderna escola da lei natural? Trata-se sem dúvida de uma relação complexa. Hume segue os passos da escola quando se interessa pela história da lei, enquanto história social. Segue também a escola quando entende que essa história precede e se complementa pela história política da instituição do governo. Mas tensiona os ensinamentos e a linguagem jurídica de Grotius para enfatizar, não a necessidade, mas as contingências da história, não a naturalidade do conteúdo jurídico, mas sua convencionalidade. Por trás dessa subversão está um modo diferente de pensar a relação entre direito e política. Pode-se dizer que Hume caminha na contramão do processo de juridicização da política, posto em marcha por Grotius e consolidado por Locke, que conferiu aos conteúdos jurídicos um caráter epistêmico, sistemático e lógico. Hume, ao contrário, politiza o direito, na medida em que para ele os conteúdos jurídicos se fixam a partir de acordos efetivos, estabilizados em meio a relações de poder.

Hume contra a ideia de lei fundamental: O volume I da *História da Inglaterra* e o debate constitucional inglês[1]

Nos seis volumes da *História da Inglaterra* encontramos, fundamentalmente, uma história da lei e da constituição inglesa. Trata-se também de história econômica e da história dos costumes ou maneiras (*manners*), mas o fio condutor é a lei ou o processo de formação de um sistema legal como elemento de regulação das relações sociais.

Enquanto história da *lei*, convém ler a *História da Inglaterra* em paralelo com a jurisprudência desenvolvida no *Tratado da Natureza Humana* e na *Investigação sobre os Princípios da Moral*. Há quem pense não haver aí uma relação relevante ou que a *História da Inglaterra* seja só uma ilustração da teoria da justiça plenamente desenvolvida no *Tratado* (como HAAKONSSEN, 1981, HARRISON, 1983, e todos aqueles que passaram ao largo da *História da Inglaterra* em suas interpretações da teoria da justiça

1 Este capítulo foi publicado em artigo com o mesmo título nos *Cadernos de Filosofia Alemã*, v. 20, p. 37-65, 2015. Uma parte dele foi publicada com o título "Hume e a liberdade saxã" em Storck, A.; Lisboa, W. B.; MacDonald, P. (Org.). *Temas de filosofia política e jurídica*. 1ed. Porto Alegre: Faculdade de Direito da UFRGS, 2015.

de Hume); há quem pense, ao contrário, que os textos são complementares (Cf. McARTHUR, 2007) e quem pense, de outro modo, que Hume tenha alterado significativamente sua concepção da justiça na passagem do *Tratado* para a *História* (Cf. BAIER, 2010). É uma questão controversa e ainda pouco trabalhada a relação entre este conjunto de obras.[2] Mas, sem causar muita polêmica, pode-se dizer que no *Tratado* Hume procura traçar as linhas gerais ou identificar as causas gerais que presidem a história da lei, enquanto que na *História da Inglaterra* trata-se de compreender a instituição da lei a partir das circunstâncias particulares da história inglesa (Cf. LIVINGTON, 1984, p. 249).

Na atenção que dá às circunstâncias e particularidades da história inglesa a fim de reconstituir a história da lei, Hume é o herdeiro do intenso debate constitucional que se desenrolou na Inglaterra desde o período que precede à guerra civil inglesa - desde o reino de Jaime I - até o momento em que ele escreve, após a revolução gloriosa, quando então a constituição mista inglesa havia enfim se estabilizado, sem que contudo tivesse se arrefecido o debate em torno de sua natureza e do seu equilíbrio. Como observa R. J. Smith, é com a "*constitutional dissention*", que eclode no reino de Jaime I, que se despertou na Inglaterra o interesse pela história (Cf. SMITH, 1987, p. 2).

Com efeito, em *The ancient constitution and the feudal law*, Pocock mostrara como nesse debate esteve em jogo interpretações concorrentes da história medieval inglesa – ou melhor, como uma certa interpretação da constituição enquanto "antiga constituição", defendida pelos *common lawyers*, em especial Edward Coke, se viu abalada pela descoberta da "lei feudal", isto

2 Uma sugestiva reflexão encontra-se em CLÉRO, 2001.

é, de um conjunto de leis que regulavam e acompanhavam a instituição social do feudo.

Segundo Pocock, a lei feudal já era conhecida na França pelos juristas do século XVI que se debruçaram sobre o *Libri Feudorum*, "a única sistematização escrita da lei feudal que se tornou parte da herança legal da Europa (POCOCK, 1967, p. 70)" e, em solo britânico, por Thomas Craig, um escocês formado na França que no início do século XVII sustentou a ideia de uma origem feudal e continental (ou seja, normanda) da lei escocesa, com base no seu conhecimento do *Libri Feudorum*, cujos traços se faziam notar nas práticas legais da Escócia. Mas a lei feudal era ignorada pelos juristas ingleses, acostumados a orientar suas práticas pelo conhecimento da *common law*, uma lei que se compreendia como especificamente inglesa e como imemorial. Sendo assim, de acordo com Pocock, os juristas ingleses não viam necessidade em inserir a *common law* num contexto europeu mais amplo e tinham forte resistência a lhe atribuir um caráter histórico.

A *common law* seria imemorial, de acordo com os *common lawyers,* por supostamente remontar a um tempo anterior à memória e aos registros históricos. Isto implica que ela não poderia ser reconduzida a nenhum ato voluntário de fundação, sendo, antes, a sedimentação histórica de certos princípios fundamentais, cuja sabedoria e racionalidade se veem confirmadas pelo costume, o uso ininterrupto e a atividade legislativa continuada, tendo por efeito o refinamento da lei. A teoria da *common law* é, assim, paradoxalmente, uma teoria segundo a qual a lei se funda no costume e em práticas continuadas – na história, portanto – e, por isso mesmo, é a-histórica, já que o costume não faz senão sedimentar certos princípios fundamentais que a lei reflete e que não são eles próprios alterados com a história, sendo, ao contrário, o que permanece imutável e contínuo através dos tempos (cf. POCOCK, 1967, p. 36-7).

Eis a razão pela qual, à diferença da França, o feudalismo não foi descoberto na Inglaterra por juristas, mas por *antiquarians*, coletores de *antiquities* ou estudiosos de documentos históricos, movidos menos por questões de ordem jurídica e constitucional do que pela curiosidade e o desejo de erudição. Foi assim que Spelman, entre outros *antiquarians* da *Society of Antiquaries*, chamou atenção para as instituições feudais. Mas Spelman o fez, ainda segundo Pocock, de modo não sistemático e sem retirar da sua descoberta as consequências que levariam à necessária revisão da tese dos *common lawyers* acerca do caráter imemorial da lei. Se há algo como uma lei feudal, ligada ao feudo e às relações sociais de vassalagem – instituições sociais que naquele momento já haviam entrado em declínio –, e se a lei feudal é parte da *common law*, então esta não é a sedimentação de princípios perenes e imemoriais, mas algo que se produziu na história e que com ela se transformou. Essas consequências só foram retiradas, porém, muito depois, após a restauração, quando então o imemorialismo entrou em declínio, vitimado pelas novas e inegáveis evidências em favor da lei feudal.

Enquanto Popock atribui a "*common law mind*" o atraso na assimilação da história feudal por parte dos juristas ingleses, Smith salienta que o que esteve por trás desse atraso, mas também o que fez avançar os estudos da história medieval, foi o debate em torno da natureza da constituição inglesa, que ele reconstrói nos momentos subsequentes à retomada das descobertas de Spelman por Brady[3] (onde termina a reconstrução de Pocock), após a restaura-

3 Autor de A*n historical treatise of pi cities and burghs or boroughs* (1690), onde se argumenta a favor do cariter tardio, não antigo, da casa dos comuns.

ção, quando então as evidências em favor do feudalismo passaram a ser mobilizadas em favor da causa do rei. As diversas partes envolvidas no debate se viram a partir daí obrigadas a desenvolver uma interpretação própria da história medieval, de modo que o debate constitucional se desenrolou como uma disputa em torno da interpretação da história inglesa.

Hume não foge à regra: trata-se também para ele de posicionar-se sobre a natureza e o balanço da constituição inglesa e de justificar sua posição a partir de uma certa interpretação da história da Inglaterra. O debate constitucional inglês perpassa, portanto, a sua *História*. Com relação a este debate é minha intenção mostrar que a contribuição de Hume consistiu em compreender a constituição e lei inglesas de uma maneira integralmente histórica. Não há nada nelas que escape à história – com o que Hume se opõe à ideia de uma suposta *lei fundamental* da Inglaterra, uma ideia recorrente, como mostrou e documentou Gough (GOUGH, 1992), ao longo do debate constitucional.

Ao reconstruir o sentido dessa expressão no interior do debate constitucional inglês, importa a Gough mostrar que o termo não tem o significado que adquiriu na constituição americana, a saber, a de princípios legais pétreos, que não podem ser modificados ou suprimidos pela legislação ordinária e a partir dos quais se pode operar algum tipo de controle de constitucionalidade. Essa ideia não encontra lugar na constituição atual da Inglaterra e não é de algo como um controle de constitucionalidade que se tratava quando no século XVII e XVIII inglês se aludia à "lei fundamental". Assim, Gough mostra de maneira abundantemente documentada que os atos do parlamento e mesmo a Magna Carta (o documento assinado pelo rei e os barões no século XIII, colocando limites às prerrogativas reais, extremamente aludido e enaltecido por Coke e os *whigs*) não eram tidos por "fundamentais". O que era tomado por fundamental era a lei natural e a razão que esses atos expressam e reafirmam, os princípios de justiça que a lei encarna.

Assim, por exemplo, segundo Gough, Coke

> denomina lei fundamental, não o conjunto da *common law*, mas suas regras e (pontos fundamentais), ou, para empregar uma fraseologia mais moderna, os princípios fundamentais da constituição. O parlamento tinha o poder de fazê-los cair, se o decidisse; mas, se se podia sempre esperar que não o fizesse, não havia nenhuma lei superior que pudesse verdadeiramente impedi-lo. (GOUGH, 1992, p. 50)

Noutros termos: não se pensava que a limitação da atividade legislativa do parlamento fosse de ordem *legal*, mas que consistisse nos direitos e deveres *morais* que supostamente suas leis encarnavam e reafirmavam. A lei fundamental é, portanto, a razão que se revela nas instituições históricas, nos costumes e nas leis estabelecidas, e o que permanece imutável ao longo da história.

Segundo Gough, a ideia de lei fundamental entra em declínio no final do século XVIII conforme entra em cena a ideia de soberania do legislativo, um movimento consagrado, segundo ele, por Bentham, que porá fim ao império da lei fundamental.[4] Embora Gough não o mencione, Hume é uma peça chave

4 De acordo com Gough, "é com o princípio de utilidade de Bentham (ainda que apenas um novo avatar da lei natural) e a introdução de reformas parlamentares, que a posição moderna (isto é, a ideia da soberania do parlamento) começou verdadeiramente a emergir. Foi então que os vestígios da

no declínio da ideia, ou pelo menos alguém que produziu um bom contraponto para ela em sua *História da Inglaterra,* como é bem reconhecido por diversos leitores da *História*, dentre os quais Pocock (Cf. POCOCK, 1999, p. 204). Minha intenção é a de acompanhar de perto o modo como Hume desconstrói a ideia de lei fundamental no volume I da *História da Inglaterra* para ver emergir a partir desse pano de fundo sua própria concepção da lei enquanto instituição social.

O volume I foi um dos últimos a ser escrito. Os primeiros volumes escritos e publicados (os V e VI da edição completa) são os últimos na ordem cronológica, dedicados ao período da monarquia Stuart, o período em que estourou a guerra civil inglesa, em que se deu a formação dos partidos e que conduziu à revolução gloriosa e à consolidação da constituição mista inglesa - ou seja, o período da dissensão constitucional de onde Hume parte no seu interesse pela história da Inglaterra. Posteriormente, Hume escreveu os volumes dedicados às monarquias Tudor, e,

---

ideia de lei fundamental começaram a desaparecer" (GOUGH, 1992, p. 206). No entanto, a ideia de lei fundamental e de soberania parlamentar podem conviver perfeitamente; a primeira não precisa ceder lugar à segunda para que esta possa se afirmar. É o que mostra Waldron com relação a Locke (Cf. WALDRON, 2003, cap. 3), mobilizando-o contra Rawls, para mostrar que a lei natural não era pensada por Locke como um conjunto de cláusulas invioláveis – como quer Rawls em relação aos princípios da justiça – mas como um horizonte de deliberação, cabendo ao poder legislativo determinar o conteúdo particular da lei natural, a seu critério e arbítrio. Esta deliberação exerce-se presumivelmente em acordo com a razão e segundo a consciência de cada parlamentar, mas não está submetida a nenhum tipo de controle legal. Ora, esta é precisamente a ideia de lei fundamental, a que se refere Gough, frequentemente associada à ideia de lei natural no debate constitucional, a qual também adere Locke, e contra a qual Hume escreve. É uma ideia perfeitamente compatível com a soberania do parlamento.

depois, aqueles concernentes ao período "bárbaro", anterior a Henrique VII. A *História da Inglaterra* foi escrita de trás para frente.

Este primeiro período da história inglesa – o período bárbaro – contém alguns tópicos particularmente importantes em função do significado atribuído a eles na discussão constitucional, tais como a liberdade saxã, a conquista normanda e a Magna Carta. No volume I, Hume dá sua posição com relação a esses tópicos, fazendo culminar sua narrativa na celebração da Magna Carta. Esta, segundo ele, abre uma nova era na história inglesa – a história da sua constituição positiva, a ser narrada a partir do volume II. O que se tem neste volume, portanto, é a narrativa da pré-história da constituição. Nisso reside o seu interesse.

A compreensão que Hume tem desses eventos não é original, ele segue Brady e Spelman, os quais cita e aos quais filia-se expressamente, valendo-se assim de uma historiografia a essa altura já consagrada e fundamentalmente *tory*, isto é, uma historiografia que dava sustentação aos argumentos daqueles que defendiam a causa do rei. Daí porque seja comum atribuir-se a Hume um progressivo conservadorismo e alinhamento com os *tories*. Hume, por sua vez, pretende-se imparcial, nem *Tory*, nem *Whig* - e penso que ele não está muito distante disso, não havendo de todo modo uma guinada conservadora, mas o desenvolvimento dos elementos pró-*tories* ou não *whigs* presentes desde o princípio em sua filosofia da lei, já desde o *Tratado*.

O que pretendo fazer em seguida é deixar indicado, a partir da reconstrução da posição de Hume com relação a esses tópicos da história inglesa no volume I da *História da Inglaterra*, como ali se recusa a visão da lei enquanto lei fundamental em favor de uma visão integralmente histórica da lei enquanto instituição social.

A liberdade saxã

Hume começa o volume I da *História da Inglaterra* com as invasões germânicas – com a chegada dos saxões em solo britânico, o que culminou, 460 anos depois, no que ele reconhece como a primeira monarquia inglesa, a de Alfredo. É aqui precisamente que se inicia a sua história da lei inglesa – na história da lei saxã, que começa então a ganhar forma.

A valorização da herança saxã era um ponto central no modo *whig* de ler a história da Inglaterra no período posterior à restauração da monarquia. As teorias góticas, influenciadas pela descrição que Tácito e César fizeram dos costumes e instituições dos povos germânicos, enfatizavam a liberdade de que supostamente gozavam os saxões entre o fim da ocupação romana e a conquista normanda. A exaltação da liberdade gótica desempenhou no argumento *whig* do período posterior à restauração o mesmo papel desempenhado pelo recurso, comum no período anterior à guerra civil, ao caráter imemorial da *common law* (Cf. SMITH, 1987, p. 11-3). O que se trata de defender num e noutro caso é o caráter fundamental da lei.

O maior advogado da *common law* e de seu caráter imemorial foi Coke, a cuja obra se recorria ao longo do debate constitucional como a uma espécie de "oráculo do direito" (WESTON, 1997, p. 341). Coke foi amplamente usado e citado pelos *whigs* a favor da sua causa, de modo que se pode dizer que foi um *whig* por "afiliação póstuma" (SMITH, 1987, p. 2).[5]

A tese fundamental de Coke e que reflete a percepção que os *common lawyers* tinham da lei inglesa é a de que esta se deriva de costumes imemoriais e que é em função do uso continuado des-

---

5 Sobre a influência póstuma de Coke, ver ainda POCOCK, 1967, p 46-5.

de os tempos imemoriais que a lei e as práticas jurídicas das quais se tem registro adquiriram força de lei. A lei é, assim, a prescrição de costumes imemoriais. Daí porque, quando se trata de legitimar um determinado princípio, seja o caso de encontrar o maior número possível de práticas e registros que confirmem seu caráter antigo. Tais registros não valem por si mesmos, de acordo com a *common law mind* (segundo a expressão de Pocock), enquanto fonte de autoridade da lei, mas na medida em que deles se pode depreender costumes ainda mais antigos e, no limite, imemoriais, dos quais eles seriam supostamente derivados e de que seriam a confirmação.

O raciocínio funda-se sobre a tese de que o uso continuado de um princípio, a sua permanência no tempo, é a prova de que ele é bom e benéfico, funcionando como uma espécie de atestado de perfeição da lei. A lei proveniente do costume, a *customary law* é a mais perfeita e excelente porque é a sedimentação da sabedoria de muitas gerações. Coke enfatiza ainda a atividade constante dos juízes no aprimoramento e refinamento da lei como um elemento que dá à *common law* a sua autoridade. O uso costumeiro atesta ainda que a lei provém de um consentimento tácito entre os ingleses, que a lei da Inglaterra não é, portanto, estrangeira ou imposta, mas a lei *dos ingleses*, contraparte inseparável da sua liberdade.

Essa teoria da lei enquanto prescrição do costume esteve fortemente atrelada ao que Pocock denomina o *mito* da antiga constituição, uma constituição que teria sido a dos saxões e que – este é um ponto de honra para Coke e os *common lawyers* – não se viu alterada pela invasão normanda, tendo sido, ao contrário, reafirmada pelos normandos, de modo a ter se transmitido por repetidos atos de confirmação desde os tempos imemoriais até o presente. Tratou-se na verdade de projetar a constituição inglesa do século XVII no passado, sendo um ponto fundamental ao imemorialismo a defesa do caráter imemorial do próprio parlamento e da casa dos comuns. Daí porque os *whigs* tenham encontrado no imemorialismo argumentos preciosos para a sua causa a favor das limitações das prerrogativas reais: uma constituição imemorial é uma constituição independente do rei e de seu poder, operando como um fator limitador desse poder.

A teoria gótica foi, a princípio, segundo Smith, uma teoria rival ao imemorialismo, já que o interesse pelos costumes e leis saxãs e a coleta dos registros históricos do período respondem a uma curiosidade de ordem histórica, favorecendo a visão de uma origem temporal e não imemorial da lei. Além disso, a valorização da liberdade saxã convivia bem com a ideia, também em circulação no período, por exemplo entre os *levellers*, mas negada pelos imemorialistas, de que a invasão normanda foi um ato de conquista pela violência, consistindo na submissão pela força dos saxões por parte dos normandos e na imposição de um jugo a ser afastado. A conquista normanda era negada pelos *common lawyers*, que não falavam em conquista, mas de um acordo entre saxões e normandos em torno da lei fundamental (Cf. SMITH, 1987, p. 5; WESTON, 1997, p. 346; POCOCK, cap. 2, II).

Mas, quando o imemorialismo se viu definitivamente vitimado pela descoberta do feudalismo, após a restauração, a teoria gótica ganhou força entre os *whigs*, por ser menos atingida que o imemorialismo pelos estudos históricos. Ela oferecia aos *whigs* um novo modo de pensar a lei fundamental, agora entendida como saxã. Smith mostra como na ideologia *whig* pós-restauração, a teoria gótica aliou-se ao maquiavelismo e ao harringtonismo – isto é, à ideia de que é preciso retornar ao espírito original da constituição, renovar seus compromissos e salvá-la da corrupção histórica – ganhando força sobre o imemorialismo na sustentação da ideia de que existe algo como uma lei inglesa fundamental, servindo como elemento de limitação da autoridade real. Quer fosse imemorial, quer fosse uma herança do período gótico, em ambos os casos importava apontar para a existência de uma lei fundamental ou de uma antiga constituição inglesa, a ser preservada ou reestabelecida. A exaltação da liberdade gótica era uma forma de mostrar a sua existência na história, fazendo-a remontar ao período de fundação do corpo político inglês.

★

Hume introduz os saxões em sua narrativa histórica exaltando, ele também, a liberdade germânica:

> De todas as nações bárbaras, conhecidas nos tempos antigos ou modernos, os germanos são os que mais se distinguem, tanto por suas maneiras quanto por suas instituições políticas, e os que elevaram ao mais alto grau as virtudes do valor e do amor à liberdade (*liberty*), as únicas virtudes que podem encontrar lugar entre povos não civilizados, onde a justiça e a humanidade são normalmente negligenciadas. O governo do rei, mesmo quando estabelecido entre os germanos (pois não o era universalmente), possuía uma autoridade bastante limitada; e embora o soberano fosse usualmente escolhido entre os da família real, ele era conduzido em todas as decisões (*in every measure*) pelo consentimento comum da nação a que presidia (H, I, p. 15).

Também no apêndice com o qual se fecha a narrativa do período, a apresentação do governo e das maneiras anglo-saxãs se introduz pelo *topos* da liberdade germânica:

> O governo dos germanos e de todas as nações nórdicas que se estabeleceram nas ruínas de Roma eram sempre extremamente livres (*free*); e esse povo feroz (*fierce*), acostumado à independência e habituado às armas, era guiado mais pela persuasão do que pela autoridade, na submissão que prestava a seus príncipes (...). As constituições livres então estabelecidas, ainda que prejudicadas pela usurpação (*encroachments*) de sucessivos príncipes, ainda preservam o ar da independência e da administração legal que distingue as nações europeias; e se essa parte do globo mantém os sentimentos de liberdade, honra, equidade e valor em grau superior ao resto da humanidade, deve tais vantagens principalmente às sementes plantadas por esses generosos bárbaros (H, I, p. 160).

A referência é Tácito: "o mesmo retrato (*picture*) de uma feroz (*fierce*) e impudente (*bold*) liberdade, desenhado pelo pincel magistral de Tácito, caberá aos fundadores do governo inglês (H, I, p. 161).[6] Hume incorpora no seu retrato dos saxões o traço, bem definido no retrato que Tácito fizera dos povos germânicos, segundo o qual os príncipes germânicos governavam com a ajuda de um conselho nacional ou uma assembleia de sábios, sendo antes um príncipe – o "primeiro entre os cidadãos" – do que um rei.

6 Sobre a importância de Tácito – em especial, sobre o caráter exemplar dos seus retratos históricos para Hume e seus contemporâneos ver o ensaio de Pedro Pimenta "A arte do retrato histórico" (PIMENTA, 2013).

Há, deste modo, "ecos de goticismo" em Hume (SMITH, 1987, p. 79). Mas o *topos* da liberdade germânica é para Hume apenas um ponto de partida, que dele se apropria para alterar profundamente o seu significado corrente no interior do debate constitucional. Não apenas ele evita fazer deste quadro da liberdade a prova de que a estrutura presente do parlamento já estivesse bem estabelecida entre os saxões,[7] como o associa antes à carência de governo e à ausência da lei do que à expressão de um equilíbrio constitucional fundamental.

Se a autoridade real era limitada entre os saxões, não é porque o governo fosse bem equilibrado, mas porque era incipiente - um governo que mal começara a se estabelecer em torno de sua capacidade ainda muito restrita de conter a violência generalizada, a pilhagem corrente e as sucessivas invasões estrangeiras. Se os governos saxões lançaram as sementes de uma "monarquia civilizada, dotada de tranquilidade interna e segura contra as invasões externas" (H, I, p. 50), estavam muito distantes de ser uma. Uma monarquia civilizada é para Hume um governo regulado pela lei, opondo-se nisso às monarquias bárbaras. Estas são arbitrárias - entenda-se: sem lei, ou melhor, com uma lei apenas incipiente. Pode-se ler a *História da Inglaterra* como a história da passagem da monarquia bárbara à civilizada, o que passa pela constituição de um sistema legal (Cf. McARTHUR, 2007).

Assim, as sementes da monarquia civilizada semeadas pelos bárbaros saxões foram as sementes da lei. Trata-se de uma certa capacidade de *executar* e *administrar* a justiça que o governo saxão

7 "Nosso conhecimento das (antiquities) e da história anglo-saxã é por demais imperfeito para nos dar os meios de determinar com certeza todas as prerrogativas da coroa e os privilégios do povo, ou para dar o contorno (*delineation*) exato de um tal governo", pondera (H, I, p. 162).

adquiriu sobretudo a partir de Alfredo (849-889) (Cf. H, I, p. 75), sendo a administração da justiça a função principal do governo e aquilo que explica a sua existência, conforme a teoria do governo presente no *Tratado* e nos *Ensaios*.[8] E é em torno desta *administração* que o primeiro governo inglês – o saxão – se organiza, sendo assim o princípio (no sentido do começo) de uma monarquia civilizada.

O mérito de Alfredo está em ter organizado uma milícia regular que garantiu a defesa da Inglaterra frente aos ataques estrangeiros[9] e, paralelamente a isso, em ter garantido alguma paz interna pela elaboração de um "plano para a administração da justiça" (H, I, p. 77). Este plano consistiu basicamente em dividir a Inglaterra em condados, subdividi-los em centos e décimos e responsabilizar cada unidade pelas ofensas cometidas pelos seus, fazendo com que os membros das comunidades arbitrassem em conjunto as diferenças entre eles e que as comunidades maiores arbitrassem as diferenças entre as menores. Quanto a esse "método de decisão", Hume observa que é "a origem dos juris; uma instituição admirável em si mesma e a melhor calculada para a preservação da liberdade e a administração da justiça jamais divisada pelo engenho humano" (Idem.).

---

8 Ver por exemplo o ensaio *Da origem do governo*: "o homem (...) é levado a estabelecer a sociedade política a fim de administrar a justiça, sem a qual não pode haver paz, segurança ou intercâmbio entre os homens" (E, 1985, p. 37).

9 "Ele ordenou que toda a população fosse armada e registrada; atribui-lhe uma rotação regular de deveres; distribuiu uma parte em castelos e fortalezas, construídos em lugares apropriados; determinou que outra parte ganhasse o campo ao primeiro alarme e se reunisse em lugares estabelecidos de encontro; e deixou um número suficiente em casa, empregados no cultivo da terra, e que depois tomavam seus lugares no serviço militar" (H, I, p. 70).

Há nessas observações novos "ecos de goticismo", temperados com uma boa dose de imemorialismo, uma vez que Hume observa ainda que Alfredo não foi "o único autor desse plano de governo"; antes, "como um homem sábio, ele se contentou com reformar, estender e executar as instituições que ele encontrou previamente estabelecidas (H, I, p. 79). Ou seja, Alfredo não era soberano: sua autoridade não era a fonte, ou ao menos não a única fonte da lei – com o que Hume aceita um ponto central da historiografia *whig*. Sua concessão é coerente com a teoria da lei natural do *Tratado*, segundo a qual a lei encontra o seu princípio (no sentido do começo) nos acordos recíprocos e nas práticas comuns que se estabelecem antes mesmo de haver governo. Há lei natural antes do governo e esta constitui-se em práticas acordadas estabilizadoras da posse. Assim, o governo surge para administrar uma lei pré-existente nos princípios acordados que regulam as práticas sociais e que dão certa estabilidade, ainda que muito precária, à propriedade. Tais práticas necessitam, porém, da administração de um governo para que se tornem elas próprias regulares, para que se tornem um sistema de regras, no que consiste para Hume a justiça.

Mas um tal sistema de regras é justamente o que falta à sociedade saxã:

> Entre um povo que vive de maneira tão simples quanto os saxões o poder judicial é sempre de maior importância que o legislativo. Havia poucas ou nenhuma taxa imposta pelos estados, poucos estatutos decretados; e a nação era menos governada pelas leis do que pelos costumes (*customs*), que admitem uma grande latitude de interpretação (H, I, p. 173).

Assim, não havia propriamente leis entre os saxões. O que se tinha era a lei natural, isto é, alguns acordos precariamente estabelecidos em torno da propriedade: "devemos conceber que os antigos germanos pouco tinham se afastado do estado de natureza original" (H, I, p. 174). Da lei civil havia apenas rudimentos, que culminaram nas leis coletadas por Eduardo, o Confessor (1003-1066), o último da linhagem saxã, acerca das quais Hume observa que, embora estivessem "hoje perdida(s) (pois as leis que se passam em nome de Eduardo foram compostas depois), foram por muito tempo objeto de afeição da nação inglesa" (H, I, p. 146). Com efeito, as supostas leis de Eduardo eram tidas como um dos primeiros atos de prescrição da *common law*, um atestado de sua imemorialiadade. Mas Hume se refere a esse suposto corpo de leis como o rudimento de um código civil ou de uma lei escrita da qual não restou nenhum registro e que não chegou a marcar a presença reguladora da lei civil na sociedade saxã.

Tal sociedade carecia de leis porque a ela faltava um poder legislativo. As cortes saxãs, cujo caráter deliberativo tanto se exaltara no debate constitucional, não eram cortes legislativas, mas judiciárias, que arbitravam as diferenças de modo bastante irregular, segundo a discrição dos magistrados, de acordo com "a grande latitude de interpretação" admitida pelos costumes de que se serviam como regra em sua atividade judiciária.

Penso que Hume entende por *costume* nessa passagem o mesmo que *lei natural*, ou seja, um conjunto de práticas mais ou menos acordadas, mais ou menos sedimentadas e ainda não sistematizadas que traziam alguma estabilidade à propriedade. Se é assim, vale lembrar que no *Tratado* Hume salienta que, nas deliberações jurídicas que se fazem com base apenas na lei natural (isto é, sem o apoio de uma lei civil), em boa parte dos casos, não há um critério (*standard*) dado pelo qual se possa orientar ou regular a decisão. Esta será, portanto, arbitrária; criar tais critérios é um papel decisivo da lei civil e do poder legislativo, cuja presença é um fator de limitação do poder discricionário dos magistrados.

Mas, justamente, não havia – ou quase não havia – tal poder legislativo entre os saxões. O que se tinha era um certo método de decisão judicial a partir da lei natural, pelo qual a justiça era administrada de maneira irregular e discricionária ou arbitrária. E nisso consistia, segundo Hume, o caráter consentido da lei saxã: nos costumes e práticas legais, cuja latitude deixava aos magistrados das cortes de justiça um amplo poder discricionário, em face da ausência de um poder legislativo e de uma lei escrita que viesse a fixar um padrão de decisão para as disputas judiciais. Estamos bem distantes do *topos* da liberdade germânica, como o elemento de um equilíbrio constitucional antigo ou imemorial a ser preservado no presente.

Além disso, no que tange ao poder legislativo, ainda mais precário entre os saxões do que o judiciário, Hume o vincula à autoridade igualmente precária dos reis – com o que se afasta ainda mais da historiografia *whig*, fazendo eco às teorias da soberania que, de Bodin a Filmer, municiaram os *tories* no debate constitucional. Como vimos, Hume entende que os reis saxões não eram soberanos, que a lei saxã estava longe de ser um produto de suas vontades, já que provinha dos costumes e consistia em última instância na lei natural. Ainda assim, ele entendia que a autoridade dos príncipes era uma circunstância indispensável para a consolidação da lei enquanto elemento de regulação social. Eis porque ele não economiza elogios a Alfredo, exaltando as virtudes que sustentavam sua autoridade legislativa:

> O mérito deste príncipe, tanto na vida privada quanto pública, pode se contrapor com vantagem ao de qualquer monarca ou cidadão apresentado nos anais de qualquer época ou nação. Com efeito, ele parece ser o modelo daquele caráter perfeito, que, sob a denominação de um sábio ou de homem sábio, os filósofos quiseram delinear, mais como uma ficção de sua imaginação do que na esperança de vê-lo alguma vez existindo realmente (H, I, p. 74).

Tais méritos permitiram que Alfredo garantisse com seu governo alguma tranquilidade social – bons efeitos da administração da justiça – que, por sua vez, deram a ele uma certa autoridade, com a qual pode então governar ou administrar a justiça, num círculo virtuoso que favoreceu a implantação da lei. O importante a assinalar é que sem a autoridade de Alfredo o pouco de lei que houve entre os saxões sequer teria existido. Sem a "vigilância e a atividade de Alfredo" (H, I, p. 76) – escreve Hume – sua precária administração da justiça teria sucumbido ao barbarismo, ao regime de violência e ausência de regulação legal ainda imperante. Ou seja, a lei está na dependência de uma instância de governo ativa – uma *autoridade*. No caso de Alfredo, sua autoridade esteve fundada sobre o seu bom governo, embora se explique ainda por outras circunstâncias, mais particulares e menos dependentes do seu valor: além das urgências do tempo e da aprovação da nação, Alfredo foi chamado ao trono – observa Hume – pela vontade de seu pai, "uma circunstância que tinha grande autoridade entre os anglo-saxões" (H, I, p. 64). Seja lá como for constituída a autoridade do rei (voltaremos a este ponto), importa por ora observar que ela não equivale, mas excede e engloba a autoridade da lei, sendo o que permite que a lei venha a ter sua autoridade própria, na medida em que se consolida em torno da autoridade real.

Outras circunstâncias relacionadas à autoridade dos príncipes saxões são assinaladas por Hume com relação a Eduardo, O Confessor – príncipe cujo governo cumpriu igualmente um papel decisivo no desenvolvimento da lei saxã. Hume faz ver que a autoridade deste príncipe, tido por santo, esteve fundada em boa medida sobre sua religiosidade, uma qualidade valorizada em tempos de superstição, e sua submissão à Igreja, instituição que gozava então de autoridade própria, da qual dependia em boa parte a autoridade dos príncipes. Hume quer mostrar com isso, e com os relatos das disputas de poder frequentes entre clérigos e os príncipes saxões, a precariedade da autoridade destes últimos, ao mesmo tempo em que aponta para as circunstâncias sociais particulares em que esta autoridade se funda, assim como assinala seu caráter indispensável à administração da justiça.

Na narrativa de Hume, a autoridade nascente do governo saxão esteve ameaçada não apenas pela autoridade nem sempre convergente dos clérigos, como também e de forma decisiva, pelas querelas de sucessão e pelo poder de uma nobreza cada vez mais empoderada. Assim, Hume narra como o conde Godwin, cuja família tinha grande autoridade "sustentada por posses imensas e alianças poderosas" (H, I, p. 133), se opôs a Eduardo. Se Eduardo gozava da afeição dos ingleses – logo, de autoridade – Godwin, por outro lado, "fixou sua autoridade em bases firmes", de modo que a de Eduardo restou bastante diminuída diante de sua oposição. O rei não deixou de defender-se, procurando, por exemplo, fortalecer uma família rival, adotando a "política (*policy*) de balançar os partidos opostos" a fim de estabelecer uma balança entre "as famílias potentes". Mas sua política não surtiu o efeito desejado (H, I, p. 137) e as turbulências e intrigas entre as famílias nobres se prolongaram no governo de Haroldo (1022-1066), precipitando a invasão normanda e aprofundando-se por todo o período bárbaro, até o governo de Henrique VII (1457-1509), quando então a monarquia se consolida como uma autoridade capaz de fazer frente ao poder dos barões.

O que se vê nessas passagens na *História da Inglaterra* é uma certa visão maquiaveliana da sociedade como um campo de forças, que Hume herda de Harrington, mas sendo ainda mais maquiaveliano do que este no papel que atribui à autoridade do príncipe para a estabilização desse campo (cf. cap. 3.2). Está em Maquiavel o conselho de que o príncipe deve balançar os partidos opostos, o que Hume diz ter sido posto em prática, ainda que sem sucesso, por Eduardo, o Confessor. Mais sucesso teria a boa administração da justiça na consolidação da sua precária autoridade. Seja como for, a alusão ao preceito maquiaveliano de prudência política nesse contexto é uma forma de corroborar a sua visão de que é preciso de algum modo estabilizar o campo das forças sociais para que a lei possa se impor – e que isso só pode ser feito – nesse começo pelo menos, em que a lei tem que se impor sobre a ausência de lei – pela consolidação da autoridade do príncipe.

Este não era o caso, porém, do governo de Eduardo. Se Eduardo procurou administrar com rigor a justiça, ele não dispunha da autoridade necessária para conter a violência dos mais potentes. Daí a precariedade da lei durante o seu governo, assim como no período saxão como um todo.

A partir desse ponto de narrativa, Hume retoma em novos termos a questão da formação dos conselhos legislativos que teriam existido entre os povos germânicos, com os quais os reis teriam supostamente partilhado sua autoridade legislativa. Hume aceita, com bastante reserva, que um tal conselho tenha de fato existido entre os saxões. Há poucas evidências, mas parece – "*it appears*" –, diz ele, que algo assim tenha existido e que o rei governasse, portanto, com a ajuda de um conselho (H, I, p. 163).

Mas, se existiu, tal conselho de modo algum prefigurou o parlamento do século XVII e XVIII, com sua casa dos comuns. Eram conselhos aristocráticos, afirma Hume, apoiando-se nos estudos de Brady em *An historical treatise of cities and burghs or boroughs,* de 1690 (Cf. BRADY, 1711), sem contudo abandonar a autoridade de Tácito, que procura conciliar com a de Brady. Tácito não dizia, observa Hume, que os conselhos germânicos eram representativos, mas que o consentimento de toda a comunidade era requerido nas deliberações. São coisas bem distintas. Do elemento supostamente consentido da lei saxã Hume dera conta ao se referir aos costumes e práticas consentidas (lei natural), que regulavam as decisões dos magistrados nas cortes judiciárias. Um conselho legislativo – fazedor da lei – é outra coisa. Não era isto a que Tácito se referia, podendo-se ficar com Brady (isto é, salientar o caráter aristocrático desses conselhos) sem desautorizá-lo: se, além das cortes judiciárias, um tal conselho legislativo existiu entre os saxões, ele era um conselho aristocrático, composto pelos grandes proprietários de terra, e não um conselho representativo dos comuns. A esta visão bradyana da composição dos conselhos legislativos, Hume acrescenta a visão harringtoniana segundo a qual o que estava em jogo então era a disputa de poder entre o rei e os nobres, que mais enfraquecia do que compunha a autoridade legislativa.

Assim, é verdade que o poder dos reis saxões não era um poder absoluto. Além de aplicar a lei natural com a ajuda de magistrados dotados de amplos poderes discricionários, os reis saxões não decidiam a composição dos conselhos legislativos que teriam existido no período. Hume recusa a ideia, que era a de Brady e a dos *tories*, de que os participantes dos conselhos legislativos saxões eram designados pelo rei (Cf. H, I, p. 165). Mas, se o faz, não é para se aproximar da visão *whig* de que a Inglaterra já seria então dotada de uma constituição equilibrada e de um governo representativo, mas sim para reiterar a sua própria visão do período saxão, segundo a qual a autoridade legislativa era então precária, a lei incipiente e os interesses da nobreza prevalecentes.

Os nobres – os grandes proprietários e senhores de escravos – tinham força para pôr em cheque a precária autoridade legislativa do rei.

> Grande propriedade dos nobres, especialmente quando aliada a uma administração irregular da justiça, naturalmente favorece o poder *(power)* da aristocracia; mas ainda mais se a prática da escravidão for admitida e tiver se tornado bastante comum. A nobreza não apenas possui a influência que atende aos ricos, mas também o poder que a lei lhe dá sobre escravos e vassalos (H, I, p. 171).

É ainda sobre Brady que Hume se apoia para afirmar a forte presença da escravidão entre os saxões. O que ele quer retirar daí é uma explicação, que ele acrescenta à explicação harringtoniana de que o poder está fundado na propriedade, para o poder da nobreza. Não é apenas que um certo tipo de lei favorece a nobreza, mas a incipiência da lei a favorece, já que, nesse caso, subjugar-se aos grandes proprietários, como vassalo ou escravo, é a única saída, a título de proteção.

A suposta liberdade saxã não estava, portanto, na presença desses conselhos legislativos, em que tinham assento os grandes proprietários de terra e os senhores de escravo, e que apontavam antes para a precariedade da autoridade legislativa do que para um justo balanço constitucional. Nesse primeiro capítulo da história da lei, a autoridade legislativa está com o rei. E sendo ela precária diante do poder dos nobres, não podia haver entre os saxões "verdadeira liberdade",[10] o que Hume entende, em termos republicanos, como proteção da violência dos poderosos pela lei. O que havia de liberdade entre os saxões não estava nos conselhos legislativos, mas na administração da justiça que começava a se organizar nas cortes judiciárias e que, segundo Hume, "era calculada para defender a liberdade geral e restringir o poder dos nobres" (H, I, p. 172).

Contudo, o poder de injuriar e decidir pela violência era muito maior que o judicial e o legislativo, e recaia sobre a nobreza, os proprietários de terra e de escravos. Eis porque, ao fim da sua narrativa sobre o período saxão, Hume prefere denominar a tão exaltada liberdade saxã de "licenciosidade". Na falta da lei, a violência, os roubos, os crimes e a necessidade de buscar proteção entre os mais fortes, que se viam ainda mais fortalecidos por essa dinâmica, eram a regra. A razão disso está na ausência da lei e na insegurança que isso gera – lição que Hume guarda de Hobbes e Selden. O que se tinha então, em sua leitura do que período, era uma aristocracia com grande poder (*power*) de causar injúria e decidir as questões pela violência, poder este que era maior que a

10 "Ao fim e ao cabo, não obstante a aparente liberdade, ou antes, licenciosidade dos anglo-saxões, a maioria dos cidadãos gozava de menos verdadeira liberdade do que na execução mais severa da lei por parte de um magistrado civil" (H, I, p. 168).

autoridade legal, que, embora existisse, se exercia antes enquanto autoridade judicial do que legislativa, e de maneira bastante rudimentar e irregular, de modo a não ser capaz de se impor diante do poder dos nobres.

A conquista normanda e a lei feudal

Assim como o estudo histórico das instituições sociais saxãs mostra que a violência se sobrepunha à capacidade da lei de regular as relações sociais, a história também revela o caráter violento da conquista normanda, ocorrida no século XI. Tratou-se em última instância de uma dominação dos ingleses pelas armas por parte dos normandos e de uma conquista que, pela força, alterou profundamente as relações de poder e de propriedade na Inglaterra (diferentemente da dominação romana, que as preservou). O caráter de conquista pela força da invasão normanda é um fato que, de acordo com Hume, só negam aqueles que foram "tomados pelas controvérsias de facção". Os historiadores mais próximos do evento falam inequivocamente "do domínio normando como uma conquista pela guerra e pelas armas" (H, I, p. 227).

Com efeito, embora admitida nos tempos da guerra civil por radicais como os *levellers*, que entendiam a conquista normanda como um jugo a ser suspendido, e por um autor pouco popular como Hobbes, cuja teoria política permitia pensar a conquista como o anteato da instituição da soberania por meio do contrato (o que Hobbes entende ser a soberania por aquisição), o caráter de conquista da invasão normanda era em geral negado tanto pelos defensores da causa do parlamento quanto pelos realistas (Cf. POCOCK, 1967, cap. 7). Ambos os partidos recorriam ao mito da antiga constituição para afirmar as prerrogativas seja do parlamento, seja do rei.[11] Desse ponto de vista, entendiam a invasão normanda não como uma conquista, mas como um acordo entre saxões e normandos preservando as leis saxãs. Entender a invasão normanda como uma conquista pela força seria introduzir uma ruptura na história que poria a perder a continuidade e perenidade de uma suposta lei fundamental, cuja natureza estava no centro das discussões constitucionais.

É com Brady, após a restauração, na década de 80 do século XVII, que o tema da conquista ganhou importância no debate constitucional. Brady afirma o caráter de conquista da invasão como um argumento a favor da causa do rei, chamando atenção para a transformação social que a conquista acarretou, com a introdução da lei feudal ou do sistema de posse da terra que os normandos importaram do continente para a Inglaterra. Fundamentalmente, Brady quer retirar daí o argumento segundo o qual os senhores feudais e seus vassalos tinham seus direitos de assento e de representação no parlamento diretamente derivados do seu direito à propriedade da terra, que era uma concessão do rei, remontando a este, portanto, o fundamento da lei e da ordem constitucional.

Segundo Smith, a revolução gloriosa, em 1688, ao promover e admitir a quebra da linha sucessória, alterou o valor da con-

---

11 Sobre isso, escreve Smith: "Na série de crises que marcaram a evolução de nossa constituição, o conflito nunca foi entre a constituição e sua negação ou sua ausência, mas entre as interpretações divergentes de uma constituição da qual não se negava a existência. Tal era a situação no começo do século XVII (...). Os dois lados acreditavam na realidade de uma constituição, e porque história e prescrição jogavam nisso um papel crucial, os dois lados foram forçados a olhar para trás e invocar o passado, e a aparecer como os defensores daquilo que era histórico, não mudado e – conforme sustentavam – imutável – em uma palavra, fundamental – contra as inovações e abusos ilegais" (SMITH, 1984, p. 76).

quista normanda na polêmica, que passou então a ser aceita pelos *whigs* (ainda que muitos ainda a negassem) como um evento que maculou a liberdade inglesa, de origem saxã.

Um século depois, Hume adere à tese já então bem estabelecida de uma diferença radical entre o feudalismo normando e o saxão, bem como a tese, mais polêmica, do caráter violento da conquista, como aquilo que sustentou e permitiu a instauração do sistema de propriedade e da balança de poder normanda e, a partir daí, um tipo de lei e de constituição bastante diferentes das saxãs.

Segundo Hume, Guilherme, o Conquistador (1028-1087), a fim de conciliar o espírito dos ingleses com sua autoridade deu à conquista uma *aparência* de justiça (cf. H, I, p. 188, 189, 192). Tudo se passou como se os ingleses tivessem consentido com a sua autoridade (esta é, como vimos, a visão por muito tempo dominante da conquista), mas na verdade esse consentimento lhes foi extorquido pela força das armas (cf. H, I, p. 189). Que se tratasse de uma mera aparência de justiça é o que fica claro quando se vê que, logo após ter-se firmado na ilha, Guilherme retornou a Normandia, deixando os ingleses da mercê na rapacidade dos seus generais. Isso provocou uma mudança de sentimento nos primeiros, que passaram a se rebelar e a tramar contra os normandos, o que deu ocasião para que fossem violentamente punidos, confiscados e excluídos dos cargos administrativos e eclesiásticos. A conquista mostrou assim a sua cara: tratou-se inegavelmente de submeter os ingleses pela força. Tratou-se de um jugo (*yoke*) normando (H, I, p. 195).

Quanto à tese de que o Conquistador teria respeitado e preservado as leis saxãs, Hume não hesita em dizer que se tratou de uma farsa:

> No empenho de depreciar a nação inglesa, o rei, movido pelos protestos de alguns de seus prelados, e pelos mais veementes desejos do povo, restaurou algumas das leis do rei Eduardo, as quais, embora aparentemente sem importância para a proteção da liberdade geral, deu-lhes extrema satisfação, como o memorial de seu antigo governo e uma marca não usual de complacência em seus imperiosos conquistadores (H, I, p. 209).

A passagem é interessante por jogar uma pá de cal em qualquer tentativa de ligar a liberdade saxã à lei saxã: esta lei não era capaz de proteger a "liberdade geral"! Por isso mesmo o Conquistador pode acatá-las, contentando os ingleses, mas não, como pensaram, como uma forma de atenuar e sim de aprofundar sua autoridade sobre eles. Guilherme conseguiu estabelecer sua "autoridade", segundo Hume, "em parte em função de seu caráter veemente, em parte através de arte e dissimulação" (H, I, p. 225). Além da força, a autoridade do Conquistador fundava-se na aparência de justiça com que soube revestir o seu governo. Assim, a aceitação das leis de Eduardo por parte do Conquistador (um dos mitos da historiografia inglesa) é vista por Hume como parte de um plano, uma prudência política - uma "*policy*" visando a consolidação de sua autoridade. Do mesmo modo as cartas assinadas por Henrique I: "ele nunca pensou em observar, durante o seu reino, nem um único de seus artigos (...), e a autoridade real (...) restava sem nenhuma forma de restrição" (H, I, p. 253).

★

O jugo normando teve como contraparte e se consolidou por meio da *lei feudal*, introduzida pelo Conquistador na Inglaterra:

> Ele introduziu na Inglaterra a lei feudal, que se encontrava estabelecida na França e na Normandia, e que, naquela época, era o fundamento tanto da estabilidade quanto das desordens da maioria dos governos monárquicos da Europa. Ele dividiu todas as terras da Inglaterra, além dos domínios reais, com pouquíssimas exceções, em baronias; e as concedeu, sob a condição de determinados serviços e pagamentos, aos seus companheiros de guerra (*adventures*) mais consideráveis. Esses grandes barões, que sustentavam imediatamente a coroa, partilharam boa parte de suas terras com outros estrangeiros, denominados cavaleiros ou vassalos, que prestavam ao seu senhor os mesmos deveres de submissão na paz e na guerra que eles mesmos deviam ao seu soberano. A pequena parcela de ingleses que entrou nessa estrutura civil e militar (pois se tratava de ambas as coisas) estava tão restringida pela submissão aos estrangeiros que a dominação normanda pareceu agora se fixar sobre as mais duráveis bases e desafiar todos os esforços de seus inimigos. (H, I, p. 203/4)

Assim, a lei feudal foi um sistema de apropriação e de distribuição da propriedade entre os normandos, ao mesmo tempo em que uma organização militar capaz de assegurar a conquista e o domínio normando sobre os ingleses. Ou seja, ela não apenas foi introduzida na Inglaterra pela força das armas, como consistiu num sistema de propriedade que garantiu e sustentou a dominação normanda.

Ao acentuar o caráter violento e de dominação da conquista, Hume não está, contudo, aderindo à visão, usual no debate constitucional, de que a lei feudal fosse desviante com relação à justiça e aos direitos fundamentais dos ingleses. É como a via, por exemplo, Lord Kames, outro importante historiador da lei, seu contemporâneo e conterrâneo. Acerca da lei segundo a qual uma baronia não pode ser dividida em partes, Kames observa que esta, como muitos outros aspectos da lei feudal, é uma "concepção repugnante as ideias mais claras (*plain*) e naturais" (KAMES, 1749, p. 77), às quais felizmente se retornou, quando a sociedade feudal deu lugar à sociedade comercial. A lei feudal é, para Kames, o produto de circunstâncias determinadas que devem ser depuradas para que o que há de fundamental na lei possa aparecer. Tais circunstâncias explicam as imperfeições da lei. Assim, por exemplo, nos *Historical Law-Tracts*, Kames explica porque a propriedade não era considerada originalmente um direito pessoal estável pelo fato de que esteve, de início, associada aos bens móveis e, só depois, com o desenvolvimento da agricultura, foi ligada à terra, de modo que esta circunstância ocultou sua natureza – a de um direito pessoal estável – tal como esta natureza se deixou revelar com o tempo, gradualmente, na história. Trata-se assim, para Kames, de depurar a história das circunstâncias que encobrem o que há de fundamental no direito de propriedade. O mesmo procedimento de depuração das circunstâncias observa-se nos *Essays upon several subjects concerning british antiquities* com relação às instituições feudais, que, de acordo com Kames, desnaturalizaram a lei.[12]

12 Esta será também a posição de Adam Smith – cf. cap. 6.1

Mas Hume, assim como no caso do *topos* da liberdade germânica, não adere ao lugar comum do jugo normando senão para alterar o seu significado usual no debate constitucional. A diferença de Kames, Hume não vê no jugo normando uma circunstância desviante. A violência normanda é para ele constitutiva da lei inglesa. E, ainda que violenta, a lei feudal introduzida pela conquista é vista em seu caráter positivo. Tratou-se, segundo Hume, de uma "prodigiosa estrutura que, por diversos séculos, preservou uma tal composição de liberdade e opressão, ordem e anarquia, estabilidade e revolução, jamais experimentada em nenhuma outra parte do mundo" (H, I, p. 455-6). A lei feudal não foi, portanto, apenas um instrumento de dominação. Ela produziu ao mesmo tempo liberdade, ordem e estabilidade.

Sua importância na consolidação da lei inglesa está, em primeiro lugar, em ter fortalecido a autoridade legal do rei. Essa autoridade esteve fundada no período subsequente à conquista pela necessidade de manter a postura militar, de modo a assegurar os privilégios da nobreza normanda contra as revoltas e sedições. Mas, esta fonte de autoridade os reis foram perdendo aos poucos, a medida em que a lei feudal (que tem um caráter dinâmico, como veremos) foi aumentando o poder militar dos barões e diminuindo o do rei. Nesse processo, a autoridade do rei teria sucumbido ao poder dos barões, se não fosse, além de militar, uma autoridade legal – legislativa e judiciária. O Conquistador trouxe a administração da justiça para as suas mãos (centralização que na França só ocorreu dois séculos mais tarde).

A autoridade legislativa ele a partilhava com um conselho de nobres, os quais, de acordo com a lei feudal, além dos deveres militares, deviam ainda prestar certos serviços civis, como a participação nesses conselhos deliberativos, sob a convocação do rei. Isto, que era inicialmente visto como um fardo (um ponto sobre o qual Hume insiste, seguindo Brady), lhes interessava, na medida em lhes rendia alguma segurança contra o poder arbitrário do rei. Este, por sua vez, garantia com isso a concorrência no governo por parte dos nobres, os únicos com poder de lhe fazer oposição (H, I, p. 471). "O poder legislativo supremo da Inglaterra estava alojado no rei e grande conselho, ou o que depois se denominou o parlamento" (H, I, p. 466). Ou seja, foi a lei feudal, na relação de dependência e oposição que estabeleceu entre o rei e os barões, o que deu a Inglaterra o seu parlamento - um modo de compreender a gênese do parlamento que permite a Hume explicar porque a hipótese contrária – a de que os conselhos deliberativos feudais abrigavam os comuns desde os tempos imemoriais – não apenas contraria os registros e documentos históricos, como mostraram Spelman e Brady, como é insustentável do ponto de vista da lógica política:

> A única razão para instituir estes conselhos públicos, da parte dos súditos, era que desejavam alguma segurança contra as investidas de um poder arbitrário, e da parte do soberano, era que não podia governar homens com um tal espírito independente sem seu consentimento e concorrência. Mas os comuns, os habitantes dos burgos, não tinham atingido um tal grau de importância (*consideration*) a ponto de desejarem *segurança* contra seu príncipe ou para imaginar que, se reunidos num corpo representativo, teriam poder ou distinção (*rank*) o suficiente para forçá-la (*to enforce it*). (...) Os subvassalos militares não podiam considerar a ideia de se opor ao seu príncipe e seus superiores. Menos ainda podiam os burgueses e comerciantes ter um tal pensamento. E assim, mesmo que a história silenciasse sobre isso, temos razões para concluir, a partir do que se sabe da situação das sociedades nessa época, que os comuns não eram jamais admitidos como membros do corpo legislativo. (H, I, p. 471)

Mas, o que dava ao rei uma autoridade independente e suplementar era, à parte a autoridade administrativa e militar, que partilhava com os barões, a autoridade judiciária: "todo o poder judicial estava em última instância em suas mãos e era exercido por oficiais e ministros apontados por ele" (H, I, p. 472). Trata-se aqui das cortes judiciárias saxãs que continuaram em funcionamento após a conquista: "nenhum governo da Europa tinha instituições tais como as cortes municipais, que a grande autoridade do Conquistador reteve dos costumes saxões" (Idem. nota q). Assim, as práticas judiciárias saxãs, tendo sido mantidas pelo Conquistador, passaram a ser sustentadas por sua autoridade – uma diferença importante com relação ao período saxão, quando os reis careciam de autoridade e as cortes de regularidade. O Conquistador soube se aproveitar dessas cortes em funcionamento como uma forma de impor e incrementar sua autoridade: "todos os senhores feudais, mesmo os grandes barões, eram obrigados a atender aos xerifes nessas cortes, e assisti-los na administração da justiça. Desse modo, eles eram forte e frequentemente lembrados de sua dependência em relação ao rei ou supremo magistrado" (Idem.). Isso indica que não se tratou apenas de preservar as práticas legais saxãs, mas de transformá-las significativamente. Com efeito, Hume diz que, sob o governo do Conquistador, "a lei se tornou uma ciência", que "requeria muito estudo e aplicação" (H, I, p. 473).

Assim, juntamente com a unificação das cortes sob a autoridade do rei e com o aumento das transações que passavam por suas jurisdições, a magistratura passou a ser uma especialidade ou competência específica, aplicada por uma classe especial de homens, designados pelo rei - um modo de dizer que a lei aplicada nas cortes judiciárias deixou de ser, como era entre os saxões, o costume e a lei natural, com sua ampla latitude de interpretação. A ciência doravante envolvida na aplicação da lei consistia em analogias e regras de aplicação, cujo efeito foi a diminuição do poder discricionário dos magistrados e a regulação da lei – uma contribuição normanda fundamental, que faz da lei feudal um passo decisivamente positivo na consolidação do sistema legal inglês.

Outra contribuição decisiva foi a introdução da ideia de propriedade: "a ligação que naturalmente se formou com uma porção fixa de terra gradualmente produz a ideia de algo como a propriedade e faz com que o possessor esqueça sua situação de dependência e a condição originariamente anexada à concessão" (H, I, p. 458). Com o tempo, conforme se estreitaram os vínculos dos senhores feudais com o feudo, ele deixou de ser visto como o pagamento de um serviço militar e uma concessão do rei, e os barões passaram a demandar certos direitos de propriedade, certas garantias de uso continuado da terra e de hereditariedade. "A ideia de propriedade se introduziu gradualmente sobre a do pagamento militar, e cada século trouxe algum acréscimo sensível à estabilidade dos feudos e dos títulos de posse" (Idem).

Que a posse continuada leve à propriedade é, como sabem os leitores do *Tratado da Natureza Humana*, uma lei natural – ou, se quisermos: uma regra geral da história. Em geral, as sociedades passam pelo processo que conduz da posse ao direito de posse. Hume está propondo que esse processo foi posto em marcha na Inglaterra pela lei feudal, na medida em que sua estrutura militar foi uma circunstância de estabilização da posse, que, por sua vez, é a condição para que se chegue à ideia de direito de posse ou propriedade. Não é pequena, portanto, a contribuição da lei feudal para a constituição do direito inglês: deve-se a ela a noção de um direito de propriedade.

Mas sua importância não se esgota aí. Hume aprendeu com Harrington que as instituições feudais (para Harrington: saxãs e normandas indistintamente) não eram estáticas, mas possuíam uma dinâmica interna relacionada ao modo de circulação da propriedade. Harrington mostrou que às monarquias góticas correspondia uma certa balança da propriedade, um certo modo de distribuição da propriedade, segundo o qual a terra estava concentrada nas mãos de uma aristocracia, que dava sustentação (entenda-se: força militar) à monarquia. Quando essa balança se altera, quando o povo passa a ser proprietário, a monarquia acaba tendo que necessariamente dar lugar a um governo de tipo republicano.

Aproveitando-se desse esquema, Hume entende que uma certa dinâmica da propriedade foi responsável não apenas pela superação das instituições feudais e a ascensão dos comuns, como quis Harrington, como também pelas transformações internas das próprias instituições feudais, perpassadas por uma tensão permanente entre a autoridade do rei e o poder dos barões. Segundo ele, a estabilização da propriedade nas mãos dos barões resultou em poder para os mesmos (uma lição de Harrington), um poder que, fortalecido pelas relações de dependência entre o senhor feudal e seus vassalos e pela ideia de propriedade, passou a rivalizar com o do rei. Hume entende que foi esse processo que levou à rebelião dos barões contra o rei João, cuja autoridade fraca e violenta, incapaz de proteger os ingleses das forças externas, como a monarquia francesa e o papado, assim como de fazer frente à força crescente de sua aristocracia, ofereceu a ocasião para que se produzisse o que, segundo Coke, foi a "lei das leis" da Inglaterra: a Magna Carta. De acordo com Hume, foi o jogo de forças entre os barões e o rei, intrínseco à lei feudal, o que conduziu ao acordo celebrizado no documento assinado no século XIII pelo rei João e os barões e reafirmado no início do reino de Henrique III, seu sucessor (é a carta de Henrique III que ficou conhecida –

Cf. THOMPSON, 1948, p. 5; sobre pequenas diferenças entre as cartas de João e de Henrique, ver H, II, p. 5/6). Este documento, "estimado como o mais sagrado baluarte da liberdade e da independência nacional" (H, II, p. 6), marcou, segundo Hume, o começo de um novo tempo – o de uma monarquia limitada por um estatuto positivo.

A Magna Carta

Hume dá enorme importância à Magna Carta e, como nos casos da liberdade saxã e da conquista normanda, não se opõe frontalmente aos mitos a seu respeito, mas os reinterpreta. Não apenas ele aceita a ideia de que a Magna Carta possa ter sido a confirmação das leis de Eduardo, o Confessor (cf., H, I, nota J, p. 493) – ainda que pondere que isso não passe de uma conjectura, já que não restam registros destas leis - como afirma que ela confirma as leis saxãs justamente naquelas cláusulas pelas quais os interesses gerais, e não apenas o dos barões, foram contemplados (H, I, p. 446). A Magna Carta "concedeu ou assegurou liberdades e privilégios importantes para toda as ordens de homens no reino: ao clero, aos barões, ao povo" (H, I, p. 443). Não serviu, portanto, apenas aos interesses dos barões, embora estes estivessem contemplados de maneira principal. Pois, se atendesse apenas aos barões, pondera Hume, "a felicidade nacional e a liberdade teriam sido muito pouco promovidas por ela" (H, I, p. 444). E Hume entende que a Magna Carta efetivamente promoveu a liberdade, aderindo assim à ideia de Coke segundo a qual a Magna Carta é a Carta das liberdades inglesas. Tratou-se, segundo Hume, de "um tipo de contrato original, que limitou a autoridade do rei ao mesmo tempo em que garantiu a submissão condicional de seus súditos" (H, II, p. 7).

Mas, dizer que a Magna Carta *promoveu* liberdade é bem diferente de dizer que ela é a confirmação de liberdades prévias, como queria Coke. Hume não está aderindo à visão dominante no debate constitucional, na raiz da qual estão os comentários de Coke à Magna Carta (Cf. COKE, 1797), segundo a qual esta seria uma das mais importantes confirmações da lei fundamental inglesa. Enquanto a primeira constituição escrita da Inglaterra, a Magna Carta é para Hume a causa, não um efeito, da liberdade inglesa.

Hume distingue entre as cláusulas da Carta que atendiam aos interesses dos barões em particular – como por exemplo a suspensão de certos serviços militares (p. H, I, p. 443) – das cláusulas que respondiam ao interesse geral, tais como todos podem sair e voltar do reino segundo sua vontade e gozar livremente dos seus bens, as cortes de justiça estão abertas a todos, ninguém pode ser aprisionado sem julgamento prévio, todos devem ser multados de maneira proporcional a sua falta e de maneira a que não venha a ser arruinado. A distinção entre as duas categorias de cláusulas é importante porque mostra que, se foi o interesse particular dos barões e não o interesse geral o que produziu a Magna Carta, ela teve como efeito não calculado a promoção do interesse geral: "todas as medidas que os barões em benefício próprio foram obrigados a tomar a fim de assegurar uma administração livre e equitativa da justiça, tendiam diretamente ao benefício de toda a comunidade" (H, I, p. 444).

Em suas cláusulas mais gerais a Carta contém, segundo ele, "as linhas mestras de um governo legal". Ela promoveu "uma distribuição igual da justiça" e "o livre gozo da propriedade" – "os grandes objetos em vista dos quais toda sociedade política foi primeiramente fundada pelos homens" (H, I, p. 445). Hume acrescenta ainda que reivindicar esses objetos é um "direito perpétuo e inalienável do povo" (Idem.), resvalando assim na linguagem dos direitos fundamentais, sugerindo que a Carta os assegura. Nem por isso ele está aceitando a ideia de que tais direitos precedam a instituição da lei e que existam antes dela para serem confirmados. O que existe antes da lei não são propriamente direitos, mas *interesses* perpétuos e inalienáveis, que operam como uma causa geral no processo histórico de instituição de direitos. Esse interesse se fará valer e atuará em toda sociedade como uma causa da lei. Vale lembrar, no entanto, que ele não atua sozinho e nem como primeira força motriz – foi o interesse particular dos barões, somado às circunstâncias particulares que lhes garantiram o poder de fazer valer seus interesses, o que levou ao acordo em torno da Magna Carta. Mas o caráter geral de alguns de seus princípios fez com que a Carta atendesse a interesses mais gerais e regulares, fazendo-se objeto de um interesse comum.

Hume mostra no volume II da *História da Inglaterra* como a Carta se tornou um documento ao qual as diversas ordens da sociedade puderam recorrer a fim de assegurar, conquistar, produzir direitos – os nobres recorrem a ela contra o rei (cf. H, II, p. 119-20), o rei contra os nobres (cf. H, II, p. 163), e, mais importante ainda, os comuns, os habitantes dos burgos que começavam a se fazer representar no parlamento, recorreram a Carta contra o rei (Cf. H, II, 277) e os barões (Cf, H, II, 287).

A Carta, é verdade, não foi capaz de se contrapor ao poder dos barões, cujas desordens e ultrajes ocupam a maior parte da narrativa do volume II, sendo a marca do período que se estende da proclamação da Carta à consolidação da autoridade real com os Tudor, a partir do século XV. Tampouco foi muito respeitada. Ao contrário, Hume assinala as inúmeras ocasiões em que ela foi violada por parte do rei e dos barões (por ex: p. 29, p. 31, p. 142, p. 215). Sobre as repetidas confirmações da Carta por Eduardo III (1312-1377), escreve que

> essas concessões são normalmente tomadas como provas de sua grande indulgência para com o povo e de sua cuidadosa consideração por suas liberdades. Mas a pressuposição contrária é mais natural. (...) Com efeito, foi uma consequência do governo irregular dessas épocas que um estatuto, decretado há alguns anos, em vez de adquirir, era percebido como tendo perdido força com o tempo, e precisasse ser frequentemente restabelecido por estatutos recentes do mesmo teor e sentido (*sense*). (H, II, 275)

Ainda assim, muito embora "as práticas arbitrárias frequentemente prevalecessem", sob Eduardo I (1239-1307), a Magna Carta estava "finalmente estabelecida", na medida em que, dali para frente, sua validade "não esteve mais formalmente em disputa" (H, II, p. 122). Isso quer diz que a Carta se consolidou como um estatuto ao qual as diversas ordens podiam e de fato recorriam a fim de reivindicar direitos. Particularmente importante é o modo como os comuns o fizeram, num movimento que, de acordo com Hume, levou ao fim da lei feudal e ao despertar, ainda que tímido, do governo popular na Inglaterra.

A ascensão dos comuns ao longo dos séculos XIV e XV é o mais importante tema do volume II da *História da Inglaterra*. Ali, Hume mostra como a formação da casa dos comuns no parlamento se deu em função de uma série de causas sociais.

> Novas situações produziram novas leis e instituições: e as grandes alterações nas finanças e no poder militar da coroa, tanto quanto na propriedade privada, foram a fonte de iguais inovações em toda parte da legislatura (*legislature*) ou governo civil (H, II, 101)

Hume refere-se à necessidade que os reis passaram a ter de barganhar com o parlamento os montantes necessários para cobrir os gastos das guerras contra a França e a Escócia (sendo a guerra externa, um elemento importantíssimo na sustentação da autoridade do rei e na pacificação das lutas de facção entre os barões). Em virtude da transformação da lei feudal e da oposição crescente entre os barões e o rei, a coroa já não era mais capaz de reunir um exército em torno de si, a não ser em troca de pagamento. Diante de barões cada vez mais arredios e exigentes, os reis passaram a adotar a "salutar política (*policy*)" de convocar os representantes dos burgos ao parlamento. Os burqueses eram uma industriosa classe de homens que, não apenas não tinha força para se opor ao rei, como tinha interesse em suportar a coroa e a lei contra a opressão dos barões, de modo que esta foi uma maneira de conseguir o seu consentimento para a taxação das mercadorias produzidas e comerciadas por ela (Cf. H, II, 105). Junte-se a isso as mudanças apontadas por Harrington na balança da propriedade pela subdivisão das baronias, levando à formação de uma classe de barões menores, que também "encontraram proteção legal à sombra do trono" (H, II, p. 104), cuja amizade o rei cortejava como uma maneira de enfrentar o poder dos barões maiores, e o que se segue é uma nova correlação de forças, que conduziu à gradual formação da casa dos comuns como uma câmara separada do parlamento.

O que importa notar aqui é que o processo de ascensão social e política dos comuns é contemporâneo do processo de consolidação da Magna Carta, sendo difícil definir o que veio primeiro, se as mudanças sociais ou legais. Se o novo jogo das forças sociais sustentou a autoridade formal da Carta (bem como de outros estatutos positivos do período), na medida em que ela servia aos interesses dos comuns, em ascensão, a Carta criou as condições legais (a proteção das atividades comerciais) sem as quais essa ascensão não teria sido possível. No ensaio "Da coalização dos partidos" (1759-60) Hume deixa claro o que pensa sobre o papel das regulações jurídicas no processo que levará à consolidação do poder e da propriedade dos comuns alguns séculos depois: "a que se deve o aumento dessa propriedade senão ao aumento de sua liberdade e segurança"? (E, 498)

Conclusão

Recuemos, porém, ao volume I da *História da Inglaterra* e à pré-história da lei. O que se percebe, pelo modo como Hume interpreta os eventos da história medieval inglesa, ao pensá-los como parte de um processo de instituição da lei, é que ele se opõe sistematicamente a uma interpretação dos eventos chave dessa história de modo a que se decantem o domínio da lei (razão) e o da violência (fato). Ele recusa à lei uma origem sacrossanta. É isso o que significa dizer que a lei é integralmente histórica. É dizer que, não estando dada no plano da razão ou da natureza para ser de algum modo reconhecida e sedimentada nos costumes, ela se constitui a partir de certas circunstâncias sociais e políticas - o modo como a vida humana se organiza, os costumes, mas também as relações de propriedade e poder. Hume procura mostrar no volume I da *História da Inglaterra* que tais relações são o que respondem pelas instituições saxãs, o que esteve no centro da conquista normanda e de seu legado, a lei feudal, e o que explica a instituição e consolidação da autoridade da lei positiva como elemento de regulação e transformação social. Assim, se o papel da lei é o de regular e racionalizar a violência, ela se institui (e não está dada no plano da razão) a partir dos jogos de força, os quais cabe ao historiador captar e descrever, mostrando assim a origem social da lei ou a inscrição da normatividade jurídica na circunstância social e política a partir da qual ela se desenvolve.

Hume maquiaveliano

Maquiavel e Hume sobre a natureza da lei[1]

Em *Hume and Machavelli, political liberalism and liberal thought*, Frederick Whelan (WHELAN, 2004) explora com bastante propriedade um conjunto de temas maquiavelianos presentes na obra de Hume – certas considerações sobre a natureza humana, a preocupação com retirar da história regras gerais em meio ao emaranhado das determinações acidentais e particulares dos acontecimentos, o lugar atribuído ao conflito de classes e às disputas partidárias nas análises políticas, a teorização da justiça como artifício e instituição social, a atenção dada às estratégias da ação política e à política externa – compondo aquilo que Whelan denomina o "realismo político" de Maquiavel, com o qual o liberalismo de Hume estaria, segundo ele, amalgamado.

Que Hume tenha Maquiavel como referência é o que Whelan busca comprovar pelo estudo detalhado das passagens em que esses temas realistas aparecem em Hume, comparando-as com as de Maquiavel. A presença dessas temáticas, somada a certos elos de ligação entre Hume e Maquiavel, em particular Bacon, Harrington e Montesquieu, que têm Maquiavel como

1 Uma versão preliminar deste capítulo foi publicada com o título "Maquiavel e Hume sobre a natureza da lei e seus fundamentos sociais" em KRITERION (UFMG), v. LIX, p.571-589,2018.

referência explícita e que consistem numa referência importante para Hume, bem como a inspiração florentina, em especial maquiaveliana, do republicanismo inglês explorada por Pocock (Cf. POCOCK 1975), indica que não é insensato ver maquiavelismo em Hume.

Partindo das evidências do estudo de Whelan, minha proposta é a de estabelecer uma relação de parentesco entre Maquiavel e Hume sob um viés particular, enquanto pensadores do ordenamento político-jurídico, os expoentes de uma certa corrente não jusnaturalista, formada no início da idade moderna, quanto ao modo de pensar a natureza da lei e, num sentido amplo, a normatividade jurídico-política. A proposta pode soar inusitada e convém começar tratando da sua pertinência.

I

O primeiro ponto que pode soar inusitado é que Maquiavel seja um pensador do ordenamento jurídico – ele, que é conhecido como um pensador do político, alguém preocupado com a ação política em "estado puro",[2] em sua especificidade e autonomia em relação às esferas normativas da moral e do direito.

2 É assim, por exemplo, que Gramsci, após se posicionar contra aqueles que dizem que Maquiavel "não tem em conta o direito constitucional", aceitando portanto que Maquiavel trata do jurídico, pondera: "mas, precisamente, ele refere tudo ao político, vale dizer, à arte de governar os homens, de se buscar o consenso permanente entre eles, e, por conseguinte, a arte de fundar os "grandes Estados" (GRAMSCI 2011, p. 108). Segundo Gramsci, cuja leitura de Maquiavel está apoiada sobretudo n' *O Príncipe*, Maquiavel está fundamentalmente preocupado com a *praxis* – "a busca de meios idôneos para presidir praticamente a direção política geral" – cuja pertinência é "exclusivamente política, ou seja, não histórica, nem jurídica" (Idem. p. 109).

E no entanto, como observa D. Quaglioni, Maquiavel fala a "língua da jusrisprudência". Uma língua que, esclarece ele, "não é ainda a língua de uma ciência que elabora um objeto que lhe é pré-constituído e externo – o código –, como será o caso na ideia oitocentista do direito" (QUAGLIONI. 2011, p. 58), mas "a língua da atividade interpretativa, da *civilis sapientia*, da dimensão sapiental do direito comum público". Uma língua que é a dos *Institutos* e do *Digesto,* a que, segundo Quaglioni, Maquiavel se refere no preâmbulo ao livro I dos *Discursos*, para justificar o seu interesse pela história de Roma:

> (...) nos litígios civis que surgem entre cidadãos, ou nas doenças nas quais os homens incorrem, sempre se pode recorrer a julgamentos ou remédios que pelos antigos foram proferidos ou ordenados: porque as leis civis nada mais são que sentenças proferidas pelos antigos jurisconsultos, sentenças que, ordenadas, ensinam nossos jurisconsultos a julgar (MAQUIAVEL, 2007, I, p. 6).

Essas "sentenças ordenadas", segundo Quaglioni, é o Digesto (QUAGLIONI, p. 66), que representa para os juristas o que Tito Livio representa para Maquiavel: "o suporte autoritativo imprescindível de uma ciência de tipo sapiental da política como interpretação que se desenvolve sobre um complexo normativo, fruto da experiência" (Idem. p. 69). Assim, observa Quaglioni, "Maquiavel está na constante procura de uma norma do viver político" (Idem. p. 70), uma normatividade que não é um outro da normatividade jurídica – não é política e, enquanto tal, não jurídica – esse contraste, justamente, não está no horizonte da ciência civil de Maquiavel, que a pensa, como seus contemporâneos, como uma norma ao mesmo tempo política e jurídica. Trata-se do que Maquiavel denomina a *ordine*, o seu objeto de investigação privilegiado.

É com a *ordine nuova* que Maquiavel se ocupa n' *O Príncipe*. É com as *ordini* de Roma e as de Florença, suas transformações e sua história de que se trata nos *Discursos sobre a primeira década de Tito Livio* e na *História de Florença*. O termo, que juntamente com seus derivativos – *ordinare, ordinatore, ordinario, strordinario* – é recorrente em sua obra, tem um campo vasto de aplicação.

Maquiavel fala da *ordine dele cose*, que é o modo como as coisas normalmente acontecem,[3] o que há de regular e necessário nos acontecimentos, do que se pode tirar regras para a ação. Assim, por exemplo, dirá:

> que ninguém tema não poder conseguir o que foi conseguido por outro; pois os homens – como dissemos em nosso prefácio (e a referência é a passagem que citamos há pouco sobre os remédios ordenados pelos antigos) – nasceram, viveram e morreram, sempre, segundo uma mesma ordenação (*ordine*) (MAQUIAVEL, 2007, I, 11).

Trata-se aqui das regras gerais segundo as quais os homens vivem, retiradas da experiência passada e tomadas como guia da ação presente. Trata-se da normatividade prática, em seu sentido amplo, tal como Maquiavel a concebe.

Mas, a *ordine* é também – e este é o sentido mais usual do termo – uma instituição humana, o que a ação regrada do homem produz de estável na história. Uma certa relação de poder

---

3 "*E l'ordine dele cose è che, súbito che uno forestiere potente entra in uma provincia, tutti quelli che sono in esta meno potenti gli aderiscano...*" (MAQUIAVEL, 2017, p. 102).

estabelecida é *ordine*,[4] o que é comandado pelo príncipe e respeitado pelos súditos é *ordine*,[5] uma certa forma de exercer o principado é *ordine*,[6] a religião[7] e suas cerimônias específicas[8] são *ordini*.

Ao longo dos *Discursos*, especialmente no livro I, Maquiavel está falando de como Roma foi ordenada. Acerca do exemplo romano, ou melhor, das regras de ação que se pode tirar do exemplo romano, ele escreve: "não há nada que torne mais estável e firme uma república do que ordená-la de tal modo que a alteração dos humores que a agitam encontre via de desafogo ordenada pelas leis" (MAQUIAVEL, 2007, 7, p. 33). Termos correlatos à *ordine* aparecem duas vezes na passagem: a republica deve ser *ordenada* a fim de *ordenar* a vazão dos humores. Insistindo no uso do termo, Maquiavel dará como exemplo de um tal modo ordenado de desafogo dos humores a *ordine* da acusação, referindo-se à instituição romana que permitia aos cidadãos acusarem-se uns aos outros com "forças" e – novamente o termo – *ordini* públicas (Idem. p. 34). A *ordine* nesse caso é uma instituição política, um produto da ação humana que tem a capacidade de estabilizar e regular – or-

---

4 Sobre o poder dos Orsini e dos Colonna em Roma, Maquiavel escreve: "*era adunque necessário si turbassino quelli ordini e disordinare gli stati di Italia, per potersi insignorire sicuramente di parte di quelli.*" (MAQUIAVEL, 2017, p. 128).

5 Sobre os principados hereditários, Maquiavel diz que para governá-los sem dificuldade "*basta solo non preterire gli ordini de' sue antinati.*" (MAQUIAVEL, 2017, p. 92).

6 Por exemplo, um principado pode passar "*dallo ordini civile allo absoluto.*" (MAQUIAVEL, 2017, p. 150).

7 O *stato* do papa é sustentado segundo Maquiavel pela *ordini antiquati dela religione* (MAQUIAVEL, 2017, p. 158).

8 "(...) *Ogni religione ha il fondamento della vita sua in su qualque principale ordine suo*", como é a consulta aos oráculos para a religião pagã (MAQUIAVEL, 1991, I, 12).

denar – esta mesma ação, direcionando-a de um certo modo, o que se faz por meio das leis. A lei é, portanto, ordenadora.[9]

A relação entre *ordine* e lei é esclarecida em uma das poucas passagens em que encontramos algo próximo a uma definição do termo. Maquiavel diz que a *ordine* de Roma (no singular - sendo que na maior parte das vezes o termo é usado no plural -, significando o que os antigos entendiam por constituição) consiste na "autoridade do povo, do senado, dos tribunos, dos cônsules, (n) o modo de candidatar-se e de eleger magistrados e (n)o modo de fazer leis" (MAQUIAVEL, 2007, 18, p. 73). Maquiavel diz ainda, levando adiante o vínculo entre *ordine* e lei, que, "embora as leis de uma cidade variem segundo os acontecimentos (*accidenti*), as ordenações (*ordini*) nunca ou raramente variam", localizando nessa invariabilidade das *ordini* romanas uma das causas de sua corrupção.

Tudo isso nos permite dizer que a preocupação fundamental de Maquiavel é com as instituições políticas e sociais enquanto um modo de fazer leis e de produzir ordenamento jurídico que estabilize e dê regras à ação humana na história. Essas regras são feitas pelos homens e são tanto mais reguladoras da ação quanto

9 Segundo Maquiavel, assim como certos determinantes naturais (como a aridez da terra) tornam necessário aos homens se associarem, cabe à lei "necessitar" a ação humana, no sentido de reduzir a capacidade de escolha dos homens e forçá-los a se acomodarem uns aos outros. As leis devem ser ordenadas tendo em vista esse efeito: *si debbe ordinare che quelle necessità le leggi la contringhino* (MAQUIAVEL, 1991, I, 1). E como exemplo desse modo de operação da leis, Maquiavel menciona a obrigação de exercícios para os soldados: *tanto potete quella necessità, ordinata dalle leggi, che ne nacque uoumini eccelentissimi* (Idem.). É o estudo dessa "necessidade" ou ordenamento produzido pela lei que se trata de fazer nos *Discursos*. Trata-se em relação a Roma de ver "*a quante necessitadi le leggi fatte da Romulo, Numa, e gli altri, la contringessono* (Idem.)."

mais se pautarem pelo conhecimento e a experiência dos modos históricos de ordenação.

Assim, Maquiavel enquanto pensador político é, ao mesmo tempo, um pensador da lei. Estes domínios não estão separados para ele como dois territórios normativos distintos. Para se certificar disso, basta atentarmos para as passagens recorrentes em que Maquiavel associa as boas armas às boas leis (associação que, como lembra Quaglioni, encontra-se nos *Institutos* de Justiniano), o que mostra que sua preocupação com a formação da autoridade política em seus aspectos militares, pela qual se celebrizou, não está dissociada da tematização da eficácia jurídica dessa autoridade, da sua capacidade de produzir e impor um ordenamento legal – uma *ordine* - à sociedade.

II

Que Hume seja um pensador da normatividade jurídica é menos polêmico por conta de suas passagens sobre a justiça e a lei natural, especialmente no *Tratado da Natureza Humana* e na *Investigações sobre o Princípio da Moral*. Mas, pode soar inusitado que ele o seja em vertente maquiaveliana. Vários estudos, na esteira do estudo seminal de Duncan Forbes (Cf. FORBES 1975; BUCKLE 1991; HAAKONSSEN 1996, ARAUJO, 1998), salientam, antes, a sua vinculação à tradição jusnaturalista autorreferenciada em Grotius. É toda uma linguagem jurídica e uma compreensão das instituições políticas como um capítulo da história da lei natural que Hume partilha com essa tradição, como é particularmente evidente ao leitor do *Tratado*.

Ainda assim, partindo-se do estudo de Frederick Whelan, é possível relacionar Hume a Maquiavel no modo de pensar o ordenamento jurídico e a natureza da lei (o que hoje denominamos

"Direito"). Com efeito, o constitucionalismo de ambos é um dos aspectos a partir dos quais Whelan os aproxima, contrastando-o com um modo de pensar a política a partir de "exigências éticas abstratas" (WHELAN, 2004, p. 2). É justamente esse contraste – não propriamente o contraste entre "realismo" e "idealismo" delineado por Whelan, mas, mais precisamente, o contraste entre dois tipos de pensamento jurídico-político, entre dois modos de pensar a normatividade jurídico-política postos no início da idade moderna – o que me interessa explorar e o que justifica a aproximação entre Maquiavel e Hume, além das evidências de filiação consciente e explícita.

De acordo com Whelan, para Maquiavel e Hume "a análise empírica é apenas uma parte de suas teorias políticas mais abrangentes, que têm preocupações e compromissos normativos interpostos à descrição e à análise causal"– compromissos que podem ser vistos no tratamento que ambos conferem à lei e à constituição enquanto expedientes para contrabalancear e limitar o autointeresse, o conflito e o facciosismo (WHELAN, 2004, p. 84). No entanto, ainda segundo Whelan, "ambos discutem a lei muito brevemente, não tecnicamente, e em termos políticos estritamente, isto é, como um elemento funcional em sistemas políticos" (Idem. p. 85).

Ora, este não é em absoluto o caso de Hume, que, ao modo da tradição jusnaturalista, faz explicitamente o contrário, isto é, pensa os governos e as instituições políticas a partir de uma teoria mais ampla da lei natural (ou da normatividade jurídica). Sem contar que a *História da Inglaterra*, obra monumental a que Hume deve o seu reconhecimento entre seus contemporâneos, tem como tema central o processo de gênese e consolidação da lei e da constituição inglesa, como o próprio Whelan reconhece *en passant* (Cf. WHELAN, p. 120, nota 110).

Este tampouco é o caso de Maquiavel, como vimos. A constituição e a lei não são temas marginais em Maquiavel e Hume, em proveito de uma visão mais política das instituições. Ao contrário, o que vincula nossos autores e o que os singulariza entre os modernos é o *modo político* com que pensaram a lei e a constituição (entenda-se: o fato de que para eles a lei e a constituição são formadas no jogo das forças sociais e políticas).

Assim, é possível identificar em Maquiavel e Hume os traços do que se pode chamar uma certa *linhagem* moderna quanto ao modo de pensar a natureza dos ordenamentos jurídico-políticos - um tipo de constitucionalismo, que contrasta inclusive com o de Harrington – uma referência importante para Hume em sua ligação com Maquiavel, mas da qual Hume se afasta, para, ao que tudo indica, beber diretamente em fontes maquiavelianas, mobilizadas contra o aristotelismo de Harrington. Tratarei da diferença entre o maquiavelismo de Harrington e o de Hume adiante (3.2). Por ora, quero estabelecer o contraste entre o modo maquiaveliano/ humiano de pensar a natureza do direito público e o modo jusnaturalista.

Se esse contraste pode parecer problemático quando se pensa nos aspectos jusnaturalistas da teoria da justiça de Hume, ele nos permite pensar, por outro lado, que Hume se encontra na confluência de duas linhagens, a jusnaturalista e a maquiaveliana, como sugere Whelan ao dizer que o "liberalismo realista" que atribui a Hume é uma "categoria híbrida" (WHELAN, 2004, p. 2). Sem querer me valer da categoria do "liberalismo", menos ainda de uma possível tensão entre "liberalismo" e "realismo" – recusando, enfim, o uso desses rótulos que presidem de antemão a análise de Whelan - minha tese é a de que Hume foi buscar em Maquiavel elementos para subverter o modo jusnaturalista de pensar o ordenamento jurídico-político, subversão cujo lugar já está assinalado nos textos em que a linguagem jusnaturalista se faz presente, como o *Tratado*, mas que será acentuada nas obras de maturidade, como alguns dos *Ensaios* e a *História da Inglaterra,* em que os temas maquiavelianos estão mais presentes – o que indica que Hume partiu de uma linguagem jusnaturalista para infiltrar nela, a partir de um referencial teórico e conceitual diverso, um outro esquema para se pensar a lei. No centro desse processo está uma reflexão sobre a história e a historicidade da lei, um tema comum à escola moderna da lei natural e a Maquiavel, referências a partir das quais Hume elabora o seu próprio pensamento acerca da lei e de sua história.

Um ponto fundamental que afasta Hume da escola moderna da lei natural já desde o *Tratado*, quando ele próprio pensa a partir dos referenciais teóricos e conceituais dados por essa escola, é que ele não recorre à noção de pessoa como fonte da normatividade política (cf. 1.2). Nessa recusa de pensar a história da propriedade e da formação do direito da propriedade a partir da noção de pessoa, Hume elabora um projeto alternativo: trata-se para ele de pensar a gênese da lei – da normatividade prática em geral, e, em especial, no que aqui nos concerne, da normatividade jurídica – a partir do fato histórico, tomado como simples acontecimento, não interpretado desde o princípio a partir de categorias jurídicas – pensado como fato social e não como realidade jurídica. E se é preciso fazer esse recuo, tratar os acontecimentos históricos com olhos de historiador e não de jurista, é porque se trata de oferecer a gênese histórica da normatividade jurídica, o seu surgimento ou instituição; de explicar a lei a partir da história e não a história a partir da lei natural ou do direito pressuposto na forma de um direito pessoal. Nisso, Hume encontra em Maquiavel uma referência fundamental, pois o que caracteriza o modo maquiaveliano de pensar a ordem jurídica é justamente pensá-la por referência ao *straordinario*, em pensar a *ordine* em relação ao que não é ordem e não está ordenado – o acontecimento histórico ou o fato politico-social.

III

O contraste entre Maquiavel e a escola moderna da lei natural fica evidente quando se observa a teoria da autoridade, desenvolvida n' *O Príncipe*. Duas teses importantes e inovadoras acerca da autoridade são expostas nessa obra.

Em primeiro lugar, Maquiavel mostra que a autoridade do príncipe consiste na sua capacidade de reunir forças em torno de si, em fazer-se interessar e, com isso, angariar apoio ou sustentação social ao trabalho de instituição e manutenção da ordem em que consiste o seu governo ou *stato*. Nisso, as ações de Cesar Bórgia são exemplares: Cesar soube dar "fundações suficientemente boas para a sua potência (*potenza*)" (MAQUIAVEL, 2017, P. 131). Tais fundamentos consistem na amizade do povo, que sob seu governo começou a gozar de um certo bem estar (*bene essere*). Conquistar a amizade do povo é, segundo Maquiavel, uma regra geral que todo príncipe novo deve observar em sua conduta.[10]

10 "Deve, portanto, alguém que se torne príncipe mediante o apoio do povo mantê-lo como amigo, o que lhe será fácil, visto ele não lhe pedir senão para não ser oprimido. Mas alguém que, contra o povo, se torne príncipe com o apoio dos grandes, deve antes de qualquer outras coisa procurar ganhar o povo, o que lhe será fácil, desde que tome sua proteção". (MAQUIAVEL, 2017, p. 149).

C. Lefort mostrou que reside aí a novidade trazida por Maquiavel - em não mais remeter a autoridade política a uma origem transcendente, mas em projetar suas raízes sobre a sociedade, fundando-a sobre o jogo das forças sociais, que ela deve saber mobilizar a seu favor. Segundo Lefort, "Maquiavel não descreve apenas a lógica das operações do príncipe, ele raciocina ainda sobre os sistemas de força que encarnam os sistemas políticos e abre a via para o estudo das estruturas sociais" (LEFORT 1972, p. 360).

Sendo assim, não é porque incarna a lei que o príncipe tem autoridade, mas é porque tem autoridade que pode impor a lei. Essa autoridade – que não é portanto desde o princípio a autoridade da lei – é, antes de tudo, força, capacidade de forçar, o que supõe a capacidade de se valer das forças sociais – sobretudo as populares - que se interessam pela ordenamento político que o príncipe instaura e sustenta.

A segunda tese sobre a autoridade, igualmente destacada por Lefort em sua reconstrução d' O *Príncipe*, é que a autoridade só é força na medida em que cultiva uma certa opinião favorável ao seu empreendimento. Ou seja, a autoridade funda-se não apenas sobre os interesses sociais, mas sobre um imaginário social. O príncipe "é *gran simulatore e dissimulatore"*, escreve Lefort, destacando a expressão utilizada por Maquiavel para designar a capacidade do príncipe de cultivar uma imagem pública favorável ao seu empreendimento, o que não se faz sem uma certa arte do engano.

Noutros termos: é preciso que o empreendimento ordenador seja visto como algo mais do que força, que o príncipe seja visto não apenas como forte, mas como "todo piedade", "fidelidade", "integridade", "humanidade", "religião" (Maquiavel, 2017, p. 201), sem o que não é forte. É preciso que no príncipe se colem os "nomes" das qualidades pelas quais seu empreendimento será visto como virtuoso e legítimo. Mas essa legitimidade – eis o ponto fundamental – não está dada de antemão, como fundamento da autoridade, enquanto um *jus* ou *potestas* de fazer a lei, intrínseco à pessoa do príncipe. A autoridade do príncipe não reside num direito de fazer a lei, mas no fato de ser capaz de impor um ordenamento jurídico à sociedade. Essa capacidade, por sua vez, não é uma qualidade ou uma realidade jurídica, mas força e opinião.

Isso quer dizer que, antes de ser autoridade (*autorità/ potestà*) – capacidade de ordenação social através da lei – o poder do príncipe é *potenza* e *reputazione*, ou seja, uma certa posição social, como a dos grandes. Estes distinguem-se do povo não apenas pelas posses, mas sobretudo pelo lugar que lhes é reservado no imaginário social, o que lhes garante uma certa capacidade de fazer valer seus desejos – de dominar – e que Maquiavel compreende como uma forma de astúcia, presente nos grandes, assim como no príncipe. O que singulariza o príncipe diante dos grandes é que sua potência e reputação dão lugar a uma capacidade de ordenar a cidade, com o que sua reputação pública se torna autoridade.

Há, assim, uma anterioridade lógica e cronológica da reputação e do valor social do legislador sobre sua capacidade legislativa, uma tese estabelecida n' *O Príncipe* e retomada nos *Discursos*, nos momentos em que Maquiavel salienta que a fundação da ordem republicana de Roma assentou-se, como toda fundação, sobre a autoridade prévia do legislador – a autoridade de Rômulo, a quem coube disputá-la pela força com seu irmão Remo, de acordo com a mitologia romana. Se a tradição procurou mitigar o caráter violento e criminoso desse ato, Maquiavel, ao contrário, o enfatiza, indicando, como já fizera n' *O Príncipe*, a origem violenta da fundação (Cf. BERNS 2000, II, 1). Rômulo precisou matar Remo para fundar sua autoridade. E se essa fundação é violenta é porque na origem não há ainda lei e *ordine* a partir da qual justificar a autoridade requerida pela fundação. Insistir sobre o caráter violento da fundação é insistir sobre o vazio normativo em que ela se faz.

Além da autoridade do legislador, os *Discursos* apontam ainda para uma outra fonte da lei: a divisão civil. Há de se considerar – escreve Maquiavel – "*que todas as leis que se fazem em favor da liberdade nascem da desunião* (dos grandes e do povo) (MAQUIAVEL, 2007a I, 4). Essa desunião, entendida nos termos de uma oposição dos desejos ou humores dos grandes e do povo – o desejo de dominar dos primeiros em oposição ao desejo de não ser dominado do segundo – já havia sido tematizada n' *O Príncipe* como algo que está presente em toda a cidade e que é, em última instância, a estrutura fundamental da sociedade sobre a qual se funda a política – ou ainda, o fundamento social da política, aquilo que, a partir da sociedade, requer e justifica a intervenção ordenadora da autoridade política.[11] Mas, é só nos

---

11 Sobre isso, ver LEFORT, 1972, p. 382: "Na origem do poder do príncipe e subjacente a ele quando estabelecido encontra-se o conflito de classe. Ora, descobrir isso é preparar-se para entender de uma nova forma que o príncipe deve buscar fundamento em seus súditos, pois o solo em que se enraíza a sua autoridade aparece agora como sendo o de um terreno movediço composto pelo fluxo de dois desejos que não podem jamais se pôr de acordo um com o outro." Sobre a centralidade do tema da divisão civil em Maquiavel e para o mapa de como esse tema foi desenvolvido pelos estudos brasileiros Cf. CARDOSO, 2015. Cardoso enfatiza, na esteira de Lefort, que a divisão civil deve ser entendida como divisão política, e não social ou psicológica. Trata-se da distinção ou oposição entre dois lugares políticos, o do desejo de dominar e o de não ser dominado e não de classes sociais ou impulsos naturais dos homens. Ainda assim, penso ser possível dizer, sem trair a leitura lefortiana de Maquiavel, que esta divisão política diz respeito a uma certa estrutura política *da sociedade*, dividida entre os que dispõem de riquezas e

Discursos que Maquiavel indica com clareza que a divisão civil, e não apenas a autoridade do legislador, é fonte da lei. Ele diz ainda, em relação a isso, que os tumultos do povo romano – as suas formas de resistência ao desejo dos grandes, que consistia nas gritarias pela rua e na recusa em servir o exército - esteve na origem da ordem republicana de Roma.

A tese não é exatamente nova em relação ao *Príncipe*, onde já se indicava que o campo social sobre o qual se inscreve a autoridade do príncipe é perpassado pelo conflito de classe. Mas o que aqui se acrescenta ou se enfatiza é que a fonte da lei não está apenas na autoridade que responde ao conflito, mas no conflito ele próprio segundo as formas circunstancias e particulares que assume ao longo da história. O que se mostra é que a *ordine*, uma vez fundada, tem uma história que responde à dinâmica social do conflito. Disso, a história romana é exemplar. Ela mostra não apenas que, como regra geral, o conflito de classes responde pelas formas dos ordenamentos públicos, como também que as particularidades desses ordenamentos dizem respeito aos aspectos circunstânciais e particulares assumidos pelo conflito.[12]

---

honras – meios para realizar o desejo de dominação –; e os que, não dispondo desses meios, ou não desejando tê-los, buscam na ordem civil um meio de se proteger da dominação. Assim, penso ser possível dizer (é assim que eu entendo a questão da divisão civil em Maquiavel) que o problema político, aquilo que de acordo com Maquiavel faz nascer a ordenação civil e que consiste na oposição entre o desejo de dominar e o de não ser dominado, encontra em Maquiavel a sua raiz ou fundamento *na* sociedade. Toda a dificuldade é que Maquiavel não dispõe ainda de uma teoria do social, mas seu lugar e significação política estão assinalados em sua obra.

12 De acordo com Maquiavel, Roma recebeu suas leis "ao acaso e em várias vezes, segundo os acontecimentos" e "foram tanto os acontecimentos que nela surgiram, devido à desunião que havia entre a plebe e o senado,

Assim, pode-se dizer que Maquiavel pensa de duas formas a instituição da ordem: como ato de uma autoridade fundada sobre o campo das forças e o imaginário social; e como a resultante dos conflitos sociais em seus aspectos permanentes e circunstanciais. A tese de que a autoridade é força, somada à tese de que o conflito, que em Roma assumiu feição tumultuária, foi o motor do processo histórico do ordenamento de Roma e a razão de sua grandeza, indica que Maquiavel pensa a ordem legal ou o ordenamento jurídico-constitucional em sua relação com o que não é ainda ordem jurídica – a força, o tumulto – mas uma ordem das coisas a partir da qual a ordem constitucional e jurídica se deriva, se forma e se transforma.

IV

É bem conhecida e bastante visitada a passagem do ensaio *A origem do governo* em que Hume estabelece uma dessas regras gerais que o historiador deve ser capaz de reconhecer no emaranhado dos acontecimentos: "em todo governo – escreve ele – há uma perpétua luta intestina, aberta ou secreta, entre autoridade e liberdade, e nenhuma delas pode em absoluto prevalecer na contenda (*in the contest*)" (E, 40). Pode-se ler a *História da Inglaterra* como a história dos contornos que essa luta assumiu em solo inglês, caso em que é preciso lê-la não apenas como a história da liberdade, como já se enfatizou (Cf. CAPALDI, LIVINGSTON, 1990), mas também, e em contrapartida, como a história da autoridade, o que se justifica quando se observa que o seu fio condutor é a linha sucessória da monarquia inglesa. Pode-se com-

---

que aquilo que não fora feito por um ordenador foi feito pelo acaso (*il caso*)" (MAQUIAVEL, 2007, I, 2).

preender em chave maquiaveliana esta interdependência entre autoridade e liberdade.

Por liberdade Hume entende, de um lado, liberdade negativa ou a ausência de lei – como é caso da liberdade dos saxões, os quais viviam, segundo ele, muito próximos do estado de natureza (cf. H, I, 174), entendido como um estado de disputa pelo poder e de incapacidade regulatória da lei. Hume quer distinguir tal liberdade, que ele prefere chamar de licenciosidade, do que ele denomina "a verdadeira liberdade" (Cf. H, I, 168), que é a liberdade assegurada pela lei e que, segundo ele, é uma conquista tardia da história inglesa. Tal é a liberdade política, que Hume define da seguinte forma:

> O governo que, na linguagem comum, recebe a designação de livre é aquele que permite uma divisão do poder entre vários membros, cuja autoridade unificada não é menor, ou é frequentemente maior que a de qualquer monarca; mas esses membros, no curso normal da administração devem agir de acordo com leis gerais e sempre idênticas, previamente conhecidas por todos os membros do governo e por todos os súditos (E, 41).

O governo livre define-se, assim, por um duplo aspecto. Em primeiro lugar, por um aspecto político: a divisão do poder, ou o balanço da autoridade civil, pelo que se distingue de um governo absoluto (Cf. E, 89). Nesse sentido, as repúblicas da antiguidade eram livres, assim como também a monarquia inglesa, cujo poder é contrabalanceado pelo parlamento. Mas há um segundo aspecto – um aspecto jurídico – pelo qual um governo deixa-se qualificar como livre: a existência de um sistema de justiça, um conjunto de leis com aplicação regular e geral, operando como um sistema de garantias contra a violência e o arbítrio, seja de uma parte da autoridade (ou partido) em relação a outra, seja a do governo em relação aos súditos. Um dos pontos de honra de Hume n' *A História da Inglaterra* está em mostrar que o aspecto político da liberdade tem como contrapartida o jurídico, ou seja, que o balanço da constituição opera sob o fundo de um sistema de justiça e de garantias legais dentre as quais se destaca o *habeas corpus* (sobre o *habeas corpus*, Cf. LIVINGSTON, 1990, p. 118). Daí porque a balança do poder se aperfeiçoou com os modernos: porque passou a ser sustentada por garantias jurídicas e por um sistema de justiça que só o tempo pode criar.

Guardadas as diferenças entre os tipos de instituições políticas e jurídicas que configuram a liberdade romana para Maquiavel e a liberdade inglesa para Hume, e guardadas as diferenças no modo como os autores concebem a estrutura da sociedade e dos conflitos civis que dão origem às instituições, pode-se dizer que Hume entende a liberdade inglesa como uma *ordine*, em sentido maquiaveliano, ou seja, um conjunto de instituições e leis que emergem das disputas políticas e do jogo das forças sociais, ao mesmo tempo em que os regulam e ordenam. E, como Maquiavel, Hume pensa que o ponto de passagem do jogo das forças sociais à ordem jurídico-política é a atividade ordenadora de uma autoridade política fundada sobre a força e a opinião.

Já no *Tratado* e em *Dos primeiros princípios do governo*, um ensaio de juventude, Hume estabelece que o governo ou autoridade política funda-se sobre a opinião, esclarecendo que essa opinião não é apenas a "opinião de interesse", a antevisão das vantagens do governo (sobre o que insiste a escola da lei natural), mas também outras opiniões, qualificadas como "frívolas" e "circunstanciais" (*minutes*) (T, 556), tais como a antiguidade do governo, sua posse presente garantida pela força, a conquista (que é a força revestida de glória) e a sucessão.

Essas fontes alternativas da autoridade são ainda mencionadas em *Da origem do governo*, um ensaio de maturidade onde Hume começa insistindo na ideia de que o governo funda-se na opinião de que é útil e vantajoso na administração da justiça, para em seguida argumentar – introduzindo com isso uma outra rede causal – que o governo "é mais estritamente sustentado pelos princípios da natureza humana" do que as regras de justiça (E, 39). A ideia é que o governo se sustenta não apenas porque tem um papel a desempenhar na instituição e administração da justiça – porque interessa de um modo geral – mas também porque se apoia sobre diversas outras paixões humanas, como o "amor pelo poder (*dominion*)", o respeito e a confiança que um determinado caráter desperta nos outros, certos interesses particulares daqueles que circundam a autoridade política, o costume, e "tantos outros motivos visíveis e impositivos (*urgent*)" (E, 39). Hume condensa a ideia dizendo que a origem do governo é mais "casual" e "imperfeita" do que pressupõe a explicação que apela apenas à antevisão de suas vantagens e de sua utilidade. Os governos existentes, prossegue ele, provavelmente tiveram origem na guerra, que acostuma os homens à submissão, "e se o chefe possuísse tanta equidade quanto prudência e valor, ele se tornava durante a paz o árbitro de todas as diferenças, podendo assim estabelecer, gradualmente, *por um misto de força e consentimento*, a sua autoridade" (E 40, grifo meu).

Assim, na formulação de 1740 (*Tratado*) e 1741 (*Dos primeiros princípios do governo*), Hume diz que a opinião sobre a qual se funda o poder político não é apenas a opinião de interesse, mas também outros tipos de opinião mais frívolas e circunstanciais.

Na formulação de 1777 (*Da origem do governo*), ele diz que o consentimento e a opinião apenas não bastam para que se constitua uma autoridade. Há ainda uma outra causa – a força –, que, embora tenha seu lugar assinalado na teoria da autoridade de Hume desde o *Tratado*, ganha importância nos textos mais maduros, nos ensaios tardios e na *História da Inglaterra*. É esta concepção da autoridade, como um misto de consentimento, opinião e força, que vemos ser explorada na *História da Inglaterra*.

O primeiro rei a ter alguma autoridade, ainda que bastante precária, foi, na *História* de Hume, o rei saxão Alfredo. Sua autoridade estava fundada sobre suas virtudes e sobre sua capacidade, bastante restrita, de garantir o funcionamento das cortes judiciais. A segunda forma de autoridade é a normanda, encarnada por Guilherme, o Conquistador, que comandou a invasão normanda e introduziu na Inglaterra a lei feudal (Cf., supra, cap. 2). A uma autoridade maior, de caráter militar, como a normanda, corresponde uma lei mais robusta do que a saxã, não apenas capaz de sustentar as cortes judiciais, como também de fixar a propriedade da terra e certos princípios constitucionais referentes à distribuição da autoridade entre o rei e os barões.

Contudo, a autoridade dos reis normandos construiu-se em equilíbrio difícil e instável com a autoridade e o poder dos barões, o que fomentou um longo período de instabilidade, de guerras internas e externas, até que no século XV, sob Henrique VII, consolida-se a autoridade dos Tudor. Isto trouxe a estabilidade necessária ao desenvolvimento das artes e das ciências, assim como da jurisprudência, e deu início à história da monarquia *civilizada*, objeto dos volumes III e IV da *História da Inglaterra*, em contraste com a história das monarquias *bárbaras* – a saxã e a normanda – objeto dos volumes anteriores (Cf. H, III, 82). O reinado de Henrique VII qualifica-se assim como "*a kind of epoch*" da constituição inglesa (H, III, 74).

Sua autoridade derivou-se, em parte, do seu caráter pessoal – "pleno de vigor, indústria e severidade, ponderado em todos os projetos, firme em todos os propósitos e acompanhado de prudência (*caution*), assim como de boa fortuna, em todo empreendimento" (H, III, 74) – e, em parte, de não haver quem lhe fizesse oposição, a nobreza tendo sido dizimada pelas guerras civis, cujo fim trouxe popularidade ao rei (cf. H, III, 74). Não estamos muito longe do príncipe maquiaveliano, que sabe aproveitar a oportunidade e dar bom fundamento ao governo.

Tampouco falta a ideia de que o rei soube se valer, como aconselha Maquiavel, de uma aliança com o povo, ao qual ofereceu a proteção legal necessária ao desenvolvimento das atividades comerciais. "O gosto do rei pelo dinheiro naturalmente o levou a estimular o comércio, o que aumentou sua receita" (H, III,77), e, muito embora Hume frise que suas leis não foram felizes para este fim (Cf. H, III, 77 e ss), isto se deu não porque o rei não quisesse, mas porque não soubesse fazê-lo, já que os "princípios do comércio" são complexos, muito mais dos que os que concernem a administração interna da justiça, e requerem "longa experiência e profunda reflexão para que sejam bem entendidos" (H, III, 74). Nessa política, o rei seguiu o "curso geral das coisas, (que) tendia a depreciar os nobres e elevar o povo" (H, III, 80): em toda a parte "homens de classe (*rank*) inferior adquiriram parte da propriedade da terra e criaram para si uma propriedade considerável de um novo tipo, em sortimentos, mercadorias, artefatos, créditos e equivalentes (Idem. ib.)". Daí porque ao "abraçar esse tipo de política, (o rei) adquiriu reputação maior (a referência é a *História de Henrique VII* de Bacon) do que rigorosamente falando seria merecida pelas suas instituições ou pela sabedoria nelas incutida" (Idem. ib; trad. p. 143). Fato é que as leis e instituições de Henrique VII favoreceram os comuns e que esta aliança consistiu num importante suporte de sua autoridade: "o esquema recorrente de sua política consistia em depreciar os grandes e exaltar clérigos, juristas (*lawyers*) e homens de novas famílias, mais dependentes dele" (H, III, 77). Também foi mediante o apoio dos comuns, os quais "procuraram por esse meio assegurar-se contra a tirania de seus senhores (*lords*)" (H, III, 51), que Henrique VII consolidou o domínio inglês sobre a Irlanda.

O Henrique VII de Hume tem ainda outros traços do príncipe maquiaveliano. Ele "amava a paz, sem temer a guerra" (H, III, 73) e soube se fazer temer pela severidade de suas punições, as quais aplicava, sem timidez "menos por revanche do que como máxima de política" (Idem. ib.). Não era um príncipe amável, tinha vícios impopulares – era ciumento, avaro e severo (H, III, 83), mas soube se fazer temer na medida certa, já que, ainda que não angariasse "as afeições do povo, várias vezes sentiu o perigo de fundar sua autoridade sobre o medo e a reverência apenas (H, III, 73). Ou seja, Henrique VII soube cultivar as qualidades impopulares, e, quando necessário *"entrare nel male"*, como aconselha Maquiavel, (MAQUIAVEL, 2017, XVIII, p. 200), mas sabendo contrabalancear a impopularidade que seus vícios lhe rendiam com os "serviços que prestava ao povo" (H, III, 73). A diferença do príncipe maquiaveliano, porém, esse modo de ação, no caso de Henrique VII, deve ser creditado menos à sua sabedoria ou prudência política do que à natureza do seu caráter.

Os traços do príncipe maquiaveliano não se esgotam aí. Na narrativa de Hume, o caráter de Henrique VII tinha "similaridades notáveis" com Fernando de Aragão, de quem era aliado:

"ambos eram cheios de astúcia (*craft*), intriga e propósito (*design*)." (H, III, 65). Nas palavras de Hume, que ecoam inequivocamente as de Maquiavel, Fernando "adquiriu o título de Católico, observando a causa do papa e da religião apenas como um disfarce de sua política ambiciosa e egoísta" (H, III, 91), num tipo de política então prevalecente na Itália: "um sistema de política traiçoeiro, enganoso, inconstante (*inconsistent*)", que ridicularizava o "pouco que restava de lealdade e honra, preservado nos conselhos dos outros príncipes europeus" (H, III, 51).

Se Hume adere desse modo à visão *maquiavélica*[13] do príncipe, seu intuito não é o de desconstruir por essa via a autoridade de Henrique VII, cuja judiciosidade e sapiência fora exaltada por Bacon. O rei valeu-se da lei para oprimir (H, III, 49, 67), "elevou suas prerrogativas acima da lei" (H, III, 74), era guiado por motivos de vantagens privadas, (H, III, 73), perverteu a lei e a justiça (H, III, 48), valendo-se delas para cobrar taxas em troca de absolvição em processos legais, a fim de satisfazer seu desejo de acumulação de riqueza e dar vazão à sua paixão dominante (*ruling passion*), a avareza (Cf. III, 37; 66; 73). Mas, o que foi decisivo, o que fez o empreendimento de Henrique VII notável, é que "enquanto depreciava a nobreza e elevava, honrava e bajulava os juristas (*lawyers*)", por esses meios, não fez da lei apenas um instrumento da própria vantagem, como conferiu "autoridade às

13 Emprego aqui o termo "maquiavélico" e não "maquiaveliano" em alusão à interpretação de Maquiavel como o professor no mal, consolidada, por exemplo, no *Anti-Maquiavel* de Frederico II (Cf. FREDERIC, 1985), fortemente contestada entre os intérpretes contemporâneos, e que, salvo por essas passagens acerca de Fernando de Aragão, em que Hume faz eco aos preconceitos do seu tempo, não corresponde a sua própria leitura de Maquiavel.

leis" (H, III, 49). Hume está, desse modo, subscrevendo a teoria maquiaveliana da autoridade.

Que a autoridade de Henrique VII tenha sido produtora de ordem, em especial de ordem legal, é o que Hume estabelece ao fazer seguir a descrição do caráter e da autoridade do rei da enumeração das "suas leis" (no que segue de perto a *História de Henrique VII* de Bacon). Dentre as quais se destacam, além daquelas que reforçaram as garantias individuais – como a que proíbe que mulheres sejam carregadas à força e a que estabelece que os xerifes só possam multar diante das cortes – as leis que reordenaram a sociedade inglesa, fazendo dela uma sociedade comercial. Tal é a lei que proibiu a formação de exércitos particulares e a que permitiu a quebra da propriedade feudal, às quais Harrington, na esteira de Bacon, dá especial atenção (Cf. POCOCK, 1992, p. XVIII; HARRINGTON, 1992, p. 55 nota 19), que levaram ao fim das grandes baronias e a um novo balanço da propriedade. A autoridade de Henrique VII, portanto, ao mesmo tempo em que é fruto de um novo equilíbrio das forças sociais, reordenou por intermédio da lei essas mesmas forças, sustentando juridicamente uma nova ordem social, na qual os comuns fazem contrapeso à potência dos grandes.

A esta nova ordem Hume credita as "origens da liberdade na Inglàterra", segundo o título feliz dado por Pedro Paulo Pimenta à seção final, sem título, do livro II da *História da Inglaterra* (Cf. HUME, 2007, cap. 5), na qual Hume trata da passagem das monarquias bárbaras às civilizadas. Dois elementos são então identificados como os pilares da liberdade. A acensão dos comuns - que teve início com a Magna Carta e se consolidou com as leis de Henrique VII, e que refletiu um processo mais amplo de transformações sociais, pelas quais a sociedade feudal deu lugar a uma sociedade comercial; e o renascimento da ciência jurídica, a ciência da lei ou jurisprudência, em meio ao renascimento geral das artes e das ciências. Esses elementos afetaram os homens "em sua condição pessoal e civil". Deram-lhe "liberdade (*freedom*) pessoal", de que antes a maior parte da sociedade era privada, na falta de qualquer proteção legal diante da opressão e tirania de seus superiores. Pavimentaram a partir daí o "caminho para a liberdade (*liberty*) política ou civil".

Sobre o papel decisivo da jurisprudência nesse processo, Hume escreve:

> Nenhum evento pode ter sido tão propício ao aprimoramento dessa época quanto a descoberta acidental e pouco notada de uma cópia do códex de Justiniano, por volta do ano de 1130, na cidade italiana de Amalfi (H, II, 520; trad. 122).
>
> (...)
>
> São facilmente discerníveis as vantagens que a Europa teria a colher da herança que lhe fora integralmente legada pelos antigos, uma arte tão completa e ao mesmo tempo tão necessária para dar segurança a todas as outras, e que, ao refinar o juízo e torná-lo mais sólido, serviu como modelo para aprimoramentos ulteriores. A evidente utilidade do direito romano, para o interesse privado bem como o público, recomendava o seu estudo numa época em que as ciências mais rarefeitas e mais especulativas eram, sem dúvida, as mais atraentes; e assim o último ramo da literatura antiga a ser preservado em sua pureza original foi

> afortunadamente transmitido para o mundo moderno (H, II, 521; trad. p. 123)

Ao elogiar esta ciência Hume adota o tom respeitoso com que Maquiavel se refere aos códigos do direito romano enquanto guias para o juízo presente, nas páginas iniciais dos *Discorsi*:

> É admirável que durante o declínio da erudição romana, quando a superstição e o sofisma infectavam os filósofos e o barbarismo contagiava os poetas e os historiadores, os juristas, que na maioria dos países dificilmente são modelos de ciência e polidez, tenham sido os responsáveis por manter, com dedicação aos estudos e afinco na imitação de seus predecessores, o mesmo bom senso que estes haviam mostrado em suas decisões e raciocínios, a mesma pureza que haviam adotado na linguagem e na expressão (Idem. Ib.).

Como Maquiavel, Hume alicerça a autoridade da lei sobre a autoridade do príncipe. É sob a autoridade dos Tudor, alçada acima dos grandes por Henrique VII, acima do clero por Henrique VIII e consolidada pelas boas maneiras e a popularidade de Elisabeth I, que uma administração regular, um sistema de justiça – uma *ordine civile* – começou a se erigir na Inglaterra.

> Foi necessária a autoridade quase absoluta do soberano para que, no período seguinte, fossem derrubados os desordeiros e licenciosos tiranos tão nocivos à paz quanto à liberdade (*freedom*) e se estabelecesse uma execução regular das leis, o que no período seguinte

> permitiu ao povo erigir um plano de liberdade regular e equitativo (H, II, 525; trad. 130).

Contudo, apesar da importância e do valor desse empreendimento, na contramão de Bacon, que exaltou a judiciosidade das leis de Henrique VII, e da historiografia *whig*, que exaltou a judiciosidade e a justiça dos Tudor (Cf. GAUTIER, 2005, cap. 3), Hume não perde a oportunidade de observar o caráter absoluto, iníquo, arbitrário e não ordenado (não regulado pela lei) da autoridade monárquica no período. Deste modo, Hume quer mostrar que o ordenamento civil sustentado por essa autoridade só foi capaz de limitá-la e regular seu exercício uma vez tendo sido formado a partir do jogo das forças sociais e das opiniões. A autoridade constitui-se enquanto força e opinião, como uma realidade político-social e não legal e é a partir da autoridade assim instituida, como algo que ainda não está ordenado, que Hume pensou a gênese da ordenamento jurídico-político em que consiste, para ele, a liberdade inglesa. Daí a luta intestina entre autoridade e liberdade: as leis pressupõem a autoridade, cujo exercício limitam, regulam e ordenam.

V

Dito isso, pode-se resumir da seguinte maneira o maquiavelismo de Hume, em seu contraste com a perspectiva da escola moderna da lei natural: a ordem jurídico-política tem, para Hume, assim como para Maquiavel, um lado de fora – a saber, as relações sociais, pensadas, não enquanto relações jurídicas ou relação entre pessoas, mas enquanto um jogo de forças e circulação de opiniões. É isso o que liga Hume a Maquiavel e o que está por trás de sua recusa a pensar a história da lei a partir da noção de pessoa e a ordem civil a partir do contrato: o não fechamento da ordem jurídica, a sua abertura para o social e para o político, compreendidos enquanto uma ordem histórica de acontecimentos. Pensar a gênese da ordem jurídico-política a partir do fato social e político não implica de modo algum colocar uma tal ordem (o Direito) em segundo plano ou reduzir sua importância em prol do político, mas pensá-la em sua relação com o político, ou antes, em conferir-lhe uma natureza política.

Hume e Harrington: faces do maquiavelismo britânico[14]

É bem conhecida a tese de Pocock, norteadora das pesquisas da Escola de Cambridge, segundo a qual a história do pensamento político é melhor compreendida como a história do discurso político, dos idiomas, retóricas, vocabulários especializados e gramáticas, modos do discurso e maneiras de falar sobre a política, criados, difundidos e empregados num determinado momento histórico (Cf. POCOCK, 1989 (a); 2009). Pocock ilustrou esse ponto ao localizar e mapear uma determinada gramática maquiaveliana presente na literatura política anglo-americana dos séculos XVII e XVIII - a gramática do republicanismo, da qual James Harrington foi o grande articulador (Cf. POCOCK, 2003).

Em se tratando de Maquiavel, contudo, convém recorrer ao plural: mais de uma gramática maquiaveliana desenvolveu-se em solo britânico. Como mostrou Felix Raab, a figura do Maquiavel republicano, crítico da monarquia, florescente na Inglaterra no período da guerra civil e do interregno, foi "um breve e atípico, embora muito importante episódio na história do maquiavelismo inglês" (RAAB, 1964, p. 262). No centro dessa história, tal como Raab a reconstrói, está algo que se pode chamar *realismo político* – uma certa gramática, no sentido de Pocock[15], uma linguagem

14 Este subcapítulo foi publicado em REVISTA ESTUDOS HUM(E) ANOS, v. 8, p. 51-68, 2020

15 Como observa Cromartie: "O trabalho de Pocock sugere haver um espectro dessas linguagens, entre *mentalités* (que não são escolhidas e podem constituir completamente os sujeitos (*selves*) nos quais se encontram exemplificadas) e convenções linguísticas menores (que com algum esforço consciente pode marcar presença em ou ser aperfeiçoada por alguém)" (CROMARTIE, 1998 p. 1008).

que diversos autores, por diferentes vias, em diferentes contextos, foram buscar em Maquiavel, como alternativa à linguagem do *agostinianismo político* (Cf. ARQUILLIÈRRE, 1972).

A expressão *realismo político* é sem dúvida problemática. Do que se trata exatamente? Da *descrição* das práticas políticas tais como efetivamente são? Da *autonomia* da esfera política em relação a outras esferas normativas? Da política enquanto *técnica*? De *materialismo*? Estas são algumas maneiras, entre outras, pelas quais um certo aspecto da escrita política de Maquiavel foi assimilado, interpretado e digerido. Mas, seja lá o que se entenda por *realismo político*, o certo é que em torno da expressão organizou-se um conjunto de problemas, um tipo de indagação sobre a política e sua normatividade da qual se ocuparam largamente os leitores de Maquiavel - um trabalho da obra que extrapola o campo do republicanismo propriamente dito, a partir do qual Pocock pensou o seu "momento maquiaveliano". Pode-se então dizer que Hume faz uso de uma gramática maquiaveliana, que não a gramática republicana mobilizada por Harrington, mas a gramática do realismo político (Cf. WHELAN, 2004; SABL, 2012, p. 259 e ss), pondo assim em marcha um outro "momento maquiaveliano".

De fato, já se identificou nos escritos políticos de Hume uma certa forma maquiaveliana de aproximação do fenômeno político (Cf. WHELAN, 2004; REIS, 2010; MERRIL, 2015 p. 135-39) – uma maneira de tratar da política ao encontro dos acontecimentos, para a partir daí ensaiar generalizações e estabelecer máximas de ação, que não se deixa reduzir à gramática do método experimental newtoniano. Não se trata apenas de construir uma ciência política neutra e contemplativa ao modo das ciências naturais (como argumenta OZ-SALBERGER, 2004), mas de mobilizar uma gramática política de grande apelo, com referência e suporte na autoridade de Maquiavel.

Em uma das poucas passagens em que cita Maquiavel nominalmente, Hume declara-se seu admirador, ainda que crítico:

> Maquiavel era certamente um grande gênio; mas, tendo confinado seu estudo aos furiosos e tirânicos governos de tempos antigos, ou aos pequenos e desordenados principados da Italia, tem-se constatado que seus raciocínios, especialmente sobre o governo monárquico, são extremamente defeituosos; e quase não há máxima em seu príncipe que a experiência não tenha refutado inteiramente (E, 88; trad. p. 64).

Do ponto de vista humiano, faltou a Maquiavel alargar sua experiência para abarcar os processos políticos em curso nas grandes monarquias europeias, o processo de formação do Estado moderno europeu em paralelo ao desenvolvimento das sociedades comerciais, desconsiderado por ele em função das circunstâncias históricas de sua escrita política: os erros de Maquiavel "procedem em grande medida, de ter vivido numa época muito jovem do mundo para ser um bom juiz da verdade política" (E, 88; trad, p. 65). Mas seu método permanece genial. Hume pretende aplicá-lo, não refutá-lo; no máximo corrigi-lo, injetando uma certa dose de ceticismo nas máximas políticas por vezes apressadas do gênio florentino.

Mais que isso, trata-se para Hume de mobilizar o método de Maquiavel *em contraponto* à gramática republicana de Harrington, que àquela altura havia penetrado profundamente o pensamento politico inglês, inspirando todo um whiggismo – denominado por Popock *neoharringtonismo* – a que Hume se contrapõe. Pocock mostrou como um certo "cânone *whig*" formou-se no século XVIII tendo Harrington por referência (POCOCK, 1984 (b); 2003). É provável que Hume estivesse interessado em rebater esse cânone mais do que Harrington propriamente dito. Mas é Harrington o seu interlocutor declarado. Nessa interlocução, Hume não apenas se muniu de uma linguagem maquiaveliana, como a empregou de maneira a rebater e deslocar o protagonismo de Harrington no debate político britânico do século XVIII. Hume mobilizou, assim, um *certo* Maquiavel – o Maquiavel realista – contra o republicanismo de Harrington.

O acerto de contas com o republicano é feito no último ensaio da série de *Ensaios* políticos, como o desfecho de uma conversa que perpassa o conjunto. Neste ensaio – *Ideia de uma república perfeita* –, Hume retrata Harrington como alguém que, como Platão e More, fez planos "inteiramente imaginários" sobre o governo. Trata-se de um topos maquiaveliano. É por demais conhecida a passagem do capítulo XV do *Príncipe* em que Maquiavel critica os que "imaginaram repúblicas e principados que jamais se viu ou conheceu existirem de verdade", em contraposição à sua intenção de ir "atrás da verdade efetiva da coisa" (MAQUIAVEL, 2017, XV, p.183), para que se duvide que Hume tivesse essa referência em mente, como uma espécie de marco da postura realista que então evoca.

Hume considera a república imaginária de Harrington "valorosa", ainda que não tão perfeita quanto se pretende, e não nega que haja grande vantagem em pensar modelos constitucionais a fim de reformar os existentes, dedicando-se ao exercício de desenhar o que considera ser o melhor (E, 516). Mas, quanto a isso, interessa-lhe menos o desenho em si, a ideia da forma constitucional que se pode considerar perfeita, do que indicar que uma tal modelagem só pode ser útil se tiver por referência as constituições vigentes. Assim, não se trata propriamente de produzir um modelo concorrente e de contrapor ao modelo de Harrington um desenho institucional ainda mais perfeito, mas de modificar a maneira de pensar um tal modelo. Ao modo harringtoniano-platônico de idealizar as constituições, Hume pretende contrapor um outro, "que presta reverência ao que traz a marca do tempo" (E, 513).

Seria uma enorme injustiça com Harrington acusá-lo de negligenciar o trabalho do tempo – justo ele que construiu uma chave histórica de compreensão do feudalismo a que Hume recorre largamente na *História da Inglaterra*. Em sua compreensão da história feudal, Harrington é antes um aliado de Hume contra o neo-harrintonismo.[16] O acerto de contas que se trata de fazer não está portanto aí. O problema está em que Harrington, apesar de uma percepção aguçada da história, não *reverencia* contudo os seus produtos; não vê a "vantagem infinita" da constituição vigente, que consiste na "circunstância de estar instituída (*established*)" (E, 512). Por isso, ainda que considere que o bom balanço constitucional (o republicano) só possa se realizar sob certas condições históricas, quando se trata de desenhar um modelo institucional para a Inglaterra, afasta-se da história e deixa de adequar as inovações propostas ao edifício da constituição vigente.

O problema não está portanto em buscar um desenho institucional que se possa considerar perfeito: o exercício tem sua utilidade e uma função crítica. Não está tampouco em que Harrington

16 Pocock aponta para uma diferença importante entre Harrington e os neoharringtonianos: enquanto o primeiro trata a "história inglesa como um caso de instabilidade e degenerações sucessivas" e projeta a constituição republicana no futuro, os neoharringtonianos a projetam no passado, "argumentando que a antiga constituição é ela mesma um exemplo da constituição políbio-harringtoniana" (POCOCK, 1989 (b), p. 130). Hume é um crítico do que Pocock denomina "o mito da Antiga Constituição" (Cf. POCOCK, 1967), ao mesmo tempo em que se apropria da chave de leitura harringtoniana da história feudal, a fim de mostrar, contra os neoharringtonianos, o caráter histórico, não antigo, da liberdade (cf. cap. 2).

desconsidere a relação entre a constituição, a história e seus condicionantes materiais. O problema está no modo como ele concebe a fonte da autoridade ou legitimidade da constituição, cujo desenho se trata de defender como perfeito. Harrington funda a autoridade da constituição republicana que propõe para Inglaterra sobre a razão e a natureza das coisas. Hume adere a uma outra teoria da autoridade: "o grosso da humanidade é governado pela autoridade, não pela razão, e jamais atribui autoridade senão ao que recomenda-se pela antiguidade" (E, 512). A questão gira em torno da herança de Maquiavel: ali onde Harrington recusa a moderna teoria maquiaveliana da autoridade política, recuperando as bases de uma teoria clássica, ciceroniana da autoridade, Hume irá resgatá-la, mobilizando-a contra Harrington e o neoharringtonismo. Nessa teoria da autoridade consiste o seu realismo.

A fim de desenvolver esse ponto, tratarei primeiramente da teoria da autoridade de Harrington em relação com a de Maquiavel, para, em seguida, tratar da discussão de Hume com Harrington.

Harrington e Maquiavel

Para começarmos com a relação entre Harrington e Maquiavel, partamos da distinção que abre o *Oceana* entre dois princípios do governo: o *poder* (*power*) ou império (*empire*) e a *autoridade* (*authority*).

O *poder* – define Harrington – funda-se na posse ou domínio (*dominion*) dos bens da fortuna ou riquezas, tais como a terra, o dinheiro e os bens exteriores, sendo a posse da terra a principal fonte de riqueza. Isto porque aquele que detém o domínio da terra, das riquezas e dos bens é capaz de manter pessoas e um exército sob sua dependência, o que é poder ou império. Esta tese, que Hume denominou o "princípio de que a balança do poder depende da balança da propriedade" (E, 47), foi por muito tempo reconhecida como o coração do pensamento político de Harrington, tendo se tornado bastante popular (CROMARTIE, 1998, p. 988).

Na sequência, Harrington estabelece outra tese fundamental: o modo de distribuição ou a balança do poder é um determinante (ao lado da autoridade) da forma constitucional: se o poder está na mão de um só, como na Turquia, temos uma monarquia absoluta (a que Montesquieu chamará despótica); se está nas mãos de uma aristocracia, temos uma monarquia mista ou a balança gótica, ao modo ocidental; se está distribuído entre o povo sem concentrar-se num homem ou grupo cujo poder exceda o do todo, tem-se uma república. Harrington estabelece assim uma relação de causalidade entre a balança da propriedade, a balança do poder e a balança constitucional ou forma de governo.

Ao apresentar sua tese, ele diz que há muito dela em Aristóteles, mas que Maquiavel a teria deixado escapar, ainda que tenha resvalado na ideia ao dizer que, onde houver uma nobreza constituída, só é possível estabelecer uma república, destruindo-a, sendo por outro lado impossível estabelecer uma monarquia onde o povo é igual (a referência é *Discursos*, I, 55). De modo que – prossegue Harrington –, ele e Maquiavel estão de acordo sobre o fato de que a existência de uma nobreza cujo poder excede o do povo implica a destruição do governo popular.

Assim, ainda que a relação entre balança da propriedade, balança do poder e balança constitucional seja um tópico original, a marca distintiva do pensamento político de Harrington, pode-se dizer que ele o desenvolve a partir de uma inspiração maquiaveliana, além e talvez mais do que aristotélica. É difícil sustentar, é verdade, que em Aristóteles ou Maquiavel já estivesse presente algo semelhante ao «princípio de que a balança do poder depende da balança da propriedade", como sumariza Hume (cf. BARROS, 2015 p. 374-377). Com efeito, Aristóteles e Maquiavel entendem de outro maneira a natureza do poder ou as razões da supremacia de alguns cidadãos ou grupo de cidadãos sobre outros. Mas está sinalizada por Aristóteles, sendo vastamente explorada por Maquiavel, a segunda parte da equação, segundo a qual a distribuição do poder entre os cidadãos tem influência sobre a balança constitucional.

É sobretudo Maquiavel quem chama atenção para o fato de que a relação entre os grandes e o povo, que em sua obra assume a forma de um conflito (o que Harrington aceita apenas nos casos em que o poder da nobreza excede o do povo), é uma relação decisiva a partir da qual pensar as relações políticas, monárquicas ou republicanas, segundo a nova tipologia dos regimes por ele proposta. Harrington refere-se a Maquiavel na segunda parte das preliminares de *Oceana*, ao tratar da tensão inerente à moderna prudência ou balança gótica do poder, caracterizada em termos maquiavelianos como uma disputa (*a wresttling match*) permanente entre o rei, a nobreza e o povo, em que cada parte, fosse mais forte (*stronger*), derrubaria as outras se pudesse (HARRINGTON 1992, p. 53). E ele cita o capítulo 4 d' *O Príncipe* para exemplificar o que considera ser a grande falha do governo fundado sobre a balança gótica: como notou o florentino, "um trono sustentado pela nobreza não é difícil de ser conquistado quanto o é de ser mantido" (Idem p. 54). É Maquiavel quem chama a atenção de Harrington para o fato de que o bom governo deve encontrar *bons fundamentos* para que se mantenha, expressão maquiaveliana (Cf. MAQUIAVEL, cap. VII, p. 128-9) que ele incorpora para compreendê-la nos termos da balança de poder capaz de trazer estabilidade à forma constitucional. Nisso consiste a prudência política: em não construir formas políticas no ar, em compreender a relação entre a forma política e seus *fundamentos* (cf. HARRINGTON 1992, p. 60).

Fato é que Harrington apresenta a sua teoria do poder nas páginas iniciais do *Oceana* em franca conversa com Maquiavel e Hobbes, numa espécie de acerto de contas com a modernidade nascente. Maquiavel é louvado por ter se proposto a restaurar a antiga prudência, o governo republicano. Hobbes é criticado por ter reduzido os princípios do governo ao poder e, com isso, destruído a antiga prudência.[17] Mas, nos dois casos, o núcleo da interlocução, o que Harrington identifica como o tema comum entre estes expoentes da modernidade frente ao qual é preciso se posicionar, é a relação entre o poder (social) e a autoridade (política).

De acordo com Harrington, ao afirmar que os contratos não passam de letras no papel na ausência da espada soberana, o autor do *Leviatã* reduz a autoridade política ao poder da espada, tese que Harrington traduz e assimila nos termos de sua própria teoria do poder/ propriedade. O que é o poder (*power*) da espada de que fala Hobbes senão o poder das milícias? - pondera ele. E o que é o poder das milícias senão o poder daquele que detém os meios de alimentá-las? Hobbes teria então reduzido a autoridade política ao poder da espada, que Harrington, por sua vez (contra Hobbes, como se verá) reduz à propriedade da terra e dos bens. E embora Harrington estivesse disposto a aceitar, na esteira de Maquiavel e de Aristóteles, que as formas constitucionais estão

17 Sobre as relações ambíguas de Harrington com Hobbes, ao mesmo tempo de crítica e admiração, cf. COTTON, 1981; BOROT, 1989.

numa determinada relação com a balança do poder, não está disposto a aceitar o que entende ser a redução hobbesiana da autoridade ao poder. Daí que o seu próximo passo seja o de apresentar uma teoria da autoridade de contornos clássicos, como uma peça de resistência a Hobbes, mas que se contrapõe igualmente à teoria da autoridade d' *O Príncipe*.

Harrington define a autoridade como "a influência da virtude sobre o governo". À diferença do poder, a capacidade de influência em que consiste a autoridade não está fundada sobre os bens da fortuna, mas sobre os da mente, e consiste na sabedoria, a prudência, a coragem, etc. dos homens bons e virtuosos, reconhecidos e sancionados pela multidão. "As ações de um homem que são virtuosas lhe conferem honra e autoridade sobre os outros"(Idem. p. 19). É a virtude que institui e sustenta a constituição perfeita, sem falhas, que é o governo popular - perfeito não apenas em seu tipo, como a monarquia gótica em relação à turca, mas entre todas as formas de governo (Idem. p 31). "A perfeição do governo reside no balanceamento (*libration*) de sua estrutura, de forma que nenhum homem ou homens, nela ou sob ela, tenha o interesse ou, tendo-o, tenha o poder de disturbá-la com a sedição" (Idem. ib.). Cabe aos homens virtuosos, por essa razão dotados de autoridade, propor as leis que realizem este equilíbrio.

Estes princípios, os homens públicos os retiram da natureza. Assim, por exemplo, a regra segundo a qual, quando há algo a ser partilhado, cabe a alguém fazer a partilha e a outro escolher, é um regra que segundo Harrington está de acordo com a razão, porque evita a prevalência de um interesse privado sobre o interesse público. E a constituição republicana por ele defendida é a mais racional precisamente porque realiza essa regra: ao senado, isto é, aos mais virtuosos e capazes de encontrar a regra da razão, cabe propor uma regra de partilha, ao povo acatá-la ou não e à magistratura realizá-la (Idem. p. 22). Nada é mais justo ou racional do que este equilíbrio republicano. E o governo que realiza o justo é aquele que detém a autoridade. Trata-se da autoridade da razão que, na visão aristocrática de Harrington, não se vê igualmente distribuída entre os homens, embora possa ser reconhecida pelo povo, de modo que a autoridade da aristocracia se veja acrescida do poder do povo (Idem. p. 24), tal como reza a cartilha ciceroniana (CICERO, 1954, XII.28).

A racionalidade em questão reside numa certa articulação dos interesses privados, os interesses das diversas partes da cidade, que, no lugar de colocarem-se em disputa, como na balança gótica, somam-se e harmonizam-se na constituição republicana, compondo o interesse público. A constituição republicana defendida por Harrington é assim a única que detém propriamente autoridade, porque a única que realiza o interesse publico: "quando a balança muda de popular para oligárquica ou monárquica, o interesse público, com a razão e a justiça incluída no mesmo, torna-se mais privado" (HARRINGTON, 1992, p. 61).

Em conformidade com isso, no que diz respeito à teoria do poder que Harrington distingue da autoridade, trata-se de recusar a tese hobbesiana segundo a qual a reputação de poder é poder. Segundo Harrington, "embora o *Leviatã* esteja certo quanto diz que riquezas são poder, está errado quando diz que a prudência, ou reputação de prudência é poder" (Idem. p. 11). A referência é o capítulo X do *Leviatã*, uma novidade em relação as obras políticas anteriores, a que Harrington foi um dos primeiros a prestar atenção, interessado justamente na teoria do poder (*potentia*) ali desenvolvida (cf. cap. 4). Dizer que a reputação de prudência é poder, como Hobbes afirma nesse capítulo, é, do ponto de vista de Harrington, confundir poder e autoridade: "a sabedoria ou prudência de um homem não é mais poder do que a sabedoria ou prudência de um livro ou autor, que é, em sentido próprio, a autoridade. Um escritor douto pode ter autoridade, mas nenhum poder; e um magistrado tolo pode ter poder, embora não tenha por sua vez nenhuma estima ou autoridade" (Idem. ib.). Harrington não aceita portanto a tese de que a reputação de prudência é poder porque ela entra em conflito com a teoria da autoridade clássica da qual não quer abrir mão, de acordo com a qual a autoridade reside na virtude publicamente reconhecida. Por essa razão, ele reduz o poder à propriedade e recusa a tese hobbesiana de que o poder não reside apenas na posse de bens materiais, mas, sobretudo, conforme a teoria do poder do capítulo X do *Leviatã,* em dispor dos signos do poder, em ser reputado poderoso e em ter essa reputação expressa através dos signos da honra.

Antes de Hobbes, a tese de que reputação é poder está em Maquiavel, no modo como ele pensou o poder do príncipe associado à sua capacidade de se fazer bem avaliar, pela construção de sua aparência pública. A questão de saber como o príncipe é visto, e de como deve se comportar diante daqueles a quem governa a fim de reuni-los em torno do seu projeto político, é uma questão que remonta a Cícero, que no livro II do *Dos Deveres* (texto com o qual Maquiavel dialoga intensamente na segunda parte d'*O Príncipe*) pergunta-se pelo modo como o homem público – o homem virtuoso engajado em realizar a justiça no mundo e que não é outro senão o príncipe, o primeiro entre os bons – obtém o concurso dos homens em favor das instituições que pretende dar à cidade. A reposta de Maquiavel a essa pergunta é, contudo, bastante diferente da de Cícero.

Enquanto que, para Cícero, é com o brilho da própria virtude que o homem público deve contar para reunir os homens em torno do seu projeto político, para Maquiavel, é com a força, revestida de uma certa aparência, a força que não parece força, mas que é tida por *liberal* ou *mesquinha*, *pródiga* ou *rapace*, *cruel* ou *piedosa*... (cf. MAQUIAVEL, 2017. XV, p. 182/3) e que, na medida em que é avaliada dessa ou daquela maneira, constitui-se enquanto força, é com o poder assim entendido - enquanto força a qual se agrega um valor aparente - que o governante deve contar para dar ordem e lei à cidade. À diferença de Cícero, para quem o valor público de um homem é signo da virtude correspondente – a reputação de justiça signo da justiça, a reputação de liberalidade signo da liberalidade, e assim por diante –, o valor público do homem político é, para Maquiavel, apenas uma aparência, pois a liberalidade, a piedade, a justiça etc. – os valores atribuídos às suas ações – não são signos destas mesmas virtudes, mas da *força* do governante ou, antes, da sua capacidade de reunir força em torno do seu projeto. Há aqui um descompasso entre o signo do poder (sua aparência, o valor público de um homem) e o *ser* do poder, que não consiste no que aparenta ser (justiça, piedade, religião, virtude), mas na capacidade de reunir força.

É toda essa "semiologia do poder" (Cf. ZARKA, 1995, cap. V) que está na base da teoria da autoridade d'*O Príncipe* e da teoria do poder do capítulo X do *Leviatã* que Harrington rejeita, e, com ela, uma teoria moderna, já não mais clássica, da autoridade política. Ele percebe o potencial corrosivo da ideia maquiaveliana de que a autoridade se funda (e se legitima) sobre a reputação, a aparência de poder e de virtude.

Hume e Harrington

Um século mais tarde, Hume resgatará os elementos da semiologia do poder de Maquiavel e Hobbes rejeitados por Harrington, a saber, (1) que o poder social não se reduz à riqueza e à propriedade, mas é sobretudo reputação, e (2) que a autoridade política não repousa sobre a virtude, mas sobre a opinião de virtude (a aparência).

"O governo funda-se tão somente na opinião" (E, 32; trad. p. 22), escreve Hume em *Dos primeiros princípios do governo,* para acrescentar adiante:

> um renomado autor fez da propriedade o fundamento de todo governo; e a maioria de nossos filósofos políticos parece inclinada a segui-lo nesse particular. Isto é levar a matéria longe demais; ainda assim é preciso conceder que a opinião de um direito à propriedade tem grande influência nesse assunto" (Idem. p. 33-4, trad. p. 22).

Ao formular sua máxima, Hume põe-se portanto em diálogo com Harrington – o "renomado autor" em questão – sobre os princípios da "autoridade dos poucos sobre os muitos" (E, 34). Sua tese pretende concorrer com a de Harrington, segundo a qual a propriedade é "o princípio de todo governo". Hume não discorda que a balança da propriedade tenha influência sobre o poder e, consequentemente, sobre a forma de governo; ao contrário, como já observado, utiliza-se do esquema harringtoniano em sua interpretação da história feudal. Mas quer mostrar que este fator não é o único, nem o mais importante na sustentação da balança constitucional. O fator decisivo é a opinião, da qual depende a própria balança da propriedade.

A opinião em questão não é apenas o consentimento, o reconhecimento da racionalidade e do interesse do governo - o que Hume denomina "opinião de interesse" e que tem sua importância: "quando essa opinião prevalece em geral no Estado, ou entre os que têm a força em suas mãos, ela traz ao governo uma grande segurança" (E, 33). A este tipo de opinião Hume acrescenta duas outras fontes da autoridade – o que ele denomina "opinião de direito" e "opinião de poder", tipos de opinião menos refletidas, igualmente necessárias à estabilidade de um governo, tal como "o apego que todas as nações têm por seu antigo governo, ou mesmo por aqueles nomes sancionados pela tradição (Idem. Ib.)." É isso o que permite que Hume estenda o bordão "o governo funda-se tão somente na opinião" para toda forma de governo, mesmo os despóticos em que os súditos são conduzidos "como animais brutos, contra seus sentimentos e sua inclinação" (E, 32). Para tanto – pondera ele – "o faraó do Egito ou o imperador de Roma" precisaram ao menos liderar "seus mamelucos ou guardas pretorianos como homens, por meio de sua opinião".

Como nota Haakonssen em sua edição dos *Ensaios políticos*, Hume invoca aqui "tópicos tradicionais da demonologia republicana sobre o despotismo militar". Haakonssen cita passagens de Harrington em que se faz referência aos mamelucos e à guarda pretoriana romana (HAAKONSSEN, 1994, p. 267) as quais muito provavelmente Hume tem em mente quando diz que a opinião que sustenta o governo é todo tipo de opinião em relação a todo tipo de governo, mesmo os despóticos - uma forma de dizer que a autoridade dos governos não se sustenta na razão e interesse em oposição ao poder, e que o poder, sendo fundado na opinião, não está apenas numa certa relação com a autoridade, mas é constitutivo dela.

Ao retomar o bordão, em polêmica com Jefferson, Madison incorpora esse ponto:

> Se é verdade que todo governo repousa sobre a opinião, não é menos verdade que a força da opinião em cada indivíduo, e a influência prática sobre sua conduta, depende muito do número de pessoas que ele supõe nutrir a mesma opinião. A razão de um homem, assim como o próprio homem, é tímida e cautelosa quando deixada só; e adquire firmeza e confiança, na proporção do número com o qual está associada. Quando os exemplos que fortalecem a opinião são *antigos*, assim como *numerosos*, sabe-se que têm um duplo efeito. Numa nação de filósofos, esta consideração pode ser desconsiderada. A reverência pelas leis seria suficientemente inculcada pelo voz da razão esclarecida. Mas uma nação de filósofos não é de se esperar, assim como a raça de reis filósofos desejada por Platão. E em toda outra nação, ao mais racional governo não será uma vantagem supérflua ter ao seu lado os preconceitos da comunidade (MADISON, JAY, HAMILTON, 2001, n. 49, p. 262).

Ao utilizar o bordão, Hume pretende mostrar, assim como Madison ao retomá-lo, que a "opinião de poder" é um componente essencial da autoridade do governo, sendo esta um tipo de opinião diferente do reconhecimento da sua racionalidade, judiciosidade ou equilíbrio, embora esta seja também uma opinião da mais alta relevância.[18] A "opinião de poder" diz respeito a um certo apego afetivo às autoridades constituídas e reverenciadas pela multidão. O diálogo com Harrington está no centro da problemática, como atestam as referências a ele ao longo do ensaio.

O diálogo é retomado em *Se o governo britânico inclina-se mais para uma monarquia absoluta ou para uma república*, em que se revisita o tópico da excessiva confiança de Harrington na máxima de que a balança da propriedade define a balança do poder.

> Harrington pensava ser tão certo seu princípio de que a balança do poder depende da balança da propriedade que se arriscou a declarar impossível o restabelecimento da monarquia na Inglaterra; mas, tão logo foi publicado seu livro, o rei foi restaurado; e vemos que a monarquia subsiste desde então como antes (E, 47-8).

O tópico das constituições imaginárias também se faz presente. A questão de saber qual é a melhor constituição para a Grã-Bretanha – lê-se no desfecho do ensaio – "não diz respeito a uma bela república imaginária que um homem pode imaginar em seu gabinete" (E, 52). A questão relevante é outra: "que motivo temos para esperar que um governo como este se instituiria na Grã-Bretanha, uma vez dissolvida a monarquia" (Idem. Ib.)? Os dois tópicos estão assim interligados na apreciação crítica de

---

18 Convém contudo assinalar uma diferença entre Hume e Madison: enquanto Madison entende que a opinião é um fundamento relevante para o governo onde a razão não está presente, Hume entende que opinião e razão (ou o interesse no governo) interpenetram-se e reforçam-se mutuamente (o que está de acordo com sua visão geral da razão como o senso comum refletido). Sobre a recepção de Hume na América do século XVIII e em Madison em particular, ver SPENCER, 2005.

Hume: Harrington compreendeu mal o que é o poder e não soube ancorar o seu desenho constitucional na verdade efetiva da coisa. O ensaio esclarece a ligação entre os pontos.

A questão de Harrington é então retomada: o que se pode dizer sobre as tendências históricas da balança constitucional inglesa? Ao pesar os prós e contras em favor das tendências monárquicas ou republicanas da constituição, Hume mais uma vez subscreve a tese de que a balança da propriedade é um fator relevante. Contudo, mobiliza o esquema da balança da propriedade *contra* Harrington, a fim de mostrar as tendências monárquicas da constituição. Seu argumento é que (1) a concentração da propriedade em uma só pessoa implica um poder muito maior do que a mesma quantidade dividida entre muitos; e (2) a coroa dispõe de uma quantia enorme de bens, "mais de um terço da arrecadação total do trabalho produzido no reino". Este poder, reitera Hume adiante, está em ascensão. A se fiar na força determinante da balança da propriedade, portanto, é de se esperar que a constituição mantenha-se monárquica.

A favor das tendências republicanas da constituição inglesa, por outro lado, Hume invoca razões não harringtonianas. São dois os argumentos que lhe parecem fortes. Em primeiro lugar, o caráter regular e legal da autoridade monárquica:

> Fosse a Grã-Bretanha uma república, e tivesse um indivíduo qualquer a posse de uma quantia equivalente a um terço ou um décimo daquela da coroa, ele despertaria muito justamente desconfiança; pois seria inevitável que tivesse grande autoridade no governo. E uma autoridade irregular como essa, quando não reconhecida pelas leis, é sempre mais perigosa do que uma autoridade

> ainda maior, mas derivada das leis. (...) Uma autoridade legal, (...) por maior que seja, sempre tem alguns limites que restringem as esperanças e ambições da pessoa que a possui (E, 50; trad. p. 38).

O argumento é da maior relevância porque mostra a compatibilidade entre monarquia e liberdade, ponto central na defesa humiana da constituição histórica inglesa. Do seu ponto de vista, o que é fundamental à liberdade não é tanto a forma de governo – se monárquica, republicana ou mista – mas a forma do Estado, a existência de um sistema jurídico capaz de impor limites legais ao poder.

O segundo argumento a favor das tendências republicanas da balança constitucional consiste em reafirmar o papel da opinião na definição da balança do poder, entendendo-a daquela forma ampla, não apenas como o interesse no governo, mas como o jogo dos afetos que subjaz a este interesse, "ele próprio, a exemplo dos demais assuntos humanos, governado pela opinião" (E, 51).

> Nos últimos cinquenta anos o progresso da erudição e da liberdade trouxe uma súbita e sensível mudança às opiniões dos homens. A maioria das pessoas desta ilha se despojou de toda reverência supersticiosa por títulos e autoridade: o clero perdeu muito de sua credibilidade; suas pretensões e doutrinas foram ridicularizadas; e a própria religião mal consegue se manter no mundo. O mero título de rei suscita pouco respeito; e falar num rei como vice-regente de Deus na terra, ou atribuir-lhe os títulos magníficos que antes deslumbravam os homens despertaria riso geral (Idem. ib.; trad. p. 39).

Hume, porém, não considera esse movimento das opiniões definitivo: "a maré subiu rapidamente para o lado do governo popular, e parece começar a reverter para o lado da monarquia". Além disso, à época da revolução, as disposições eram outras: "se os homens tivessem, na época da revolução, a mesma disposição, haveria um grande risco de que a monarquia desaparecesse inteiramente desta ilha" (Idem. ib.). Fato, porém, é que uma disposição contrária conduziu à restauração da monarquia e, não apenas a sustenta, apesar das mudanças no campo das opiniões e de um considerável decréscimo da sua autoridade, como parece favorecer a ascensão do poder da coroa na balança constitucional inglesa no momento em que Hume escreve.

Em suma, os movimentos das opiniões que sustentam os governos são complexos: há os movimentos de superfície e os mais profundos, nem sempre fáceis de discernir. Mas, eles constituem o elemento decisivo na determinação das formas constitucionais. Assim, não é apenas a teoria do poder excessivamente restrita de Harrington que está na mira de Hume, mas, junto com ela, a maneira com que Harrington pensou a relação entre poder e autoridade. A monarquia detém efetivamente o poder na Inglaterra: a balança da propriedade e a maré da opinião lhe são favoráveis. Por essa razão, mostra-se efetivamente capaz de se impor como autoridade legal, com o que reforça o seu poder. Eis o que a análise materialista de Harrington deixa escapar.

Por trás desses argumentos não harringtonianos a favor das tendências republicanas mas não necessariamente antimonárquicas da constituição inglesa, é possível reconhecer dois tópicos centrais d' O *Príncipe* de Maquiavel. Em primeiro lugar, a tese de que o príncipe funda sua autoridade em sua capacidade de alçar-se acima do jogo das forças sociais para dar-lhes limite e ordenação legais (o que, de acordo com Maquiavel, é condição da própria ordem republicana a qual a autoridade do príncipe não é necessariamente contrária).[19] Em segundo lugar, que uma tal autoridade está profundamente enraizada no campo social, na forma de um poder, que não é apenas força, mas força e reputação. Pode-se então dizer que Hume mobiliza um *certo* Maquiavel no seu ajuste de contas com Harrington, não apenas porque evoca o *topos* realista, mas porque incorpora em sua discussão com o republicano estas linhas mestras da teoria maquiaveliana da autoridade.

★

O Maquiavel de Hume é assim o Maquiavel *realista,* não o *republicano.* Mas, o que entender por *realismo político* nesse contexto? Em contraposição ao *republicanismo* de Harrington, o *realismo* em questão está em pensar as formas políticas como o avesso inseparável de uma determinada forma social, definida por certas relações de propriedade (como insiste Harrington, na esteira de Maquiavel), mas as quais corresponde de maneira decisiva um conjunto de ideias, costumes e opiniões (como acrescenta Hume), de tal maneira a não ser mais possível abstraí-la e pensá-la nos quadros de uma tipologia dos governos posta de antemão, como um dado da natureza e uma espécie de ideia reguladora da análise histórica e sociológica. A atitude realista está em descrever como, num determinado contexto, um certo estado social fez

---

19 Ver em especial *O Príncipe*, cap. 9, em que Maquiavel diz que "aquele que chega ao principado com o apoio popular vê-se lá sozinho e à sua volta ou não tem ninguém, ou tem pouquíssimos que não estejam prontos a obedecer" (MAQUIAVEL, 2017, p. 146-7). Nos *Discursos sobre a primeira década de Tito Lívio*, ele acrescenta que "deve-se ter como regra geral que nunca, ou raramente, ocorre que alguma república ou reino seja, em seu princípio, bem ordenado ou reformado inteiramente com ordenações diferentes das antigas, se não é ordenado por uma só pessoa" (MAQUIAVEL, 2007, p. 41).

brotar determinadas leis e instituições, que não apenas estão em relação com o tecido social (como quis Harrington), mas que dele brotam e nele encontram o fundamento de sua autoridade, bem como sua fonte última de legitimação (como quiseram Maquiavel e Hume).

Nesse contraponto, pode-se colocar Montesquieu ao lado de Harrington, a fim de frisar que o que está em jogo são caminhos diferentes de nossa modernidade política. Montesquieu toma de empréstimo, como ponto de partida da análise sociológica das constituições em *Do Espírito das Leis*, a tipologia harringtoniana dos regimes, quando distingue *segundo a natureza* três formas constitucionais: o despotismo oriental, a monarquia feudal e as repúblicas (MONTESQUIEU, 1964, I, 2,1). Conforme a obra avança, entra em cena uma outra tipologia, de cunho normativo – a distinção entre governo moderado (república ou monarquia) e despotismo (Cf. LARRÈRE, 2001) –, que orienta o olhar de Montesquieu para a constituição inglesa enquanto um exemplo idealizado de constituição moderada, servindo de parâmetro à sua famosa teoria do equilíbrio constitucional (ao mesmo tempo equilíbrio dos poderes institucionais e sociais). O valor, a autoridade e a fonte de legitimidade das formas constitucionais moderadas reside, como na primeira tipologia, na natureza e nas relações internas entre seus elementos, num modelo de equilíbrio que, assim como o seu antípoda - o despotismo - pode ser tomado como um tipo ideal, desenhado a partir do que a razão descobre ser as relações internas entre os diversos elementos que compõem as formas políticas e ao qual não corresponde propriamente nenhuma realidade política e social determinada.

Hume situa exatamente aí suas diferenças em relação ao autor de *Do Espírito das Leis*. Após referir-se a Montesquieu como "um autor recente, genial e erudito", que explorou em detalhes as relações que "as leis têm, ou deveriam ter," com "a constituição do governo, os costumes, o clima, a religião, o comércio, a situação de toda sociedade", pondera: "esse ilustre autor, porém, parte de uma teoria diferente e supõe que todo direito está fundado sobre certos *rapports* ou relações; um sistema que, em minha opinião, jamais poderá ser reconciliado com a verdadeira filosofia" (EPM, 3,2, trad. p. 258). Antes disso, o direito, assim como o governo, funda-se para Hume "*tão somente* na opinião" (E, 32; trad. p. 22, grifo meu). Exatamente por isso as formas constitucionais não podem ser consideradas, explicadas e avaliadas senão a partir das circunstâncias sociais das quais efetivamente brotam.

Hume e Hobbes

Potestas e *potentia* no *Leviatã* de Hobbes[1]

Não se pode minimizar a importância da distinção, evidenciada na versão latina do *Leviatã,* entre dois conceitos de poder: o poder enquanto *potestas* - o poder do Estado, categoria jurídica calculada a partir do contrato como um poder/ direito de fazer a lei - e o poder enquanto *potentia* - os meios de que os homens dispõem para atingir seus fins, atributo do homem na medida em que é um corpo. Ainda que menos aparente no original, onde os dois tipos de poder são igualmente designados pelo inglês *power,* a distinção organiza todo o raciocínio jurídico e político de Hobbes no *Leviatã,* sendo respeitada em todas as suas passagens com precisão cirúrgica.[2]

A *potentia* é da ordem da natureza e designa as capacidades físicas e mentais, dos homens, mas, além delas e sobretudo, a capacidade de reunir forças em torno de si, adquirida pelos homens na

---

1 Primeiras versões desse capítulo foram publicadas na forma dos seguintes artigos: (a) "Potentia e Potestas no Leviathan de Hobbes". Dois Pontos (UFPR), v. 10, p. 143-166, 2013 e (b) "Hobbes e o fundamento material da política". *Boletin de la Asociación de Estudios Hobbesianos,* v. 37, p. 2-10, 2017

2 Para um histórico da evolução do tema da potentia no interior da obra de Hobbes ver LIMONGI, 2009 (cap. 2) e FIELD, 2020 (cap. 2). Aqui trato do conceito e de suas implicações tal como ele parece no *Leviatã*, obra em que o conceito ganha uma formulação precisa, cheia de implicações para a teoria política, as quais Hobbes não deixa de explorar, como se verá.

medida em que seus atributos são bem avaliados e honrados pelos outros. O cálculo da potência pertence assim ao domínio da ética, a ciência que trata "das consequências das paixões dos homens" (HOBBES, 1985, cap. 9, p. 149).

A *potestas,* por sua vez, é da ordem do artifício e consiste numa qualidade jurídica calculada a partir do ato contratual. Sendo este um ato de linguagem, o cálculo da *Potestas* pertence ao domínio da "ciência do justo e do injusto", que, ao lado da poesia, da lógica e da retórica, é uma ciência em que se calculam as "consequências da linguagem" (Id. ib.).

Não bastasse distinguir entre os tipos de poder e os respectivos campos de operação, o autor do *Leviatã* interessa-se ainda por pensar a relação entre eles – a relação entre a esfera das relações naturais de poder e a esfera das relações artificiais e jurídicas de poder e direitos. Isto é: ao mesmo tempo em que distingue as esferas da *potentia* e da *potestas*, Hobbes explora suas relações de dependência recíproca. A maior de todas as *pontentiae* é para ele *potestas*. E não há *potestas* sem *potentia*. Com o fim de mostrar como essa questão se coloca no *Leviatã*, reconstruirei em linhas gerais a teoria do poder enquanto *potestas* e enquanto *potentia,* para em seguida indicar as relações e formas de imbricamento, preservadas as diferenças, entre os tipos de poder.

Potestas

Para a escola moderna da lei natural, o poder, designado pelo termo latino *potestas*, é entendido como um direito que uma pessoa tem de fazer ou de exigir algo legitimamente.

Assim, por exemplo, Pufendorf define o poder (*potestas*) como "aquilo que um homem pode (*potest*) fazer com legitimidade e que produz um efeito moral" (PUFENDORF, 1710, I, 1,

XIX). Trata-se do poder de agir juridicamente e de produzir efeitos jurídicos de que são dotadas as *pessoas* ou sujeitos jurídicos. Assim como os corpos produzem movimento, as pessoas, segundo Pufendorf, produzem efeitos morais ou jurídicos. O corpóreo e o jurídico são duas ordens ou níveis diferentes e impenetráveis de realidade.

Um exemplo dessa capacidade da pessoa de produzir efeitos jurídicos é a capacidade de constituir propriedade – direito a uma determinada coisa. A propriedade institui-se por um ato da pessoa – o ato da ocupação, gerando como efeito o direito ao uso da coisa, que tem assim o seu estatuto jurídico alterado, passando a ser a propriedade (direito de uso) de alguém. Locke explorou esse esquema, acrescentando que é o trabalho, e não propriamente a ocupação, o ato jurídico gerador do efeito jurídico da propriedade. Segundo ele, o trabalho produz propriedade, ou direito à coisa transformada pelo trabalho, por extensão do direito original que toda pessoa tem sobre si mesma e sobre seus atos (Cf. LOCKE, 2005, #28, p. 409), direito que a constitui enquanto pessoa e sujeito jurídico.

Esse poder (*potestas*) da pessoa de produzir efeitos jurídicos é, segundo esta tradição, um direito (*jus*). É o que Pufendorf esclarece quando, após apresentar sua definição de poder, define o direito como "a qualidade moral pela qual com justiça governa-se (*imperamus*) as pessoas ou se possui as coisas (*res tenemus*)" (PUFENDORF, 1710, I, 1, xx), isto é, a qualidade pela qual se possui o poder (*potestas*) de produzir efeitos jurídicos sobre pessoas (como a lei) e sobre coisas (como a propriedade). Ciente da sobreposição dos sentidos dos conceitos de direito e poder, Pufendorf esclarece que o *poder* expressa a presença de tal qualidade, a sua efetividade, enquanto o *direito* se refere à maneira (legítima – *recte*) pela qual se tem ou se exerce o poder.

Assim, enquanto a operação de uma pessoa moral em sua capacidade de produzir efeitos morais, o poder é juridicamente qualificado, sendo isso precisamente – o caráter *legítimo* do poder – aquilo para que o conceito de direito aponta, a diferença entre os conceitos residindo em diferentes aspectos da mesma operação ou qualidade da pessoa moral. Tanto é assim que há determinados atributos morais para os quais é difícil discernir se são melhor expressos pelo conceito de poder ou de direito:

> Para falar acuradamente, há muitas coisas normalmente computadas sob a noção de direito que seriam melhor denominadas uma composição de poder (*potestas*) e direito (*jus*), no sentido estrito das palavras, e que envolvem ou supõem, ainda, alguma obrigação, honra, ou algo semelhante. Assim, o direito ou privilégio de ser um cidadão, contém tanto o poder de exercer com plena virtude todos os atos pertinentes à cidadania, como os direitos de gozar dos benefícios que lhe são próprios, supondo ainda que a pessoa tenha alguma obrigação diante da corporação (Idem. I, I, XX).

Direito e poder estão imbricados. A obrigação, por sua vez, é "aquilo a que um homem se vê na necessidade moral de praticar, admitir ou se submeter." (Idem. I, I, *XXI*) e consiste numa contraparte indispensável do poder/direito de produzir efeitos morais, já que esse poder/direito se exerce de maneira a gerar obrigações e conceder licenças. Toda essa trama é produzida pelos atos jurídicos das pessoas.

A noção de pessoa moral, à qual corresponde o poder/direito de agir e produzir efeitos jurídicos, é desenvolvida por Pufendorf a partir de Grotius, que, numa célebre passagem do *Direito de guerra e paz*, afirma que o direito pode significar, entre outras coisas, uma "qualidade moral anexada à pessoa, habilitando-a a ter ou fazer algo com justiça" (GROTIUS, 2005, I, 1, IV). Esta passagem é frequentemente lembrada como o momento em que se põe em cena o que se passou a chamar de direitos subjetivos, aos quais normalmente se vê associado o nome de Grotius (Cf. VILLEY, 2009; HAAKONSSEN, 1985).

O direito, entendido como uma qualidade moral da pessoa, é, segundo Grotius, uma *faculdade* ou uma *aptidão* da pessoa. Esta *faculdade* pode ser (1) um *poder* (*potestas* sobre nós mesmos ou sobre outros); (2) uma *propriedade* (*potestas* sobre as coisas); ou (3) uma faculdade de demandar e conceder o que é devido. Trata-se assim de um direito/poder/obrigação em relação a pessoas e coisas, entendido como a qualidade de uma pessoa moral. É daí que Pufendorf deriva a ideia de uma personalidade moral que cria efeitos morais, como um poder de constituir direito e demandá-lo. É a partir daí que Grotius, Pudendorf e Locke pensam o poder político: como um direito/poder de fazer leis, derivado da personalidade jurídica do governante. Este poder é um direito.

Hobbes parece alinhar-se perfeitamente à escola jusnaturalista quando refere o direito civil à *pessoa* do soberano. O soberano age, segundo ele, por autoridade, sendo que por *autoridade* deve-se entender o "direito de empreender algum ato" (HOBBES, 1985, p. 217), o qual, por sua vez, implica determinadas obrigações. É todo um vocabulário e um modo de pensar que fazem de Hobbes um perfeito representante da escola de Grotius no modo de pensar a soberania enquanto *potestas* ou *jus* de fazer a lei.

No que tange aos indivíduos no estado de natureza, Hobbes não diz que são dotados de *potestas*, mas de *jus* (HOBBES, 1985, cap. XIV, p. 189). Esta é uma maneira diversa da de Pufendorf e Locke de pensar o direito subjetivo de Grotius (Cf. TUCK, 1995). O direito agora é qualificado pela vetor *liberdade* e não pelo vetor *dever.* Enquanto para Pufendorf e Locke ao *jus* corresponde uma série de deveres, para Hobbes, em contrapartida, ele consiste na ausência de obrigação, conforme a famosa passagem do *Leviatã* em que se critica aqueles que confundem *jus* e *lex:* "a lei e o direito se distinguem tanto como a obrigação e a liberdade, as quais são incompatíveis quando se referem à mesma matéria" (HOBBES, 1985, p. 189).

Isto acompanha outra diferença importante com a escola da lei natural. Para Hobbes, a pessoa não é um substantivo, mas um verbo. Não se *é* uma pessoa, mas *passa-se a ser* pela ação de personificar. Se para Grotius, Pufendorf e Locke, o homem é por natureza uma pessoa, dotada de direitos e deveres, para Hobbes, em contrapartida, a pessoa tem que ser criada – é um artifício, que, à diferença das coisas naturais, tem o homem como causa. O homem institui-se enquanto pessoa: personifica-se.

"E personificar é representar – esclarece Hobbes – seja a si mesmo ou a outro" (HOBBES, 1985, p. 96). O ato de representar é, assim, instituinte da pessoa. Sendo a pessoa o sujeito jurídico, pode-se dizer que o ato de representar é gerador de sujeitos jurídicos e, por meio deles, do mundo jurídico de que são a causa. O ato em questão é o de considerar certas palavras e ações como sendo as de um determinado sujeito:

> Uma pessoa é aquele cujas palavras e ações *são consideradas* quer como suas próprias quer como re-

> presentando as palavras e ações de outro homem, ou de qualquer outra coisa *a que sejam atribuídas*, seja por verdade ou por ficção. (Idem. ib. grifos meus).

Note-se que, de acordo com essa definição, as palavras e ações em questão não pertencem a um determinado sujeito, mas *são consideradas* como suas por um ato de atribuição. Isso quer dizer que, mesmo para aquelas ações e palavras que já se encontram naturalmente atribuídas a determinados homens pelo mecanismo da percepção (e vale lembrar que, para Hobbes, perceber é também representar, envolvendo igualmente um ato de atribuição de determinadas qualidades e ações a um certo substrato natural – o corpo – suposto existir para além da percepção[3]), tais palavras e ações atribuídas ao corpo de um homem só se tornam palavras e ações de uma *pessoa*, quando novamente referidos àquele corpo, agora tomado não mais como simples corpo, mas como pessoa ou sujeito jurídico, para fins de cálculo jurídico. A personificação ou representação jurídica é assim, no caso da pessoa natural, uma representação de segunda ordem: "quando (as palavras e ações) são consideradas como suas próprias (*his own*), trata-se de (*is he*) uma pessoa natural" (Idem. ib.).

No caso da pessoa fictícia (como a do Estado), a representação jurídica cria pela primeira vez o substrato de atribuições, que não está previamente dado enquanto corpo – daí o caráter fictício da pessoa. Mas, nos dois casos – e o caso da pessoa fictícia lança luz sobre o da pessoa natural – trata-se de produzir, por ficção, o sujeito jurídico. Ou seja, o que é "natural" na pessoa natural

3 Para o desenvolvimento desse ponto ver: LIMONGI, 2000. Sobre a centralidade da representação da filosofia de Hobbes, ver BRITO VIEIRA, 2009.

não é a pessoa, mas o fato de ela já existir enquanto substrato de atribuições enquanto corpo. A pessoa, por sua vez, é o que passa a ter lugar a partir do ato de representar, o ato de portar a pessoa, comparável à utilização da máscara (*persona*) teatral pelo ator: posta a máscara, dali para frente, aqueles atos e ações se referem a um substrato determinado, criado pela ficção teatral. Mesmo no caso da pessoa natural, requer-se que ela represente a si mesma, porte a sua própria pessoa, para que a encenação jurídica tenha lugar. Essa representação se faz aos olhos dos outros – os outros sujeitos jurídicos – como num teatro. A cena em questão é a do contrato, que pode ser entendido como uma pequena cena jurídica, sendo o Estado o cenário que dá suporte e confere coerência às diversas ficções teatrais encenadas no estado civil, em que os contratos se fazem o veiculo de regulação da vida comum e o instrumento do cálculo dos direitos e deveres recíprocos.

Potentia

Além dessas diferenças em relação a Grotius, Pufendorf e Locke quanto ao modo de pensar a qualidade jurídica das pessoas naturais, há outra diferença fundamental. Hobbes não tem um conceito unívoco de poder. Ele o pensa não apenas como *potestas*, poder/direito de produzir efeitos jurídicos, mas também como *potentia*, poder físico. A novidade não está exatamente em pensar o poder nos quadros da física, mas em pensar o poder dos homens a partir de uma noção de poder derivada da física.

Esse conceito não jurídico do poder é definido no capítulo X do *Leviatã* como "os meios presentes (de que um homem dispõe) para obter o que lhe aparece como um bem futuro" (HOBBES, 1985, p. 150). Subdivide-se em poder *natural* (as faculdades do corpo e da mente) e instrumental (os "que são adquiridos por meio daqueles ou pela fortuna"), dos quais se diz que "são meios ou instrumentos para se adquirir mais poder".

Esta última observação é importantíssima: ela define o objeto do capítulo, que não é outro senão os modos de instrumentalização do poder, mais precisamente, os modos de instrumentalização *social* do poder. Logo após definir o poder e distinguir entre poder natural e instrumental, Hobbes descreve três modos pelos quais os homens podem compor seu poder com o dos outros homens, e, nesse sentido preciso, instrumentalizá-lo, isto é, adquirir mais poder. Um desses modos é o do Estado, o maior poder (*potentia*) humano, "composto pelos poderes de vários homens (*ex plurimorum hominum potentiis*), unidos por consentimento numa só pessoa, natural ou civil, que tem o uso de todos os seus poderes (*potentiae omnium*) na dependência de sua vontade" (HOBBES, 1985, p. 150). Mas Hobbes não menciona o poder soberano senão para afastá-lo do horizonte de sua investigação imediata, que se detém em outro modo de compor poderes, que é aquele pelo qual os homens, usando de seus poderes, cada um conforme sua própria vontade, formam facções ou coligações de facções. Esse modo de composição de poder distingue-se assim expressamente da via jurídica da soberania. Onde existem facções, o poder de um homem (aquele diferencial de poder que ele tem sobre os outros) reside num poder de cooptação de amigos e servidores. "Ter servidores é poder; e ter amigos é poder: porque são forças unidas" (Idem. ib.). Trata-se assim de uma capacidade de reunir poder a favor dos próprios fins. E Hobbes passa então a explicar como isso se dá.

O eixo da cooptação é o *valor*, que Hobbes define da seguinte maneira: "o valor de um homem, tal como o de todas as outras coisas, é seu preço; isto é, tanto quanto seria dado pelo uso de seu poder. Portanto, não absoluto, mas algo que dependente da necessidade e julgamento de outrem" (Id., p. 151-152). É em vista da avaliação que os homens fazem dos poderes uns dos outros que eles escolhem usar do próprio poder aliando-se, submetendo-se ou opondo-se aos poderes dos outros. Ser capaz de reunir forças em torno de si é ser bem valorado.

Ou seja, o poder é fundamentalmente relacional. Ele não é algo que um indivíduo disponha senão por meio da opinião que os outros fazem dele, de seu valor e do uso que podem fazer dele. É na medida em que são valorados que os homens têm poder, ou melhor, um diferencial de poder em relação aos outros homens, tornando-se assim capazes de reunir forças em torno de si. Daí a importância do conceito de honra, que Hobbes define como "a manifestação do valor que mutuamente nos atribuímos" (Idem., p. 152), na caracterização do que podemos entender como uma *dinâmica social do poder*. Nessa dinâmica, a honra, enquanto signo do poder, passa a valer como o próprio poder, na medida em que, ao significar uma capacidade de cooptação, resulta em mais poder. Compreende-se assim que a disputa se dê para Hobbes não apenas na forma de uma disputa de forças, mas, sobretudo, na forma de uma disputa pela glória e reputação, que são signos do poder e elas mesmas poder (Cf. ZARKA, 1995, cap.V).

Assim, o poder é pensado no capítulo X do *Leviatã* como uma capacidade relacional. O poder de cada um determina-se no interior de uma certa dinâmica de disputa pelo poder (a guerra), que, mais que relacional, é um contexto *social* de inscrição do poder, já que a disputa se dá na forma de uma disputa pelo reconhecimento do poder por parte dos outros.[4]

4 Hobbes não tem uma teoria social propriamente dita, já que sociedade civil é para ele o mesmo que sociedade política, isto é, Estado (tratarei

Trata-se, além disso, de pensar o poder enquanto um modo não jurídico de reunião de forças, alternativo ao da soberania, e que se apoia, não na razão, mas na opinião que os homens fazem uns dos outros e no valor que mutuamente se atribuem. Hobbes pensa o poder nesse contexto em continuidade com o modo como Maquiavel o pensou, isto é, enquanto uma reunião de forças ou capacidade de realização conjunta que passa fundamentalmente pela construção de uma boa imagem ou pela capacidade de se fazer bem representar pelos outros. O poder assim pensado, enquanto a conjunção entre aparência e força, é expressa com exatidão num dos fragmentos dos *Pensées* de Pascal, que segue nesse ponto Maquiavel e Hobbes: "ser elegante não é por demais vão, pois é mostrar que um grande número de gente trabalha para si. (....) Quanto mais braços se tem, mais forte se é. Ser elegante é mostrar sua força" (PASCAL, 1963, fr. 95).

Potestas e *potentia*

De acordo com L. Foisneau, "encontramos duas filosofias de poder em Hobbes - uma filosofia da *potentia* e uma filosofia da *potestas.*" (FOISNEAU, 1992, p. 102). Mas Leo Strauss, tendo sido talvez o primeiro a notar a dualidade do conceito de poder em Hobbes, observa que se trata de uma só teoria, em que o poder é bivalente. Para ele, o que é decisivo na filosofia hobbesiana do poder é justamente que Hobbes o pensa ao mesmo tempo como *potentia* e como *potestas*.

---

disso no próximo tópico). Mas sua teoria do poder enquanto *potentia* pode ser vista como uma espécie de prototeoria social, visto que as relações de poder que perfazem as relações humanas no estado de natureza não deixam de existir, mas subsistem sob o Estado, sendo contudo diferentes dele. É a distinção entre sociedade e Estado que aí se anuncia.

> Poder é um termo ambíguo. Ele designa a *potentia*, de um lado, e a *potestas* (ou *jus* ou *dominium*), do outro. Ele significa tanto o poder físico quanto o jurídico. A ambiguidade é essencial: apenas se a *potentia* e a *potestas* estiverem juntas, pode haver a garantia da atualização da ordem social justa (*right*) (STRAUSS, 1985, p. 223).

Com efeito, não apenas a *potestas* (o direito) produz *potentia* (força, eficiência, meios para se atingir fins), como, de modo ainda mais decisivo, a *potentia* produz *potestas.* É o que fica evidente quando se considera o papel central que a espada soberana (uma representação inegavelmente material do poder do Estado) desempenha na teoria hobbesiana da obrigação e na lógica de contratos, brilhantemente sintetizado por Hobbes na frase "*convenants without the sword are but words*" (HOBBES, 1985, p. 223). Além disso, a relação entre os dois tipos de poder fica ainda mais evidente quando se leva em conta o papel indispensável que o poder enquanto *potentia* assume na sustentação da *potestas* soberana: a obrigação dos súditos para com o soberano (*summa potestas*) dura enquanto, e apenas enquanto, dura também o poder (*potentia*) mediante o qual é capaz de protegê-los" (Idem. p. 272). Os dois pontos estão inter-relacionados: é precisamente porque a espada sustenta os contratos que só há *potestas* enquanto houver *potentia*.

É necessário, portanto, compreender a relação entre estas duas formas de poder na fundação e sustentação do espaço jurídico em que consiste o corpo político. Para avançar nesse caminho, analisaremos o papel desempenhado pela potência nesses dois casos: (I) seu lugar na lógica dos contratos; (II) seu lugar na sustentação da soberania do Estado.

I

Primeiramente, é necessário entender corretamente o que está em jogo na afirmação de Hobbes segundo a qual "*convenants without the sword are but words*", evitando-se a confusão, bastante comum, de pensar que as pessoas estão obrigadas a cumprir um pacto apenas na medida em que têm medo da punição que se segue do seu descumprimento.

Gauthier segue esse caminho em *The logic of Leviathan*, abrindo com isso uma forte tradição interpretativa. Segundo ele, a obrigação contratual teria para Hobbes um duplo fundamento: um formal (o compromisso com a palavra dada) e um material (o medo das consequências da violação de um contrato ou o interesse em executá-lo). Pois, de acordo com Gauthier, além da obrigação formal, se não for materialmente razoável para os contratantes, isto é, se não for realmente aconselhável do ponto de vista da sobrevivência, se a vontade não estiver efetivamente determinada a realizar os pactos celebrados, então, uma contradição aparece e a obrigação torna-se irracional, uma vez que "a motivação e a razão estão ligadas para Hobbes, (sendo) a razão o instrumento para que o homem atinja seu principal objetivo, a preservação" (GAUTHIER, 1969, p. 77).

No entanto, este não é o raciocínio de Hobbes. Hobbes não entende que a obrigação seja de ordem material. Se este fosse o caso, perderíamos de vista a natureza específica dos laços jurídicos enquanto vínculos de palavras e a distância entre a esfera jurídica e o plano da natureza, onde os movimentos das paixões se formam.[5] Quando Hobbes compara a injustiça, que reside no não cumprimento de um contrato, a uma contradição lógica, di-

5 Sobre esta distância, ver ZARKA, Y-C, 1987.

zendo que ela é "algo semelhante ao que que nas disputas das escolas se chama absurdo" (HOBBES, 1985, p. 191), ele indica claramente que o fundamento da obrigação é formal e reside no compromisso com a palavra dada. É este compromisso e não o medo da espada o que funda a obrigação.

Dito isto, é importante perguntar-se: qual então o papel do medo na obrigação? Pois não devemos desprezá-lo de toda maneira. Penso que a resposta a esta pergunta está em dizer que o medo da espada não é o fundamento, mas a condição material da obrigação – a condição para que todos possam *representar-se* consistentemente em um contrato e, a partir daí, estabelecer obrigações.

Como se sabe, Hobbes insiste que não são quaisquer palavras e ações que podem ser atribuídas à pessoa do homem, ou seja, à pessoa natural suposta por trás do contrato de instituição do Estado. A pessoa natural é, de acordo com seu raciocínio, o homem enquanto corpo. No contrato, os homens aceitam, uns diante dos outros, que determinadas palavras e ações (aquelas que estabelecem o contrato) são suas, e que o *representam* enquanto um corpo natural, ser vivo desejante, capaz de ações voluntárias e atos de linguagem. O contrato institui uma representação: determinadas palavras e atos representam o corpo natural do contratante. A representação em Hobbes não tem portanto uma dimensão apenas política, não é apenas representação *do Estado*, mas também jurídica – trata-se também e primeiramente da representação que os contratantes fazem de si mesmos no ato contratual, instituidor de uma cena jurídica.

Tal representação não é incondicional. É preciso que tais ações e palavras *possam ser* consideradas ações e palavras de um ser desejante, agente e falante. Daí porque ações e palavras que implicam a aniquilação ou mesmo o amofinamento da vida do corpo desejante não podem ser considerados como suas e não o representam para fins de cálculos jurídicos. Daí porque os contratos no estado da natureza, bem como os contratos em que alguém se compromete a não resistir à violência de outrem, não são válidos: não se pode, de fato, esperar nenhum bem desse compromisso e, portanto, ele não estabelece nenhum vínculo, não impõe nenhuma obrigação. O problema é formal (e não material): não se pode entender tais palavras como sendo as do contratante. As palavras, nesse caso, não o representam enquanto um homem (um corpo natural e um feixe de paixões) e não são capazes de constitui-lo enquanto pessoa jurídica nessas condições.

No caso de contratos inválidos no estado da natureza, este problema formal é resolvido pela garantia de que o outro fará sua parte, se não porque entende a necessidade de fazer e cumprir contratos, pelo menos porque será forçado a fazê-lo por medo da punição. Com essa coerção, obtém-se a garantia de obter os bens pretendidos pelos contratos, e o contratante, que pode assim estar representado por suas palavras nas relações contratuais, vê-se obrigado por elas. Esta garantia, como se sabe, é dada pelo Estado, responsável por punir aqueles que não respeitam a palavra dada.

Entendemos assim por quê a punição ou a sua mera possibilidade (o medo da espada soberana) assume um papel fundamental na instituição do universo jurídico. Como ninguém é propriamente obrigado a cumprir as leis da natureza que prescrevem a necessidade de fazer contratos e respeitar a obrigação formal que os contratos instituem, como permanece efetiva a liberdade física de não cumprir os contratos e, por consequência, o direito de não cumpri-los sob o pretexto da insegurança que essa liberdade física acarreta, é necessário fazer obstáculo (um obstáculo que só pode ser físico) a esta liberdade – e é aqui que entra em cena a *potentia* do Estado.

Compreende-se também porque só há *potestas* onde houver *potentia*. Se a *potentia* é a condição material da validade formal dos contratos, e se a *potestas* é um atributo da soberania calculado a partir do contrato, o cálculo só tem validade e a *potestas* só tem lugar sob certas condições materiais, asseguradas pela *potentia*.

II

A *potentia* é indispensável não apenas no momento de instituição contratual do corpo político, como também à manutenção do espaço jurídico-político do Estado e ao próprio exercício da soberania. É o que se vê quando se leva em conta o caso do direito de resistência em sua relação com o direito de punir. Ao tratar deste tópico, quero ressaltar que não apenas não há instituição jurídica da *potestas* soberana sem *potentia*, como esta permanece sendo, no tempo, a condição do próprio exercício da *potestas* e dos efeitos jurídicos que ela produz.

Em "*Hobbes and republican liberty*", Quentin Skinner ressalta a importância da tese apresentada no Capítulo XXI de *Leviatã* segundo a qual "nunca estamos fisicamente impedidos de agir em desobediência aos mandamentos da lei, (...) somos sempre inteiramente livres para obedecer ou desobedecer conforme escolhemos." Esta é, segundo Skinner, a resposta de Hobbes à reivindicação de liberdade por parte da tradição republicana, uma resposta que envolve a invenção da noção de liberdade negativa (como a ação que não encontra obstáculo em algum impedimento externo) e a ideia de que conservamos algo dessa liberdade na forma da liberdade física e corporal de desobedecer, e isto em todas as formas de governo, já que as leis de nenhum governo podem fazer obstáculo a esta liberdade.

> A primeira resposta de Hobbes às teorias republicanas é (...) que, mesmo sob um governo absoluto, nós retemos uma vasta gama de liberdades civis bem como de direitos naturais. Mais importante ainda, contudo, é a afirmação de que retemos em todos os tempos nossa liberdade natural para obedecer ou desobedecer as leis segundo a nossa escolha. Este é o ponto crucial ao qual ele retorna, e que finalmente sumariza nos termos de sua distinção fundamental entre natureza e artifício. Os elos da lei que nos vinculam na obediência civil não são senão "vínculos artificiais", sem nenhuma força "por sua natureza própria" de nos impedir de agir exatamente segundo a nossa vontade (SKINNER, 2008, p. 161).

Skinner chama atenção para o fato de que Hobbes trata da liberdade dos súditos nos termos da liberdade física do corpo humano, tendo como ponto de partida uma definição mais ampla da liberdade, aplicada aos corpos em geral. De acordo com Hobbes,

> liberdade significa, em sentido próprio, a ausência de oposição (entendendo por oposição os impedimentos externos do movimento); e não se aplica menos às criaturas irracionais e inanimadas do que às racionais.
>
> (...)
>
> Conforme a este significado próprio e geralmente aceite da palavra, um homem livre é aquele que, naquelas coisas que graças a sua força e engenho é

> capaz de fazer, não é impedido de fazer o que tem vontade de fazer (HOBBES, 1985, p. 261; trad. p. 133).

Assim como Skinner, Y-C. Zarka entende que esta liberdade corpórea é uma liberdade negativa e não uma liberdade política: "a liberdade é reduzida a uma liberdade puramente privada, ali onde o soberano se cala. Isto é o que Hobbes chama de liberdade física: o fato de não se estar acorrentado ou aprisionado" (ZARKA, 2012, p. 20). Mas Zarka observa que esta não é a única nem a verdadeira liberdade dos súditos: há, além dela, o direito da natureza, o direito inalienável do indivíduo a sua própria vida, que, no interior do Estado, exerce-se enquanto direito de resistir. Este direito, aponta Zarka, não é negativo, não se estabelece no silêncio da lei, mas em oposição à lei.

Zarka distingue assim o direito de resistência da liberdade corpórea – a liberdade negativa –, que não é da ordem de um direito, mas de um fato. Que sentido haveria em dizer que a água tem o *direito* de fluir através do canal? A liberdade do corpo é liberdade negativa, liberdade privada e apolítica, ao passo que o direito de resistência é político, tendo a sua extensão definida pelo contrato político. Fiel à separação sem dúvida pertinente entre os domínios da física e o da política e do direito,[6] Zarka perde

---

6 É uma lição importante do livro de Zarka (*La décision métaphysique de Hobbes*) o modo como ele atenta à radicalidade do projeto hobbesiano de fundação da política como um novo espaço – um espaço artificial – de relação entre os homens: o espaço jurídico criado pela linguagem em sua função performativa, substituindo o da natureza e fundamentalmente diferente do espaço da física e do movimento (para uma visão contrária, Cf. FRATESCHI, 2008). A importância da leitura de Zarka está em apontar para a política enquanto obra da razão; em mostrar a autonomia do domínio jurídico-político em relação aos movimentos mecânicos das paixões e opiniões, bem como a natureza jurídica da soberania, enquanto tal irredutível

contudo de vista o significado político da liberdade corporal e da *potentia*.

Skinner também, mas por outro motivo. Ao contrário de Zarka, Skinner entende que o direito natural equivale à liberdade corporal, e o toma como uma liberdade negativa: a liberdade de não ter os movimentos físicos impedidos pela lei. E não vê o que Zarka vê: que há algo de positivo no direito natural enquanto direito de resistência, que o direito de resistência não se deixa abarcar pelo conceito de liberdade negativa. O que, de minha parte, quero dizer é que (I) o direito de resistir, ali onde se opõe positivamente à lei (o que Skinner deixa escapar), não é apenas um direito, como quer Zarka, mas também (o que Zarka deixa escapar) a liberdade física ou corpórea de resistir, de opor a própria *potentia* à *potentia* soberana; e (II) que este choque entre as *potentiae* tem uma relevância jurídico-política extrema, pois pode colocar em cheque a *potestas* do Estado.

O direito não é *potentia*. Isto é o que Hobbes deixa claro com a definição de direito natural: "o direito da natureza, a que os autores geralmente chamam *jus naturale*, é a liberdade que cada homem possui de usar seu próprio poder (*potentia*), da maneira que quiser, para a preservação de sua própria natureza" (HOBBES, 1985, p. 189) Porque consiste numa liberdade de *uso* do poder, o direito permanece o mesmo, seja o poder maior ou menor. É o que Hobbes deixa claro quando, após definir a liberdade em que o direito natural consiste como "a ausência de impedimentos externos", especifica: "impedimentos que muitas vezes tiram parte do poder que cada um tem de fazer o que quer, mas não podem obstar a que usem o poder que lhe resta, conforme o que o seu

a uma força que aterroriza. Zarka perde de vista, contudo, a relação entre os campos do direito e da física.

julgamento e razão lhe ditarem" (Idem. ib.). Este esclarecimento precisa a maneira como se deve entender que um direito é restringido ou anulado: não pela oposição de outro poder ou potência, pois a *potentia* restringe ou anula apenas uma outra *potentia*, mas por uma obrigação que restringe a liberdade de usar da própria *potentia* como se quer, em que o direito de natureza consiste. Daí Zarka ter razão em dizer que Hobbes "sempre distingue entre poder e liberdade, isto é, entre *potentia* e *jus*" (ZARKA, 2012, p. 20).

Mas, eis o ponto que quero enfatizar: o direito da natureza é ainda assim *jus* de usar da própria *potentia* como se quer. E assim como o poder do Estado é ao mesmo tempo *potestas* e *potentia*, o mesmo vale para o direito de resistência do súdito. Tal direito é um *jus*, derivado do contrato, uma qualidade jurídica do contratante, o *jus* de fazer legitimamente o que não pode ser transferido por contrato. Mas é também uma *potentia* de resistir, recuperada por detrás da qualidade jurídica da pessoa contratante, a capacidade física que já não encontra mais nenhum obstáculo na lei, mas apenas em outra *potentia*. Assim, a oposição entre o direito de resistir dos súditos e o poder (*potestas*) de punir da soberania não se dá em um plano puramente jurídico, mas também no plano material da oposição entre as *potentiae*.

Essa oposição, bem entendido, é *primeiramente* uma oposição de direitos. Trata-se do choque entre a *potestas* da soberania e o *jus* dos súditos. Por um lado, o soberano tem o poder legítimo de punir, mesmo que o castigo seja injusto, porque o poder de punir é uma condição para a realização dos fins da soberania, que é a proteção. Por outro lado, o súdito, mesmo quando é justamente punido, pode (tem o direito de) resistir, pois não se pode abdicar por contrato do direito de defender a própria vida. Mas esse choque, quando tem lugar, ocorre como um choque entre *potentiae*, já que o direito em questão é a liberdade de usar a própria *potentia* como se quer. As consequências jurídicas disso são consideráveis e não se limitam à dissolução das relações jurídicas entre o Estado e o súdito resistente, mas conduzem, no limite, à dissolução completa dos laços jurídicos entre os homens e ao retorno ao estado de natureza ou de guerra.

Esta possibilidade deve ser levada a sério. Pois, no choque entre a *potestas / potentia* de punir e a *potestas / potentia* de resistir nem sempre existe um Estado todo-poderoso de um lado e um súdito indefeso do outro. Isto é o que Hobbes considera em uma passagem crucial do *Leviatã*:

> Ninguém tem a liberdade de resistir à espada soberana do Estado, em defesa de outrem, seja culpado ou inocente. Porque essa liberdade priva a soberania dos meios para proteger-nos, sendo portanto destrutiva da própria essência do Estado. Mas caso um grande número de homens em conjunto tenha já resistido injustamente ao poder soberano, ou tenha cometido algum crime capital, pelo qual cada um deles pode esperar a morte, terão eles a liberdade de se unirem e se ajudarem e se defenderem uns aos outros? Certamente que a têm: porque se limitam a defender suas vidas, o que tanto o culpado como o inocente podem fazer (HOBBES, 1985, p. 270, trad. p. 138).

Assim, a resistência de um indivíduo pode facilmente se tornar, e com justiça, a resistência de um grupo e, como na resistência o *jus* de resistir se faz *potentia* de resistir, é a *potentia* do Estado que se vê primeiramente afetada, e, por derivação, também sua *potestas*, já que, conforme a passagem em que nos concentramos, "a obrigação dos súditos para com o soberano (*summa potestas*) dura enquanto, e apenas enquanto, dura também o poder (*potentia*) mediante o qual é capaz de protegê-los."

Vê-se assim que a afirmação de que a liberdade corporal ou a *potentia* dos súditos permanece a mesma no estado de natureza e no estado civil traz consigo importantes consequências jurídicas. O que está em jogo é a possibilidade sempre em aberto da dissolução jurídica do Estado, a redução de suas *potestas* a uma pura *potentia*. Trata-se de mostrar que o homem permanece livre, se assim o quiser, para se despojar de sua personalidade jurídica, de sua *potestas* ou da sua capacidade de produzir efeitos jurídicos, para se colocar fora do mundo jurídico e recuperar-se enquanto pura *potentia*, enquanto corpo. Trata-se também de insistir sobre a relevância jurídica desta possibilidade sempre em aberto em função do caráter bivalente do poder.

★

Assim, longe de reduzir a *potestas* a *potentia* - o que desde muito cedo foi acusado de fazer (Cf. HARRINGTON, 1992) –, Hobbes contribuiu de maneira decisiva para a distinção entre as esferas de poder. Mas, o que é ainda mais importante é que ele não se contentou com a distinção. Se, como observou Leo Strauss, a filosofia de Hobbes pode ser considerada a primeira filosofia do poder, é porque Hobbes buscou pensar a articulação entre *potestas potentia*. O que quer dizer que ele não pensa o domínio artificial da justiça, fundando sobre a ciência do justo e do injusto e consolidado no Estado, como um domínio inteiramente fechado sobre si mesmo. A lógica jurídica cerrada, em que se calculam o direito público e o privado a partir da hipotética cena do contrato original, está para ele aberta à influência dos movimentos das paixões e opiniões, que constituem a contraparte não jurídica da *potestas*. O interesse do pensamento político de Hobbes reside assim em ele estar preocupado com saber de que forma o artifício da lei e do direito pode ser estabelecido sobre o terreno movediço das paixões e das relações de poder, de maneira a que o direito, em sua natureza própria, seja possível. Tudo isso sem que o universo jurídico se dissolva no domínio das relações de poder.

Estado e Sociedade: Hume leitor de Hobbes[7]

Hobbes é apresentado por Hume no volume VI da *História da Inglaterra* como um autor celebrizado em em seu tempo, mas negligenciado no seu: "um exemplo claro de quão precária são as reputações fundadas no raciocínio e na filosofia" (H, VI, 153). Hume subscreve a visão comum em seu tempo: o sistema ético de Hobbes é cético, sua pensamento político promove a tirania e seu sistema filosófico é dogmático. Apesar deste juízo, ele inclui o autor do *Leviatã* entre os "grandes gênios" (H, VI, 150) de seu tempo, ao lado de Milton, Harrington e Harvey, e o tem, como pretendo mostrar, entre seus interlocutores privilegiados.

A relação entre Hume e Hobbes já foi abordada de diversas perspectivas, ora no sentido de afastar, ora no de aproximar os autores, a depender do ponto em destaque, se a religião, a teoria da natureza humana ou a política (Cf. HARDIN, 2007; RUSSEL, 2008; HARRIS, 2009; HONT, 2010; SAGAR, 2018). Apesar de não haver evidências de que Hume tenha lido Hobbes, e de não haver consenso sobre qual afinal é a sua apreciação do *Leviatã*, o que essas abordagens evidenciam é que a comparação entre os autores é profícua, seja pela via das continuidades, seja das rupturas – o que é indício bastante de que Hume tivesse em Hobbes um marco de pensamento. Pretendo reforçar essa percepção, começando por destacar uma dívida nada pequena de Hume para com Hobbes: a tese de que o sistema de justiça é um artifício, o produto de uma convenção, para então indicar que, por essa via, é nada menos que uma teoria do Estado o que Hume herda de Hobbes.

7 Este subcapítulo é inédito.

Em seguida, passo a analisar as passagens em que Hume dialoga diretamente com Hobbes acerca da função desempenhada pela promessa na instituição do Estado, para mostrar que ele o segue de perto no modo de compreender como as promessas (para Hume um tipo particular de convenção jurídica) instituem obrigações, a saber, *simbolicamente*. Dada a importância da convenção do cumprimento das promessas no conjunto do sistema de justiça em que consiste o Estado, pode-se dizer que Hume herda de Hobbes a compreensão do Estado enquanto um campo simbólico.

Por fim, concluo que a diferença entre os autores consiste em que Hume incorpora à sua teoria do Estado de inspiração hobbesiana, uma teoria da sociedade civil, ausente ainda que anunciada no *Leviatã,* e que será elaborada por Hume em diálogo com Hobbes. O Hume que emerge deste percurso é, assim, profundamente *hobbesiano,* sem prejuízo das diferenças.

O artifício do Estado

Hume abre sua investigação sobre a moral no *Tratado da Natureza humana* pela virtude da justiça, a primeira a ser investigada, sendo o primeiro passo dessa investigação a defesa da opinião de que a justiça produz "prazer e aprovação mediante um *artifício* ou *invenção* resultante das particularidades e necessidades humanas" (T. 477, trad. p. 517, grifo meu). A afirmação causou polêmica, e sua proximidade com a posição mal afamada de Hobbes, segundo a qual a justiça funda-se em pactos ou convenções ("a definição de injustiça não é outra senão o não cumprimento de uma pacto. E tudo o que não é injusto é justo") e "onde não há Estado nada pode ser dito injusto" (HOBBES, 1988, p. 86), não deixou de ser notada por parte dos detratores de sua candidatura à cadeira de filosofia moral na Universidade de Edimburgo.

Segundo o autor do panfleto que circulou à época contrário a esta candidatura, Hume seria ainda pior do que Hobbes, por ter abolido todas as obrigações naturais, até mesmo a obrigação de fazer contratos e pactos, que Hobbes ainda reconheceria como uma obrigação natural (Cf. HUME, 1993).

Alguns anos mais tarde, na *Investigação sobre os princípio da moral,* Hume defendeu-se da acusação recorrendo à autoridade inconteste de Grotius, para quem a justiça depende igualmente de acordos entre os homens, respondendo às suas necessidades, renovadas no curso da história. Hume sugere então que os termos "artifício e "invenção" aplicados à justiça não devem ser tomados em oposição absoluta à natureza, já que, como bem sabem os leitores de Grotius, o homem é por natureza um ser criativo e inventivo (Cf. BUCKLE, 1991). O ponto já havia sido sublinhado no *Tratado*, quando então já se antevia a reação que o uso do termo *artifício* para designar a justiça poderia causar.

> Para que ninguém se sinta ofendido, devo aqui observar que, quando nego que a justiça seja uma virtude natural, estou empregando a palavra natural como significando exclusivamente o oposto de artificial. Em outra acepção da palavra, assim como nenhum princípio da mente humana é mais natural que um senso de virtude, assim também nenhuma virtude é mais natural que a justiça. O homem é uma espécie inventiva; e quando uma invenção é evidente e absolutamente necessária, é tão correto considerá-la natural quanto tudo que proceda imediatamente de princípios originais, sem a intervenção do pensamento ou reflexão. Embora as regras da justiça sejam artificiais, não são arbitrárias. Tampouco é impróprio utilizar a

> expressão leis naturais para caracterizá-las, se entendermos por natural aquilo que é comum a uma espécie qualquer, ou mesmo se restringirmos seu sentido apenas ao que é inseparável dessa espécie (T. 484, trad. p. 524-5).

Ainda que artificial, a justiça é em certo sentido natural, já que sua instituição é necessária segundo os princípios da natureza humana. Assim como, por outro lado, as chamadas virtudes naturais, como a benevolência, a prudência etc., as quais Hume contrasta com a virtude artificial da justiça, são em certa medida instituídas, já que, embora qualifiquem motivações que tomam parte na constituição original do homem, o código ou a linguagem moral que as avalia é uma criação histórica, variável segundo a cultura, os hábitos e as práticas sociais (Cf. EPM, *Um diálogo*). Ou seja, todo o edifício da moralidade – não apenas a justiça – é o produto de uma certa inventividade humana. A justiça não é portanto tão artificial e as virtudes naturais não tão naturais quanto a oposição entre virtudes naturais e artificiais pode sugerir.

E, no entanto, Hume não abre mão da distinção, insistindo na noção de *artifício* para designar a justiça. A noção havia sido usada de forma inovadora por Hobbes para introduzir o Estado na introdução ao *Leviatã*: "pela arte é criado aquele grande *Leviatã* a que se chama Estado, ou Cidade (em latim *Civitas*), que não é senão um homem artificial, embora de maior estatura e força que o homem natural, para cuja proteção e defesa foi projetado" (HOBBES, 1985, p. 81, trad. p. 9). Na *Investigação sobre os princípios da moral*, o tema da artificialidade da justiça migra para um apêndice, sendo evitado no corpo do texto. Hume quis provavelmente contornar a polêmica, entre outros imperativos de mudança do

Tratado em relação à forma literária da *Investigação*.[8] Nem por isso a tese perdeu centralidade e importância em seu pensamento moral e político. O apêndice, intitulado "algumas considerações adicionais com relação a justiça", cujo objetivo é o de "fornecer uma explicação mais particularizada da origem e da natureza da justiça, e precisar algumas diferenças entre ela e as outras virtudes" (EPM. 255) permite formar uma ideia mais clara sobre o que afinal está em jogo no *artifício* em questão.

A oposição central apresentada nesse apêndice é aquela entre a virtude natural da benevolência (a disposição amistosa dos homens em relação aos seus pares) e as virtudes artificias da justiça e fidelidade, a disposição para respeitar as convenções de propriedade e os governos estabelecidos. Ambas as virtudes são sociais, sendo louvadas em função dos efeitos benéficos que trazem à sociedade. Mas, diferem nos tipos de bem que produzem e no modo como o fazem.

No caso da conduta benevolente, o bem que ela realiza é "apenas a segurança ou a felicidade da pessoa que se ama e estima". O benefício social que ela traz – "a ordem da sociedade, a harmonia das famílias, o apoio mútuo dos amigos" (EPM. 255, trad. p. 390) – é o produto de uma somatória de atos individuais, cada um promovendo um bem "completo e integral" e excitando "o sentimento moral de aprovação sem nenhuma reflexão sobre consequências posteriores, e sem uma perspectiva mais ampla sobre a adesão e imitação de outros membros da sociedade". (Idem. Ib.) A felicidade que ela proporciona é comparável a "um muro construído por muitas mãos que vai se elevando com cada pedra que sobre ele é empilhada, e cujo crescimento é proporcional à

8 Sobre as questões de estilo literário e de seu polimento em Hume, ver SUZUKI, 2014, I.

diligência e ao empenho de cada um dos trabalhadores" (EPM. 256, trad, p. 391).

O benefício social que resulta da virtude artificial da justiça, por sua vez, é a paz e a ordem geral. Tais bens não são o produto de vários atos individuais isolados, mas do "*sistema integral de ações*", o "*plano ou sistema integral* no qual cooperam todos ou a maior parte dos membros da sociedade", resultado da adesão de todos a um mesmo "esquema de conduta" (EPM. 257, trad. p. 393, grifos meus). Exemplo disso são as leis de propriedade, às quais cada um adere na expectativa de que os outros façam o mesmo. O que importa nesse caso é que "a propriedade se regule por regras inflexíveis e gerais" (Idem. ib.), evitando as controvérsias que podem surgir a cada caso. O mesmo vale para a definição de quem exerce a autoridade necessária à arbitragem das controvérsias: é preciso ter-se regras claras e inflexíveis, como a da sucessão monárquica ou outra regra fixada por uma constituição, evitando com isso a disputa constante.

A justiça envolve assim o que parte da literatura política contemporânea denomina *problemas de coordenação*, aqueles que se colocam "sempre que for racional para todos os agentes preferir decisões de ação conjuntas às independentes" (SABL, 2012, p. 35). Hume tratou de vários desses problemas e há quem considere que ele teria desenvolvido uma prototeoria dos jogos, ainda que sem consciência e sem a clareza analítica das modernas teorias (Cf. HARDIN, 2007, VENDERSCHRAAF & VALLS, 2018). Hume, porém, provavelmente recusaria o modelo e a precisão analítica almejada por tais teorias. Antes disso, seu interesse recai sobre a sujeira dos processos de coordenação - as disputas e intrigas, as violências, as paixões e interesses particulares, os acidentes, que, ao lado das disposições mais gerais, animam o processo em que se instituem as convenções em torno das quais as condutas se coordenam. Ele está mais interessado nas crises de coordenação e nos percalços dos processos de estabilização das convenções do que na resolução em abstrato de problemas dessa natureza (Cf. SABL, 2012).

Antes de Hume, Hobbes já havia formulado o problema político como um problema de coordenação.[9] Afinal, é disso que se trata na passagem do estado de natureza para o estado civil, em que a racionalidade da decisão conjunta de sujeição a um poder comum (*summa potestas*) sobrepõe-se a da busca independente pelo próprio poder (*potentia*), em meio à incerteza de que todos o farão na mesma medida. Em Hobbes, como em Hume e nas modernas teorias dos jogos, a solução do problema passa pelo estabelecimento de uma convenção, um acordo sobre a ação conjunta a ser empreendida, sobrepondo-se às preferências individuais e redirecionando-as em prol de um interesse comum. É precisamente essa ideia o que Hume retém da teoria política de Hobbes e o que exprime pelo vocabulário do artifício. À diferença de Hobbes, porém, Hume pensa a convenção *na história*, como uma série de acordos que se sobrepõem e se somam, e que, ainda que sob o signo da instabilidade, tendem a se consolidar, na medida em que o tempo e a antiguidade contam a seu favor.[10]

---

9 Para uma abordagem da teoria política hobbesiana a partir do instrumental da moderna teoria dos jogos, Cf. GAUTHIER, 1969; HAMPTON, 1986, KAVKA, 1986.

10 Sobre a maneira como Hume explora o fato de que um acordo estabelecido tem mais chances de solucionar um problema de coordenação precisamente porque já está estabelecido, ver HARDIN, 2007, cap. 4. Segundo este comentador, "Hobbes reconheceu a natureza da coordenação, que consiste na estrutura estratégica assumida por aqueles que decidem fazer um acordo acerca de quem será o soberano. Hume dá um passo a mais e argumenta que, se coordenamos algum arranjo social várias vezes, esta coordenação ganha força estratégica sobre as expectativas que constróem

O artifício em questão é o Estado, ou o sistema de justiça - as instituições jurídico-políticas, que para Hobbes são estabelecidas de um só golpe pelo ato de instituição da soberania, enquanto que para Hume são estabelecidas aos poucos, a partir de um série de convenções menores que se sobrepõem, até levar ao estabelecimento e estabilização de um governo que as administre (Cf. HARDIN, 2007). Trata-se, ainda assim, de um processo de *estabelecimento* ou *instituição*, o que quer dizer que a formação do sistema de justiça não é espontâneo, como é espontâneo o processo de formação da moral e das ciências, campos em que as opiniões tendem a convergir e a se deixar regular umas pelas outras, ajustando-se, de modo a dar lugar a valores e crenças comuns. Nas questões que concernem à justiça – basicamente, a distribuição dos bens externos e a distribuição dos direitos e prerrogativas civis – as controvérsias se decidem de outra maneira: não por ajuste das diferenças, mas por arbitragem, por meio de regras impessoais e inflexíveis, que possam decidir e sustentar um determinado conteúdo legal, em meio a disputa que ele enseja. Um sistema legal entra portanto em cena quando não há acordo espontâneo. Ele opera como um elemento de mediação de disputas, o que pressupõe (I) regras inflexíveis e (II) a referência a uma autoridade estabelecida que as aplique e arbitre. É nesse ponto preciso que Hume abraça a teoria hobbesiana do Estado.

A obrigação do cumprimento das promessas

O diálogo com Hobbes explicita-se na atenção que Hume concede à questão da promessa como fundamento das obrigações

e nos incentivam a seguir o mesmo esquema de coordenação no futuro." (HARDIN, 2007, p. 82).

jurídicas, em geral, e da obrigação contratual, em especial. O tema é central em Hobbes, para quem a promessa institui a obrigação contratual e, com ela, o sistema de justiça em que consiste o Estado.

No *Tratado,* Hume aborda o tema em dois momentos. Primeiro, numa passagem em que está tratando das convenções de estabilização da posse e de instituição da propriedade, como a ocupação presente e a ocupação continuada. Nesse contexto, ele observa que tais convenções "não tem a natureza de uma promessa", mas a de um "sentimento geral de interesse comum" (T. 490). A negativa evoca a posição de Hobbes sobre a origem contratual da propriedade e traz o autor do *Leviatã* para o centro do debate entabulado ao longo da parte 2 do livro III do *Tratado* com a escola de Grotius. Em outras passagens, Hume marca diferença com a tese de Locke de que a propriedade funda-se no trabalho. Aqui, trata-se de acertar as contas com Hobbes. Na mira, está a tese hobbesiana de que o fundamento do sistema de justiça, em geral, e da propriedade, em particular, é a promessa.

Ao tratar da função da promessa na instituição das convenções jurídicas, Hobbes não pretende contudo dizer que o fundamento destas convenções está na promessa, *e não* no interesse, como se Hume estivesse invertendo a sua posição. Ao contrário, Hobbes é o primeiro a estabelecer que por trás das convenções jurídicas existe uma contraparte material, um interesse ali representado em referência ao qual as convenções obrigam. De modo que a diferença que Hume procura marcar com Hobbes, quando diz que o fundamento das convenções jurídicas instituidoras da propriedade não está na promessa *e sim* no interesse, redunda numa diferença de ênfase. Hume está empreendendo um recuo em relação ao esquema de Hobbes, não recusando-o.

Este recuo é, em primeiro lugar, de ordem histórica. Ele quer salientar que antes dos contratos e o compromisso com a palavra dada tornarem-se relevantes na instituição e sustentação das convenções jurídicas, outros tipos de convenções já desempenhavam esse papel, como é o caso da convenção de estabilização da posse pela ocupação. Aqui não há contrato, nem promessa, mas um acordo tácito, a prática mais ou menos regular de respeitar a ocupação como garantia da posse, na expectativa de que os outros também o façam. A ideia é que, muito antes de haver contratos, práticas como esta já operavam no sentido da instituição da propriedade, sendo os contratos eles próprios uma convenção a mais, que se explica pelo interesse na troca generalizada dos bens previamente estabilizados. Sendo assim, o contrato não está na origem do sistema de justiça, ainda que venha a se tornar um de seus principais operadores nas sociedades comerciais.

Trata-se igualmente de um recuo lógico. Ao abraçar a tese hobbesiana de que o mundo jurídico é convencional, Hume quer insistir que o interesse pelas convenções jurídicas é uma condição das mesmas. Ele quer enfatizar que deste interesse dependem a existência e a estabilidade dessas convenções, dentre as quais a regra de cumprir as promessas contratuais. Mas está em Hobbes a relação entre interesse e convenção jurídica. De modo que Hume está seguindo os seus passos ao afirmar que por trás da convenção de cumprir as promessas está um "comércio de auto-interesses". Hume leva muito além de Hobbes o alcance desse comércio ou coordenação de interesses, que não se restringe para ele ao interesse pela paz e a segurança, mas consiste também – e sobretudo – no interesse pelas trocas de bens externos e serviços, tendo em vista as vantagens particulares que tais trocas proporcionam. Mas ele encontra em Hobbes, como referência e inspiração, a tese de que o auto-interesse está por trás dos esquemas de cooperação, em geral, e das convenções contratuais, em particular. De modo que a diferença aqui é uma diferença de ênfase sobre o fundo de uma convergência fundamental. Enquanto a ênfase de Hobbes recai sobre o vínculo formal criado pela promessa, a de Hume recai sobre o interesse que sustenta a adesão às convenções jurídicas.

Hume volta ao tema da promessa ao tratar das obrigações contratuais. Se, ao tratar da origem da propriedade, ele recusa a tese de que as promessas a instituem, e se, como é bem conhecido, ele recusa a tese de que os governos fundam-se em contratos, no momento de analisar a obrigação contratual em sua especificidade, ele endossa integralmente a teoria hobbesiana do contrato. Assim como para Hobbes, para Hume, tais obrigações são simbólicas, isto é, instituídas pelas palavras, pela expressão ou significação da vontade nas promessas. E como a regra do cumprimento das promessas não é uma regra qualquer, mas aquela que viabiliza a troca para além do tempo presente e entre objetos indeterminados, bem como a divisão do trabalho e outros intercâmbios de interesses, perfazendo assim o arcabouço jurídico das sociedades comerciais; como são as vantagens do comércio o que justifica, de acordo com Hume, além da proteção contra a violência, a instituição e estabilização do sistema de justiça, a adesão à doutrina hobbesiana das obrigações contratuais resulta numa maneira hobbesiana de compreender a natureza do sistema de justiça como um todo. Que se trata de endossar Hobbes é o que fica claro quando observamos a discussão entre Grotius e Hobbes acerca da promessa, o pano de fundo da discussão humiana, tratando-se claramente para Hume de tomar o partido do segundo contra o primeiro.[11]

Hobbes X Grotius quanto à obrigação das promessas

Em *Direito de guerra e paz*, II, 11, Grotius aborda o tema das promessas com o propósito de mostrar que a obrigação que ensejam é natural. Segundo ele, a promessa expressa a intenção de fazer o que se promete. E como a obrigação de cumpri-las é um dever perfeito, isto é, um dever cujo não cumprimento é passível de penalidade, a promessa obriga na medida em que não apenas exprime a vontade de fazer o que se promete, como também a de conceder ao outro o direito de demandá-lo coercitivamente. O fundamento natural do dever de cumpri-las reside, desse modo, neste ato mental, no ato de querer aquilo que a promessa exprime - a saber, a intenção de fazer *x*, *mais* o de ser punido no caso de não fazê-lo.

À lei civil cabe estipular o que conta como signo suficiente da promessa. Com base no que foi estipulado, pode-se considerar que, em certos casos, não há obrigação na medida em que a intenção de prometer não foi expressa de maneira suficiente. Mas, Grotius faz questão de frisar que o que obriga não é a promessa, mera expressão da vontade, mas a vontade ela própria, o ato de querer o que a promessa exprime. Nisso reside o fundamento

11 Os estudos sobre o tema da promessa em Hume, fortemente referenciados na literatura contemporânea da filosofia analítica, costumam atribuir originalidade ao tratamento humiano da questão, sem referenciá-lo na discussão jurídica da época e sem reconhecer o antecedente de Hobbes (Cf. BAIER, 2010, ANSCOMBE, 1978, HARRISON, V, 1981, PITSON, 1998, COHON, 2008, cap. 7, KLAUDAT, 2011 – sobre Baier, ver adiante nota 52).

natural da obrigação, que independe do que é estipulado pela lei civil acerca dos signos suficientes da promessa.

A posição de Hobbes é inversa. Para ele, a obrigação ou a necessidade de cumprir o prometido não deriva da vontade, mas é instituída pelos signos que a expressam.

> O modo pelo qual um homem simplesmente renuncia, ou transfere seu direito, é uma declaração ou expressão, mediante signo ou signos voluntários suficientes, de que assim renuncia ou transfere, ou de que assim renunciou ou transferiu o mesmo àquele que o aceitou. Estes signos podem ser apenas palavras ou apenas ações, ou então (conforme acontece na maior parte dos casos) tanto palavras como ações. *E estas são os vínculos mediante os quais os homens ficam obrigados* (HOBBES, 1985, p. 191, trad. p. 83, grifo meu[12]).

Como a passagem deixa claro, são os signos da vontade que vinculam ou obrigam, o que significa dizer que o compromisso assumido pelo contratante não é propriamente o de querer o que a promessa exprime, mas o de usar os signos que exprimem sua vontade de maneira coerente. Isto é o que se depreende da concepção hobbesiana da razão enquanto um "cálculo com nomes", desenvolvida no livro I do *De Corpore* e resumida nos capítulos iniciais do *Leviatã*, que Hobbes evoca como fundamento de sua doutrina da promessa, ao comparar a injustiça a uma contradição lógica:

> a *injustiça* ou *injuria*, nas controvérsias do mundo, é de certo modo semelhante àquilo que nas dispu-

12 Traduçao levemente alterada.

> tas das escolas se chama absurdo. Porque tal como nessas últimas se considera absurdo contradizer aquilo que inicialmente se sustentou, assim também no mundo se chama injustiça ou injuria desfazer voluntariamente aquilo que inicialmente se tinha voluntariamente feito (Idem. 1989, p. 79).

Segundo a lógica do *De corpore*, o bom uso da razão consiste em partir de definições consistentes, isto é, usar os signos linguísticos de maneira a que estipulem com clareza as coisas a que se referem, e em retirar as consequências desta definição, ou seja, usar os signos de maneira coerente com o que foi estipulado na definição. Dada a definição, já não mais importa o que efetivamente se pensa a respeito das coisas definidas, cuja existência é suposta pelo cálculo. É a definição que instaura a necessidade de se dizer isto ou aquilo acerca delas. É a definição que instaura a razão, que, por sua vez, é uma linguagem, um modo de falar das coisas (Cf. ZARKA, 1985).

O mesmo pode-se dizer da racionalidade jurídica instaurada pelos contratos. A vontade do contratante é o que se supõe ela ser a partir dos signos que a exprimem. A necessidade de fazer isso ou aquilo é fundada pela expressão; a vontade, ela própria, uma vez significada (ou definida) no ato contratual, já não mais importa ao cálculo jurídico. Tanto é que, para os fins deste cálculo, a vontade do contratante pode ser meramente suposta, como a que se supõe existir por trás das palavras que firmam o pacto de instituição do Estado ("é como se cada homem dissesse a cada homem: cedo e transfiro meu direito..." (HOBBES, 1985, p. 227).

Depois de insistir que são os signos da vontade que vinculam, Hobbes faz a seguinte observação: "Tais vínculos não recebem sua força de sua própria natureza (pois nada se rompe mais facilmente do que a palavra), mas do medo de alguma má consequência resultante da ruptura". Com isso, ao mesmo tempo que re-enfatiza o caráter simbólico da obrigação (um vínculo de palavras), ele introduz na lógica jurídica a referência ao poder (*potentia*) de coerção do Estado, sem o qual o campo jurídico não se instaura. É importante observar a relação entre um elemento e outro – entre o caráter simbólico da campo jurídico instaurado pela promessa e a necessidade de que à quebra das obrigações jurídicas se associe a ameaça de punição. O que Hobbes está dizendo é que, precisamente porque a obrigação de cumprir as promessas é simbólica, isto é, não natural – porque não há nada que *por natureza* necessite ou determine o contratante a agir em conformidade com o compromisso simbólico – é preciso penalizar a quebra deste compromisso. A ameaça da punição é o que garante o regime de confiança recíproca, condição para que todos se engajem em agir em conformidade com a necessidade instaurada no plano simbólico.

Isso não quer contudo dizer que a obrigação se reduza ao medo da punição. A redução pura e simples da obrigação contratual a uma relação de força (o que desde muito cedo Hobbes foi acusado de fazer – Cf. HARRINGTON, p. 13) fere a ênfase no caráter lógico e formal da justiça. Não é apenas porque interessa ou porque se temem as consequências de sua ruptura que o contrato obriga. Há um fundamento formal relevante que reside na própria promessa enquanto ato performativo, em que alguém se compromete diante de outrem a renunciar a uma parte de seu direito natural e a agir em concordância com isso.

A referência ao medo da espada num contexto em que Hobbes está enfatizando justamente o o caráter simbólico da obrigação contratual explica-se quando compreendemos que, se a espada por si só não obriga, ela opera por outro lado como uma condição material da validade formal dos contratos (Cf. 4. 1). Ou seja, são as promessas que obrigam, mas para que o façam é preciso que se garanta que sejam cumpridas. Pode-se dizer desta garantia que ela é uma condição material da validade formal dos contratos. Somente em contextos em que o cumprimento das promessas está materialmente garantido – quando há confiança nas partes ou quando é possível forçar o seu cumprimento –, os contratos podem ser considerados atos voluntários em que os contratantes buscam um bem para si mesmos. Só assim é possível considerar que os interesses dos contratantes estão representados no campo simbólico do cálculo jurídico. Daí porque o contrato fundante de todos os outros seja o contrato de instituição da soberania, por meio do qual se produz o poder da espada, a *potentia* soberana, a condição material na ausência da qual os elos formais em que consistem os contratos não são vinculantes. A *potentia* soberana garante que as vontades estejam representadas no ato contratual pela promessa, sendo o contrato e, por derivação, o Estado, o fundamento da justiça.[13]

Hume quanto à obrigação das promessas

Passemos agora ao caso de Hume e sua teoria da promessa. Veremos que se, de um lado, ele recusa a teoria hobbesiana da soberania como fonte do direito (o que não é pouco), do outro,

---

13 De acordo com Hobbes, os signos da vontade empregados na promessa *representam* certos interesses, e sempre que esta representação não for possível a promessa não gera obrigação. Sem representação da vontade na promessa, não há contratos; sem contratos, não há obrigações, logo, justiça. Sobre a representação como elemento fundante das obrigações contratuais e do Estado em Hobbes, ver LIMONGI, 2018.

ele segue Hobbes ao adotar dois elementos fundamentais da sua teoria da obrigação contratual: (I) a tese de que tal obrigação se institui no plano simbólico por meio da "fórmula verbal" da promessa; (II) e a tese de que a obrigação é por isso mesmo muito frágil, insuficiente para coordenar interesses, se não for garantida pelo medo da punição.

A análise de Hume inicia-se pela recusa da posição de Grotius – pelo argumento de que não há nenhum ato mental por trás das palavras que exprimem a promessa a que se pudesse recorrer para explicar a possível origem natural da obrigação que impõem. Este ato não está em resolver, desejar ou querer realizar algo, argumenta Hume, pois, como o próprio Grotius já observara, daí não se segue nenhuma obrigação ou dever perfeito. Mas tampouco está em querer a obrigação, como Grotius assinala. Pois, este querer não existe, a vontade não tem o poder de alterar o valor moral das ações. E mesmo que existisse, restaria a explicar como um tal querer poderia criar uma obrigação antes inexistente. Supor que uma simples promessa pudesse alterar dessa forma a natureza das coisas é comparável àquelas "doutrinas monstruosas", às "invenções eclesiásticas" da transubstanciação ou sacramento de ordem, segundo as quais uma simples fórmula verbal seria capaz de alterar o curso da natureza.[14]

Ele passa então a analisar a alternativa hobbesiana, de acordo com a qual é a expressão da vontade o que institui a obriga-

14 Hume recorre ainda aos princípios de sua própria teoria moral para explicar porque o ato mental ou a motivação de querer obrigar-se por meio de uma promessa não é natural, como não é natural nenhuma motivação para seguir uma regra de justiça. Deixarei de lado estes argumentos, que não infletem de maneira importante na discussão ora feita. Eles serão analisados no próximo capítulo.

ção no plano simbólico, resolvendo por essa via o mistério desta instituição. Ele reconhece que, por mais difícil que seja explicar o fenômeno, em nossas práticas jurídicas efetivas as palavras "Eu prometo" tem a capacidade de produzir um vínculo jurídico antes inexistente, e observa que este milagroso poder não está dado com as palavras, nem com a vontade que elas exprimem, mas é instituído por meio de uma convenção, um acordo conferindo às palavras este poder (Cf. T. III. 2. 5). Nada mais hobbesiano do que isso, uma vez que Hobbes pensa que um acordo semelhante sobre a significação dos nomes está na base do que consiste, segundo ele, na *instituição* da própria linguagem e da lógica, além da justiça. Hume segue ainda a trilha de Hobbes ao enfatizar que esse efeito depende diretamente do emprego de signos de expressão da vontade: a expressão da vontade, escreve ele, "logo se torna a principal parte da promessa" (T. 523), de tal maneira que o vínculo (*tye*) por ela imposto permanece, mesmo quando os homens dão outra direção às suas intenções. Por outro lado, ele observa, como já fizera Hobbes, que "embora a expressão faça na maior parte das vezes o todo da promessa" (Idem. ib), ela nem sempre é suficiente, como, por exemplo, quando se emprega palavras cujo sentido se desconhece, ou sem a intenção séria de significação, sendo necessário que "as palavras sejam uma expressão perfeita da vontade, sem nenhum signo contrário" (T. 524). Hobbes explorou em detalhes em sua teoria dos contratos (Cf. HOBBES, 1985, cap. XIV) as condições em que as palavras produzem vínculos de obrigação. No centro dessa teoria está a ideia de que as palavras operam como signos da vontade dos contratantes e os obrigam *simbolicamente*, isto é, na medida em que envolvem a necessidade de seguir usando os signos de uma certa maneira, a fim de manter a coerência e a estabilidade da significação.

O emprego de signos e o caráter simbólico da obrigação é o que marca a diferença entre a convenção do cumprimento das promessas e as convenções jurídicas anteriores, como as de estabilização da posse e a troca em tempo presente. Nesses casos, a convenção consiste em coordenar práticas presentes: faço x na medida em que você faz y, sigo fazendo x enquanto você seguir fazendo y. Quando uma das partes deixa de cooperar, deixa imediatamente de colher as vantagens da cooperação, posto que a outra parte também abandona o esquema. Estes esquemas são ilustrados pelo exemplo dos remadores, um dos exemplos a que Hume recorre para explicar a natureza das regras de justiça. Mas, a regra de cumprimento das promessas é uma regra de outra natureza. Ela institui um elemento a mais, que é a adesão a um sistema simbólico como referência do cálculo das condutas ao longo do tempo, e é melhor ilustrada pelos outros dois exemplos de cooperação a que Hume recorre para ilustrar a justiça: o da linguagem e o da moeda. O emprego de signos faz aqui a diferença (Cf. ANSCOMBE, 1978; BAIER, 2010, cap. 8).

Não que as convenções anteriores não se desdobrassem em práticas simbólicas. Ao tratar das trocas por consentimento em tempo presente (T. III. 2. 4), Hume alude ao emprego de signos como um seu auxiliar. Quando a "entrega real é impraticável", recorre-se à "entrega simbólica": "a entrega das chaves de um celeiro é entendida como a cessão do trigo nele contido; a entrega da pedra e de um punhado de terra representa a cessão de um domínio" (T. 515). Aqui os signos servem para expandir e reforçar uma prática que pode contudo se estabelecer sem eles, ainda que o emprego de um signo como a moeda (que Hume pensou "mais como um símbolo fiduciário mediando os contratos comerciais, do que como uma base de cálculo com o mesmo valor intrínseco das mercadorias pelas quais é trocada" (SCHABAS & WINNERLIND, 2020, p. 104)) possa incrementá-la e transformá-la de maneira decisiva, viabilizando a troca de objetos "ausentes e gerais" (T. 520). Mas, nesse caso, já estamos no campo simbólico instaurado pela promessa, como Hume evidencia ao tratar da troca monetária no capítulo em que está tratando das promessas. Para ele, "o dinheiro é, em vários aspectos, a cristalização dos compromissos (*pladges*) e promessas feitas entre os comerciantes" (SCHABAS & WINNERLIND, 2020, p. 99). Assim, é a promessa que marca a entrada definitiva no domínio dos signos, aí incluída a moeda, como elemento de regulação e coordenação do comércio.

É importante frisar que os signos de que se trata no caso da moeda, da linguagem e das promessas não são naturais, mas convencionais. A moeda representa as mercadorias, não como um signo natural em que a presença do signo conduz naturalmente a imaginação ao seu correlato – como a ideia de vermelho representa a impressão do vermelho, um retrato representa a pessoa retratada ou a nuvem carregada representa a chuva que está por cair. Trata-se de um signo convencional, que só representa alguma coisa (mercadorias, um conjunto de objetos, a intenção de fazer algo) se aqueles que o empregam aceitam a pertinência ou validade da significação e agem em conformidade com ela. E como tais signos servem para coordenar ações, eles só cumprem sua função se todos os envolvidos na prática simbólica aceitarem de comum acordo as convenções estabelecidas - o que quer dizer que o emprego desses signos requer um contexto de confiança mútua. As moedas representam mercadorias sob a condição de que não se abuse da quantidade de moeda em circulação, com o que perdem confiança e capacidade simbólica (Cf. CAFFENTZIS, 2001). As promessas representam as intenções dos contratantes sob a condição de que as pessoas em geral ajam em conformidade com isso. Se uma ou outra pessoa deixar de cumprir as promessas, o esquema de cooperação permanece de pé (uma diferença importante com o caso dos remadores), deixando porém de funcionar se a prática se generalizar. É preciso, portanto, que se garanta um mínimo de confiabilidade para que tais esquemas desempenhem sua função.

Isso explica a adesão de Hume ao segundo elemento da doutrina hobbesiana da obrigação contratual: não apenas a obrigação de cumprir as promessas se estabelece no campo simbólico como, por isso mesmo, a garantia de seu cumprimento é muito frágil (T. 519), de modo que ela só consegue se estabelecer se à quebra da palavra se fizer associar algum tipo de punição. Assim como Hobbes, Hume considera que a ameaça de punição pelo não cumprimento das promessas oferece a garantia ou condição material necessária à instauração da ordem simbólica enquanto um esquema de cooperação.[15] Como em Hobbes, isso não quer dizer que a ameaça consista no fundamento último da obrigação, que é instituída no campo simbólico. Mas, a ameaça é o que garante que os signos sejam empregados de modo a gerar obrigação.

À diferença de Hobbes, porém, Hume não entende que esta instância punitiva seja, desde o princípio, uma instância de governo. A punição de quem descumpre as promessas está, segundo ele, em "não mais receber a confiança alheia" (T. 522), em não colher as vantagens da cooperação e coordenação dos interesses

15 Baier observa a semelhança entre os autores quanto a este ponto, sem contudo aproximá-los no modo de compreender o caráter simbólico das promessas, a que se deve a necessidade de associar à sua quebra uma punição. Ao contrário, Baier vê aí uma diferença entre os autores. Para ela, "*diferentemente de Hobbes*, Hume entende que as promessas tem que ser inventadas (Cf. BAIER, 2010, p. 184, grifo meu)."

propiciados pela adesão à ordem simbólica, as quais se pode antever e colher a partir dos esquemas de cooperação pré-existentes.[16] Hume entende que isso já é suficiente para garantir que uma certa ordem simbólica se instaure antes mesmo de haver governos organizados, ainda que considere indispensável a existência de um governo para que a ordem se estabilize, na medida em que se complexifica. A ordem simbólica não se instaura portanto de uma só vez, mas aos poucos.

A diferença, que não deixa de ser relevante, está portanto em trocar o contrato de instituição da soberania pelos esquemas de coordenação em série, que vão se somando e se estabilizando aos poucos, evitando com isso o corte entre estado de natureza e estado civil operado pelo contrato de instituição da soberania. Este é para Hobbes o contrato fundamental, aquele que viabiliza todos os outros, o contrato em referência ao qual o sistema de justiça instaura-se em sua pureza lógica, isto é, em sua capacidade de calcular direitos e deveres a partir do modo como as paixões são ali representadas.

A passagem do estado de natureza para o estado civil é entendida por Hobbes como a passagem do domínio das paixões e da opinião para o de sua significação, de tal maneira que a acidentalidade das primeiras fica de fora do cálculo, que pode então desenvolver-se num plano puramente formal, retirando consequências necessárias e incontroversas das definições previamente estabelecidas. É isso o que Hobbes faz quando calcula os direitos e deveres da soberania a partir do contrato de sua instituição, ou antes, das palavras que por hipótese o realizam. Funda-se assim a

---

16 Hobbes lança mão do mesmo argumento ao refutar o tolo (HOBBES, 1985, cap. XV).

ciência do justo e do injusto, que passa então a mediar a relação entre os homens *no lugar* das opiniões e da imaginação.

É precisamente a tese dessa substituição que Hume recusa e, com ela, a ideia de que o Estado desenvolve-se como um sistema fechado em torno da soberania, um campo em relação ao qual os vínculos passionais e imaginários entre os homens, ainda que relevantes à sustentação material do Estado, permanecem contudo do lado *de fora* do sistema, entrando no cálculo jurídico apenas na forma de um poder (*potentia*) de resistência em relação ao que ele prescreve e ordena. Para Hobbes, ou bem se está dentro do campo jurídico em que consiste o Estado, representado nele, ou bem se está fora dele, como estão aqueles que, não tendo o seu interesse representado pelo Estado (o caso paradigmático é o do sujeito da punição), recobram o seu direito natural e o poder (*potentia*) de resistir. Em Hume, em contrapartida, o sistema é aberto, além de dinâmico. O cálculo jurídico não é puramente lógico e deve compreender as paixões, interesses e opiniões em toda a sua acidentalidade, posto que indispensáveis à constituição das práticas sociais, bem como da autoridade dos governos que efetivamente sustentam o sistema de justiça (Cf. GAUTIER, 2001b).

Com relação a esta autoridade – que, como Hobbes, Hume considera indispensável, senão à instauração, à estabilização da ordem jurídica – o que a institui não é, segundo ele, o contrato, mas o interesse e a opinião favorável ao ordenamento jurídico que ela sustenta. Daí porque Hume modifique a ênfase de Hobbes quanto ao fundamento do sistema de justiça, localizando-o no interesse que sustenta as convenções no lugar da promessa que as instaura. Se para Hobbes o Estado funda-se sobre o contrato e a soberania, para Hume funda-se sobre as paixões, costumes e convenções menores que sustentam sua autoridade ao mesmo tempo em são sustentados por ela. O Estado ou o sistema de justiça encontra-se assim como que encrostado na sociedade, de maneira a não poder ser inteiramente decantado dela.[17]

A sociedade civil

O que falta a Hobbes do ponto de vista de Hume é portanto uma teoria da sociedade em complemento à teoria do Estado. Hobbes usa o termo sociedade civil para designar a comunidade política fundada pelo contrato. Em algum momento do século XVIII, porém, o termo passou a ser empregado para designar a sociedade natural em sua dimensão histórica, à diferença da comunidade política propriamente dita e numa certa relação com ela (Cf. BOBBIO, 2010). Deste novo sentido, a famosa passagem do início da parte II do *Discurso sobre os fundamentos e a origem da desigualdade entre os homens* de Rousseau é paradigmática: "O primeiro que, tendo cercado um terreno, atreveu-se a dizer: isto é meu, e encontrou pessoas simples o suficiente para acreditar nele, foi o verdadeiro fundador da sociedade civil" (ROUSSEAU, 2005, p. 203). Aqui, a origem da sociedade civil está situada num

17 Por esta razão, P. Sagar argumenta que Hume elabora uma teoria do "Estado sem soberania" (SAGAR, 2018, cap. 3), sublinhando, a partir daí, o contraste entre as teorias do Estado de Hume e de Hobbes. Mas, se é verdade que o fundamento da ordem institucional é para Hume a opinião e não a soberania, é também verdade, como Sagan admite, que, na prática, a linguagem da soberania "não somente é bastante útil, como é uma parte real e permanente do composto constitucional e institucional a ser levado em conta, em particular, quando se trata de identificar quem detém (e, do ponto de vista da opinião, deve deter) o poder de decisão quanto a um ponto determinado" (SAGAR, 2018, p. 137-8). Deste ponto de vista, a soberania está longe de ser um elemento estranho à teoria humiana do Estado. É, portanto, um exagero dizer que Hume tenha elaborado um "idioma não hobbesiano de teoria política" (SAGAR, 2018, p.12).

momento histórico anterior ao contrato de instituição do governo. A expressão designa um conjunto de vínculos afetivos, morais e econômicos, histórica e irreversivelmente constituídos entre os homens, associando-os em uma comunidade pré-política, em referência a qual as instituições políticas passam a ser pensadas.

Hume contribuiu de maneira decisiva para a elaboração do conceito (Cf. GAUTIER, 2001), empregando o termo de modo a abranger dos vínculos familiares aos políticos, passando pelos econômicos, vínculos de natureza diversa que vão se sobrepondo uns aos outros e fazendo da sociedade um organismo cada vez mais complexo. As convenções jurídicas, que vão se firmando aos poucos, permitem que a sociedade, antes restrita ao círculo das relações afetivas, se complexifique, a ponto de envolver pessoas que não têm entre si qualquer vínculo de benevolência. As regras de justiça permitem que a sociedade se expanda para além dos vínculos afetivos que formam as sociedades familiares, tornando-se "um comércio de auto interesse". Sociedade pode ser entendida, desse modo, como a vida comum que inclui as trocas econômicas, tornadas possíveis pelas regras de justiça.

Não se pode, contudo, dizer que a sociedade seja uma ordem espontânea (como faz Hayek, ao opor o *espontaneismo* de Hume ao *construtivismo* de Hobbes (Cf. HAYEK, 1982, p. 74)), ou que a sociedade se forme como um *sistema* ou *ordem econômica* (expressões usadas por Stewart, na esteira de Hayek (Cf. STEWART, 1992, p. 161 e HAYEK, 1985)), do qual o sistema legal seria mero prolongamento. Ao contrário, de acordo com Hume, é o Estado e, antes dele, qualquer outra autoridade legal constituída, tal como as cortes de justiça saxãs, o que institui a sociedade em sua forma complexa, na medida em que arbitra os conflitos de interesse que surgem em torno da estabilização da posse e das trocas mercantis, sem o que não pode haver ordem ou sistema econômico propriamente dito. Pois, assim como Hobbes, Hume entende que a autoridade política tem a função não apenas de sustentar o sistema de trocas mercantis, garantindo o mínimo de confiabilidade e segurança que o seu funcionamento requer, como já observado, mas também - e isto é fundamental - a de arbitrar as controvérsias e o conflito de interesses que inevitavelmente surgem nesse processo.

Não é simples e no limite inócua a questão de saber o que vem primeiro na narrativa histórica de Hume - se as práticas econômicas, como o cultivo da terra e as trocas mercantis, levando à instauração de um sistema de justiça, ou as regras de justiça, estabilizando a propriedade e regulando as trocas (Cf. KUNTZ, 2011). O certo é que Hume entende que as duas ordens caminham juntas, uma não existindo sem a outra. Não houvesse um interesse econômico na estabilização da propriedade e nos contratos, as regras de justiça não se estabilizariam. Não houvesse regras de justiça, as práticas econômicas não dariam lugar a um sistema de trocas mercantis.

Hume é muitas vezes apontado como um dos pais do liberalismo econômico (DELEULE, 1979) e como um antecessor de Adam Smith na atenção que dedica à lógica do crescimento econômico a partir do sistema de circulação de mercadorias e moeda (Cf. SHABAS & WENNERLIND, 2020)[18], de que tratou em seus famosos ensaios ditos *econômicos*, incluídos, contudo, sem diferenciação, entre seus ensaios *políticos*. O olhar retrospectivo, situado num momento histórico em que a economia afirmou-se como uma ciência autônoma, nos faz ver na obra de Hume

18 Para uma visão contrária, ver DIATKINE, 1989.

um marco inaugural no processo que levou a esta autonomia. Mas Hume não trata da economia como um sistema de relações sociais fundadas no auto-interesse, as quais se pode isolar e tratar de forma independente do sistema jurídico-político (o Estado), senão em seus ensaios econômicos, cujo foco está nas sociedades comerciais[19], e mesmo nesse contexto ele não isola inteiramente a questão do crescimento do *corpo produtivo* da questões relativas à regulação do *corpo político*.[20] A atenção que ele então dá ao sistema de trocas econômicas das sociedades comerciais não implica que ele entenda que as relações econômicas que deram origem a esta forma social tenham se desenvolvido de maneira espontânea, como um mero prolongamento dos princípios da natureza humana, e que o sistema jurídico-político tenha se desenvolvido à reboque, como mero auxiliar, do "sistema econômico". Se for preciso escolher o que veio primeiro, se o sistema econômico ou o sistema jurídico-político, a *História da Inglaterra* parece indicar que é o segundo. E isto em função do elemento hobbesiano que inspira a maneira com que Hume vê as instituições e práticas jurídicas. Hume entende que estas instituições e práticas não se sustentam sozinhas como um mero prolongamento das paixões humanas, mas necessitam da ação de uma autoridade politicamente constituída, sustentando as convenções capazes de redirecionar as paixões humanas e coordenar interesses divergentes em prol da prosperidade comum.

---

19 Sobre essa noção cheia de contornos ver BERRY, 2015.

20 As expressões são de Deleule (DELEULE, 1979). Se a sociedade tem para Hume, como mostra Deleule, uma forma orgânica, e se faz sentido dizer desta forma que ela é espontânea, posto que não ordenada desde fora por um artífice em vista de um fim antevisto, o *corpo social* é ao mesmo tempo, como mostra o comentador, *corpo produtivo* e *corpo político*, cada um com o seu equilíbrio próprio, mas inter-relacionados.

Dito isso, é certo que as relações econômicas tem para Hume *certa* autonomia em relação ao sistema de justiça, na medida em que se apoiam em paixões e interesses econômicos, tal como o orgulho ou a auto-estima relacionada à posse de bens materiais, que integram a psicologia moral humana, na qual se pode localizar, como já se fez (Cf. DELEULE, 1979, cap. 1; STEWART, 1992, cap. 4) os fundamentos naturais do comportamento econômico. Mas é sobretudo nessa psicologia moral - não propriamente na economia enquanto um sistema de relações sociais independentes do sistema de justiça - que se pode encontrar os elementos constitutivos de uma teoria humiana da sociedade civil. O passo decisivo para a elaboração da ideia não hobbesiana da sociedade como um ordem não fundada pelo governo mas em certa relação com ele, está na refutação do convencionalismo moral (e não jurídico)[21] de Hobbes. É no campo de uma investigação sobre a moral que a reflexão de Hume sobre a sociedade civil toma corpo, no que será seguido por Adam Smith, que pensou a sociedade primeiramente nos quadros de uma teoria dos sentimentos morais, como um sistema de intercâmbio de sentimentos e opiniões, para só então pensá-la também, de forma abrangente, como um sistema de relações mercantis.[22]

---

21 Segundo Stewart, ao contrário de Hobbes, para quem os princípios de justiça só existem ali onde um governo os imponha pela força, para Hume, "existem efetivamente leis morais definindo o que é moralmente correto – obrigando não apenas *in foro interno*, mas também *in foro externo* – antes de haver governo. A tarefa do governo é executiva; administrar tais leis, as leis de natureza". (STEWART, 1992, p. 193). No entanto, Hume é claro na afirmação de que o governo desempenha um papel relevante na própria instituição das regras. As regras de propriedade são positivas, instituídas, artificiais, e requerem uma autoridade constituída para que se estabilizem.

22 Sobre o fundo moral dos sentimentos econômicos Cf. ROTHSCHILD, 2001

Sociedade civil como ordem espontânea: Hume X Hobbes

De acordo com Hobbes, não há medida natural do bem e do mal: "seja lá qual for o objeto do apetite ou desejo de qualquer homem, esse objeto é aquele a que cada um chama bom; ao objeto de seu ódio ou aversão chama mau, e ao de seu desprezo, vil ou indigno." Por isso mesmo há conflitos, sendo preciso instituir uma medida comum para arbitrá-los, uma medida que só pode ser dada por um "árbitro ou juiz que pessoas discordantes possam instituir por consentimento, concordando que sua sentença seja aceite como regra" (HOBBES, 1985, p, 120; trad. p. 37) Mas, de acordo com Hume, ainda que ele abrace a tese hobbesiana de que as regras de justiça são instituídas como forma de mediação de conflitos, tais regras não constituem a única medida comum do bem e do mal. Hume separa assim o domínio da regulação jurídico-política da propriedade e das relações de troca, de um lado, no qual há conflito, do domínio da regulação moral das opiniões, do outro, no qual se formam os valores comuns. Contra o relativismo moral de Hobbes, ele procurou mostrar, como já fizera antes dele Shaftesbury (Cf. PIMENTA, 2007; NASCIMENTO, 2012), que as diferentes maneiras com que os homens avaliam os objetos segundo suas próprias paixões tendem a convergir e a produzir uma medida comum de avaliação das condutas, na medida em que os homens convivem. Há todo um processo de ajuste dos sentimentos e juízos a partir do qual se chega a uma medida comum do bem e do mal que não é nem a medida do indivíduo, nem a do Estado, mas a de um grupo social historicamente constituído: a sociedade.

Na base desses processos – e, portanto, na base da sociedade – está a simpatia, este princípio da natureza humana que Hume interpôs ao egoísmo e ao atomismo moral: a qualidade de "receber por comunicação as inclinações e sentimentos" alheios, mais precisamente, as inclinações e sentimentos daqueles com os quais se convive ("os amigos e companheiros do dia a dia" – T. 317). Tal qualidade permite explicar a semelhança nos costumes e opiniões muito melhor do que a explicação pelo clima, celebrizada por Montesquieu e descartada por Hume antes da publicação de *O Espírito das leis*.[23] De acordo com Hume, não é porque estão submetidos às mesmas coordenadas geográficas e históricas que os homens de um mesmo grupo social se assemelham, mas porque convivem entre si. Por trás da ênfase no convívio está uma teoria do sujeito e dos afetos: cada um é o que é e sente o que sente a partir dos outros ("ódio, ressentimento, apreço, amor, coragem, alegria e melancolia – todas essas paixões, eu as sinto mais por comunicação do que por meu próprio temperamento e disposição natural" (T. 317). A ideia é que o convívio, o simples fato de se estar em relação com os outros, conduz a articulação e *regulação* dos pontos de vista, dando origem a regras e sistemas normativos – morais, estéticos, epistêmicos – no interior dos quais as paixões e opiniões se corrigem e regulam umas pelas outras. Com isso, o que a partir de então passou-se a chamar *sociedade civil* delineia-se no horizonte investigativo de Hume como uma espécie de *organismo* moral auto-regulado, um *sistema* de opiniões e práticas (Cf. PIMENTA, 2018, cap. 2) com certa autonomia em relação à ordem legal e política, mas que, por outro lado, na medida em

23 Segundo D. Deleule, nessa passagem do *Tratado,* assim como no ensaio *Sobre os Caracteres Nacionais* em que o tema é retomado, Hume tem na mira John Arbuthnot, fonte de Montesquieu. (DELEULE, 1999, p. 198, nota 59)

que encerra uma boa dose de conflito e disputa, só pode existir propriamente onde houver um sistema legal estabelecido que o regule.

Sociedade civil como ordem instituída: Hume e Hobbes

Há, segundo Hume, duas ordens de antagonismos que perpassam a sociedade civil. Uma delas é o facciosismo, que se explica pela simpatia. Pois, se a simpatia nos torna sensíveis ao que se passa com os outros, ela também permite explicar, e a um só tempo, que tenhamos dificuldade em aceitar outros pontos de vista e partilhar valores quando muito diferentes dos nossos e do nosso grupo de origem. Pois, o mesmo convívio que nos aproxima daqueles com quem interagimos, afasta-nos daqueles com quem não mantemos relações efetivas. A simpatia não tem portanto apenas efeitos integradores, mas também disruptivos, os quais Hume destaca e explora em sua análise das disputas partidárias (Cf. E, p. 61). A divisão partidária, que Hume considera natural e em certa medida inevitável, pode tomar dimensões furiosas e fatais quando associada ao zelo religioso. A *História da Inglaterra* está repleta de episódios em que os efeitos facciosos e disruptivos da simpatia são explorados, sendo o preconceito religioso a principal causa da violência manifesta nas disputas políticas (Cf. infra, cap. 6.2).

Ao mesmo tempo em que nos aproxima, a simpatia portanto nos divide e separa. Numa palavra, ela nos torna parciais: "simpatizamos mais com as pessoas que estão próximas a nós do que com as que estão distantes, simpatizamos mais com nossos conhecidos que com estranhos; mais com nossos conterrâneos que com estrangeiros" (T. 581, trad. p. 620). Nesse sentido, a simpatia é uma espécie de egoísmo, embora difira dele, como observa Deleuze, num ponto fundamental: "egoísmos teriam somente que se limitar. Com respeito as simpatias, o caso é outro: É preciso integrá-las, integrá-las em uma totalidade positiva" (DELEUZE, 2001, p. 33). Eis então o que a simpatia traz como potencialidade: a possibilidade da integração dos pontos de vista numa "totalidade positiva" cada vez mais abrangente, como uma espécie de antídoto aos seus efeitos disruptivos (tratarei desses processos no próximo capítulo).

Mas, há um segundo tipo de conflito – os conflitos de interesse – qualificados por Hume como inevitáveis "dado o grau de egoísmo próprio à natureza humana" (E. 59, trad. p. 46), cuja solução não está em integrar parcialidades numa totalidade abrangente, mas em arbitrar entre perspectivas inconciliáveis, o que constitui um limite intransponível aos processos auto-regulativos da sociedade. As controvérsias concernentes ao direito de propriedade, por melhor que seja o acordo em torno de determinadas regras distributivas, são desse tipo. A quem pertence o copo de ferro: àquele que lhe deu a forma, ou a quem tem a posse da matéria? A quem pertence a cidade abandonada, dentre as colônias gregas que enviaram mensageiros para dela se apossar? Hume evoca essas querelas clássicas a respeito do direito de propriedade (Cf. T. III.II.III, 506-7, nota) a fim de mostrar que elas não admitem uma solução inequívoca. Do ponto de vista da utilidade pública, o importante é que haja alguma decisão, sendo muitas vezes indiferente qual. Trata-se nesses casos de decidir entre interesses distintos, e não de buscar um ponto de vista mais largo que os abarque. Eis aqui o espaço a ser ocupado pelas regras de justiça.

Além dos conflitos de interesse ligados à estabilização da propriedade, há aqueles ligados à circulação das riquezas nas sociedades comerciais, como os que dizem respeito ao sistema tributário de que Hume trata no ensaio *Dos impostos* (Cf. DELEULE,

1979, p. 230-241). Contra os fisiocratas, que defendiam que os impostos deveriam recair sobre a terra, Hume argumenta que deveriam recair sobre os bens de consumo, sobretudo os artigos de luxo. Seus argumentos não dizem respeito apenas ao que é melhor do ponto de vista econômico, ou seja, para o crescimento do corpo produtivo e a utilidade geral (ainda que, nesse caso, à diferença das querelas sobre a propriedade há pouco aludidas, as decisões não sejam indiferentes deste ponto de vista), mas também ao que é melhor do ponto de vista da distribuição das riquezas, levando em conta que há aqui uma margem de conflito a ser arbitrado pelo sistema de justiça.

> É certo que todo homem gostaria de se ver livre do fardo de qualquer imposto que tenha de pagar e impor-lhe a outros homens; mas como todos os homens têm a mesma inclinação de defender-se, não se deve esperar que um grupo de homens prevaleça definitivamente na disputa. Não consigo imaginar porque cavalheiros proprietários de terra deveriam ser vítimas do todo sem poder se defender como outros." (E, p. 347, trad. p. 201-2)

Não há aqui, portanto, apenas uma questão econômica em jogo, não se trata apenas de saber o que é melhor para o crescimento do corpo produtivo. Há também uma questão política: qual regra tributária coordena melhor interesses distintos? A tributação exclusiva da terra não apenas desestimula a produção, como onera de maneira desigual o proprietário e o trabalhador rural.

Outro limite para a integração dos pontos de vista está nos diferentes interesses por trás das disputas em torno da autoridade política. Hume entende que essa questão necessariamente se coloca quando as constituições não definem com precisão a partilha da autoridade, como no caso da constituição inglesa: "é inevitável que diferentes opiniões surjam a [este] respeito, mesmo entre as pessoas de mais entendimento" (E. p. 64, trad. p. 50). Tais controvérsias, que, como na Inglaterra, podem se acirrar e levar à guerra civil, são resolvidas por meio do que Hume denomina a "coalizão dos partidos" (E, XIV), ou seja, um acordo em torno de certos arranjos constitucionais mínimos, tais como os da monarquia parlamentar inglesa, acomodando as divergências e aplacando os ânimos. Nesses processos, busca-se em certa medida uma perspectiva alargada - a perspectiva do filósofo, que não toma partido e que se esforça por reconstruir as razões de um lado e de outro e "encorajar opiniões moderadas" (E. p. 493). Mas, Hume tem ciência que a perspectiva do filósofo não é a dos agentes políticos cujos interesses se chocam. Nas disputas por autoridade, se é possível amenizar a disputa de afetos e princípios cultivando uma posição moderada e abrangente, não é possível superar a oposição de interesses senão pela mediação das instituições políticas cuja natureza está precisamente em disputa; daí a complexidade da vida política, cuja dinâmica o historiador da Inglaterra soube capturar e narrar como ninguém.

É aqui, para mediar a oposição de interesses – para lidar com aquilo que J. Waldron denominou as "circunstâncias da política" (WALDRON, 1999) –, que entra em cena a teoria do Estado de Hobbes, em complemento à teoria da sociedade civil. A regulação da sociedade não sendo inteiramente espontânea, torna-se preciso estipular convenções que arbitrem os conflitos, onde a diversidade dos interesses não se permite ajustar por um ponto de vista mais abrangente. Guarda-se assim a diferença entre os sistemas - entre o sistema de regras de justiça em que consiste o

Estado e o sistema de opiniões, práticas e valores em que consiste a sociedade civil. Como Hobbes, Hume está interessado na autonomia do sistema de justiça, na coerência interna de suas regras, no que o constitui enquanto um sistema impessoal e inflexível de decisão, sendo fundamental, para que o sistema realize sua função, que suas regras não variem ao sabor das circunstâncias, das paixões e opiniões, mas que se justifiquem umas pelas outras, formando uma totalidade, um sistema auto-referenciado e coerente. Esta coerência (que, como vimos, é de ordem simbólica) constrói-se contudo aos poucos e nunca de maneira completa, posto que o sistema está aberto à influência das paixões e opiniões que constituem a sociedade civil e sustentam sua autoridade.

Hobbes, é verdade, já assinalava essa abertura do Estado para o domínio das paixões e opiniões, como atesta sua preocupação com a circulação das opiniões religiosas e outras opiniões sediciosas levando à dissolução do Estado. Mas ele se interessa sobretudo pelo viés disruptivo da dinâmica social das opiniões não reguladas pela lei, ao passo que Hume, valendo-se de Hobbes, e assumindo a tese de que o Estado é um árbitro de controvérsias que não tendem espontaneamente a se resolver, pode se dedicar a pensar o outro lado da moeda – as formas sociais de regulação das opiniões que sustentam a autoridade do Estado no lugar de um suposto contrato. Com isso, Estado e sociedade, cujas distinção e relação já se anunciavam em Hobbes, mas como o óleo e o vinagre, dois elementos que não se misturam, em Hume se interpenetram, sem que por isso se perca a distinção.

Regulação social dos juízos morais e de gosto

É central na filosofia de Hume o tema das regras gerais. A natureza humana tende a formar diversos tipos de regras gerais - quando estende seus raciocínios e conclusões para além dos casos que lhes deram origem, quando corrige suas generalizações apressadas, quando forma e aplica nomes gerais, quando faz juízos morais e de gosto e quando estabelece a propriedade. Em *Empirismo e Subjetividade* G. Deleuze apontou para a importância desse tema e, com ele, para o modo como Hume pensou o caráter ativo e produtivo do espírito humano nos diversos processos normativos em que se engaja. Alguns estudos foram dedicados especificamente à questão das regras e dos processos regulativos em Hume (Cf. BRAND, 1992; LE JALLÉ, 2005; CACHEL, 2008), tratando-se certamente de um tema merecedor de atenção, pois, com ele, Hume abre a possibilidade de pensar a *gênese* dos princípios normativos que regem nossas diversas práticas sociais (o que é diferente de pensar tais práticas a partir de princípios normativos previamente assumidos ou a partir de uma gramática normativa imanente aos processos sociais[1]).

Este capítulo reúne três artigos que procuram reconstruir a maneira com que nosso autor pensou, sempre de maneira concreta e circunstanciada, a gênese empírica do sistema auto-regu-

1 Como, por exemplo, em HONNETH, 2003.

lado de opiniões e regras de juízo que se pode dizer constitutivo da sociedade civil.

Sociedade e Moralidade: Hume leitor de Mandeville[2]

A *Fábula das Abelha* de B. Mandeville constitui um marco fundamental do pensamento moral do século XVIII. O problema posto pela *Fábula* acerca da relação entre vícios privados e benefícios públicos incendiou um debate em torno do qual gravitou boa parte das Luzes. Hume se alinha entre os tantos críticos de Mandeville; mais precisamente, entre aqueles que, como Hutcheson, insistiram na naturalidade dos sentimentos morais, contra a tese mandevilliana de que a moralidade é um artifício, uma linguagem instituída enquanto técnica e instrumento de governo.

É assim que se encaminham as passagens do *Tratado da Natureza Humana* e da *Investigação sobre os Princípios da Moral* em que a referência a Mandeville é explícita, embora não nominal: não é verdade — diz Hume — que "as distinções morais originam-se da educação, e foram inicialmente inventadas, e depois encorajadas, pela arte dos políticos, a fim de tornar os seres humanos tratáveis, e subjugar sua ferocidade e egoísmo naturais que os incapacitavam para a vida em sociedade". A educação e a política têm certamente uma influência considerável na gênese da moral. Mas, ao seu lado, é preciso também reconhecer o papel da natureza: "as virtudes sociais têm uma beleza e estimabilidade (*beauty and amiableness*) naturais que, de pronto e anteriormente a todo preceito e educação, recomendam-nas ao respeito da humanidade não instruída e angariam sua afeição" (EPM 173; trad. p. 77-8).

2 Uma versão preliminar deste tópico foi publicada na forma do artigo com um título ligeiramente diverso "Sociabilidade e Moralidade: Hume leitor de Mandeville". Kriterion (UFMG), Belo Horizonte, v. XLIV, n. 108, p. 224-243, 2003. Para uma análise complementar deste tópico ver SALLES, 2020.

Em passagens como essa, Hume não tem apenas Mandeville na mira, mas toda uma tradição que inclui Hobbes e Locke, além dos moralistas agostinianos franceses – Pascal, La Rochefoucauld, Nicole, Bayle –, todos aqueles que, aos seus olhos, intentaram fundar o edifício da moralidade (no caso dos agostinianos: o da moralidade praticada *neste* mundo) sobre a base estreita do egoísmo e do amor-próprio. Hume distinguia nessa grande família de moralistas dois grandes grupos: o dos partidários do princípio que "afirma que toda benevolência é mera hipocrisia", que a moralidade é um mero disfarce do nosso egoísmo e amor-próprio (os moralistas franceses e Mandeville), e o dos partidários do princípio que afirma que "nenhuma paixão é e nem pode ser desinteressada" e que, tendo isso em vista, entendem que a base natural da moral só pode residir em sentimentos auto-interessados (Hobbes e Locke) (EPM 247-8, trad, p. 187-8). A diferença está em que os primeiros entendem que os valores e práticas constituídos sobre a base do amor-próprio e do egoísmo são falsos, inadequados a ideia que fazemos da virtude, enquanto os segundos os tomam por genuínos, sendo a virtude, para eles, o egoísmo racionalizado ou o interesse bem compreendido. Hume percebe que cada um desses grupos reclama da parte daqueles que, como ele, querem afirmar a naturalidade dos sentimentos sociais e benevolentes, respostas distintas.

Contra o segundo grupo (Hobbes e Locke), ele procura mostrar que não faz sentido pensar a moralidade como o verão de uma só andorinha, que a tudo vê a partir de si mesma e que a tudo julga a partir da única e exclusiva perspectiva de seu próprio interesse, posto que os juízos morais que efetivamente fazemos pressupõem (em sua pretensão de universalidade, como dirá posteriormente Kant acerca dos juízos de gosto) que saiamos de nós mesmos e de nossa perspectiva particular, para adotar, ao menos no momento em que julgamos, a perspectiva do outro. O juízo moral é um juízo *com os outros*, e a moralidade pressupõe a vida social e o convívio, uma porta de saída de nós mesmos. Não ter visto isso é um dos erros que anima a hipótese contratualista ao supor que a vida social e política possa ser deduzida da vontade de indivíduos pré-sociais, os quais, por meio de um cálculo interessado, passam a aderir a certos valores e regras necessários à manutenção dos vínculos sociais.

Mas, como resposta ao segundo grupo – que inclui Mandeville – não basta insistir sobre a origem social das distinções morais. Pois, é justamente isso o que fazem os partidários da tese de que nossas práticas morais e supostas virtudes não são senão um disfarce do amor-próprio, uma forma de angariar a aprovação e os favores alheios em benefício próprio. "É vivendo em sociedade que nos tornamos sociáveis" (MANDEVILLE, 1991, p. 159), diz Mandeville, numa formulação contra a qual Hume não teria o que objetar. A ideia partilhada por ambos é a de que as sociedades complexas organizam-se em torno de um código ou linguagem moral formada em meio aos intercâmbios sociais. É portanto vivendo em sociedade que nos tornamos criaturas morais e sociáveis. Sobre o fundo dessa convergência, desenha-se a crítica de Hume a Mandeville: o que regula a sociedade é uma capacidade genuína, não hipócrita, de fazer distinções morais e agir em conformidade com elas. Noutros termos: a sociedade é, para Hume, o berço legítimo da moral. Uma certa compreensão do que é a sociedade enquanto comunidade moral começa a nascer nesse diálogo.

Ao defender o caráter genuíno da moralidade socialmente praticada, Hume não se limita a dar o nome de *virtude* àquelas qualidades que Mandeville, em respeito a uma antiga ideia de moralidade que a *Fábula* ajudou a caducar, *ainda* chamava de *vício*. Hume não se limita a fazer da conduta auto-interessada uma virtude e não abre mão da ideia, pressuposta nos juízos morais que de fato fazemos, de que o egoísmo, se excessivo, quando não temperado por condutas benevolentes e uma visão mais abrangente do público, é um vício. É bem mais decisiva a operação de Hume no sentido de salvar a moralidade dos ataques do cético Mandeville. Trata-se de mostrar que a moralidade que se forma na vida social se conforma à ideia de moralidade pressuposta em nossos juízos. Se para Mandeville estamos aquém da representação moral que fazemos de nós mesmos, Hume quer mostrar que nossos juízos podem moralizar nossas motivações, colocando em marcha toda uma história moral da sociedade.

Comecemos por esboçar o modo como Mandeville vê a gênese social da moralidade, para em seguida observar o modo como Hume a vê e identificar o eixo de sua crítica a Mandeville.

Sociedade e moralidade em Mandeville

Grande parte da força e do impacto da *Fábula das Abelhas* deve-se à ambiquidade certamente intencional de sua mensagem – vícios privados, benefícios públicos –, à incerteza quanto a seu sentido último, o que motivou uma diversidade de interpretações nem sempre compatíveis a seu respeito. Mandeville seria um ateu e libertino, pregando o vício como um meio da felicidade nessa vida?[3] Ou ele estaria, ao contrário, condenando nossa avidez

3 Esta foi uma leitura comum da *Fábula* em seu próprio tempo. Hume, em seu ensaio sobre a luxúria (renomeado *Do refinamento das artes*), faz menção a posição de Mandeville e de seus opositores ao distinguir entre duas posições correntes acerca do tema (nenhuma das quais a sua): a dos homens

pela prosperidade material, mostrando ser ela incompatível com a virtude, tomada em sentido rigoroso (Cf. CARRIVE, 1980; LAFOND, 1996)? Ou, talvez ainda, o autor da *Fábula* se deixasse melhor descrever como um bom e neutro observador de uma mudança nos rumos das relações sociais ocorrida em seu tempo, constatando suas contradições com a moral até então vigente (Cf. DUMONT, 1977, cap. 5; MONZANI, 2011). São muitas as facetas de Mandeville, construídas ao longo da história cheia de contornos de assimilação da *Fábula*.

É preciso contudo levar a sério as passagens em que Mandeville declara-se um defensor ardoroso das virtudes sociais.[4] A sociedade organiza-se para ele em torno de uma *linguagem moral* que estimula e recompensa as virtudes sociais. O valor associado a estas virtudes foi, de fato, o que teria viabilizado o progresso da sociedade. Ou seja, Mandeville não afirma, como faz Pascal

de espírito libertino que rasgam elogios mesmo para a luxúria viciosa, representando-a como fortemente vantajosa à sociedade (a referência é obviamente Mandeville e o modo como ele era lido em sua época), em oposição à posição dos homens de moral severa, que condenam a luxúria a mais inocente e a representam como a fonte de todas as corrupções, desordem, facções, incidentes do governo civil (E, p. 269).

4 Ver, por exemplo, as seguintes passagens do primeiro diálogo do segundo volume da *Fábula* (quem fala é Cleômedes, defensor das posições de Mandeville, contra Horácio, defensor de Shaftesbury): "Vejo claramente o bem público em todos os planos dos políticos, vejo as virtudes sociais brilhando em todas as suas ações, e percebo que o interesse nacional é a bússola pela qual os homens de Estado governam (MANDEVILLE, 1991, p. 43); "O Sr. Shaftesbury não se ocupa de fazer o bem e encorajar as virtudes sociais, e não estou fazendo a mesma coisa? Se não estou enganado quanto a interpretação favorável que faço da realidade, é ao menos desejável que os homens tenham mais consideração pelo bem público, menos amor pelo interesse privado, e mais caridade pelo seu semelhante do que é em geral o caso" (Idem. p. 49).

(PASCAL,1963, fr. 106 e 118) que a ordem social *não* é ordem moral e *sim* "ordem da concupiscência". De acordo com a *Fábula*, a sociedade ordena-se em torno de representações morais e necessita dessas representações para se organizar (Cf. GIANETTI, 2010), mas – eis o ponto: tais representações giram em falso, representando-nos de uma maneira incompatível com o que efetivamente somos, com a nossa natureza.

Como mostra E. J. Hundert (HUNDERT, 1994), o que singulariza o discurso mandevilliano acerca da moral e o que o fez chocante aos olhos de seus contemporâneos reside sobretudo no ponto de vista naturalista adotado pelo autor (que era médico). Mandeville é, antes de tudo, um naturalista empenhado em descrever o mecanismo de funcionamento da sociedade a partir de certos princípios naturais - as paixões humanas (Idem. p. 13-4). É este naturalismo e o projeto de fazer uma "ciência do insociável homem sociabilizado" (Idem. p. 61) o que, segundo Hundert, distingue Mandeville da tradição agostiniana francesa, sem desconsiderar o inegável débito da *Fábula* em relação a essa literatura. Mandeville fala do homem enquanto mero homem, enquanto homem natural, movido por princípios naturais, deixando de lado a temática da queda e do homem decaído, central na literatura agostiniana.

Não que Mandeville não se refira às Escrituras e à doutrina do pecado capital. Mas este é apenas um argumento em favor da perspectiva que ele adota – a de descrever a história da moralidade como uma história natural, a história do homem não iluminado pela fé e que precisou se desenvolver, organizar-se moral e socialmente, a partir de suas próprias faculdades e luzes naturais. A referência à queda encontra-se, assim, a serviço da delimitação do espaço de um discurso naturalista e não da tematização de um sentido trágico da existência, sob a ótica do pecado. Assim, esclarece Mandeville, na introdução de sua *Investigação sobre a Origem da Virtude Moral* que integra o corpo da *Fábula:*

> considerei adequado investigar como o homem sem maiores qualificações poderia, entretanto, por meio de suas próprias imperfeições, ser ensinado a distinguir entre o vício e a virtude. E nesse ponto cumpre-me desejar que o leitor registre de uma vez por todas que, quando digo homens, não estou aludindo a judeus nem a cristãos mas simplesmente a homens, no estado de natureza e ignorância da verdadeira divindade (MANDEVILLE, 1997, p. 36; 1996, p. 78).

O espaço da moralidade (o que importa ao naturalista) é, portanto, o deste mundo.

Sendo assim, a moral – ou a capacidade de distinguir entre o vício e a virtude – é uma capacidade adquirida no decorrer de uma história natural da sociedade, cuja marcha Mandeville propõe-se a descrever na *Investigação sobre a Origem da Virtude Moral* e nos diálogos que compõem o segundo volume da *Fábula*. Trata-se nesses momentos de mostrar como a sociedade foi engendrada a partir de um jogo das paixões humanas em si mesmas contrárias à vida social, e como a moralidade, originalmente ausente, engendrou-se e passou a operar como um elemento central, o pilar dessa ordem. A história natural da sociedade e da moralidade é, assim, a história do progresso das paixões humanas em seu jogo mecânico. Tal mecânica funciona ao modo de um tear (a imagem é de Mandeville - Cf. MANDEVILLE, 1991, p. 264), entrelaçando as paixões humanas, ligando os homens uns aos outros numa ordem social e conformando suas condutas ao que ela requer.

Uma tal engenhoca social precisou porém de um artífice para que se pusesse em funcionamento. Entra então em cena a figura não muito precisa, mas central na história natural da *Fábula*, dos "legisladores", "políticos" e "outros homens sábios" (MANDEVILLE, 1997, p. 36), que em dado momento inventaram um *discurso* moral, louvando as virtudes sociais e associando a grandeza dos homens à sua capacidade de abnegação e renúncia das próprias paixões. Tais homens fizeram um uso retórico deste discurso, usando-o como um instrumento para mover as paixões dos homens no sentido da ordem social. Um simples discurso, apelando a normas e valores aos quais as paixões humanas em sua natureza mecânica são a princípio surdas, não seria capaz de mover os homens no sentido de renunciarem aos seus próprios e imperativos impulsos naturais, não fossem estes movidos pela paixão dominante do amor-próprio. É a esta paixão que os governantes apelam, sabendo que os homens estão dispostos a sacrificar a satisfação de outras paixões pela conquista de uma boa imagem e reputação, soando como um prêmio ao amor que nutrem por si mesmos. E assim, a partir de um jogo das paixões (o amor-próprio no centro da cena), nos tornamos sensíveis e responsivos a certos valores necessários à manutenção e ao progresso da ordem social.

Mas, se é assim – eis o desfecho polêmico de toda essa história –, o funcionamento da sociedade envolve um desnível necessário entre o princípio motor de nossa conduta social (as paixões procurando vias cada vez mais oblíquas de satisfação, ou o interesse (Cf. HIRSCHMAN, 1980; MONZANI, 2011) e a representação que fazemos desta mesma conduta quando nos deixamos levar pela adulação de um discurso laudatório, no qual despontamos como criaturas nobres e excelsas, seres morais que orientam seu comportamento por fins e valores. A linguagem moral pressupõe que o princípio regulador da conduta seja o reconhecimento do valor intrínseco das virtudes sociais, e não, como de fato é, nossas paixões auto-interessadas.

Tudo se passa, assim, como se a narrativa naturalista de Mandeville sugasse para o campo da marcha mecânica da natureza toda a pretensão normativa da moral. O princípio de nossa conduta não são deveres e valores postos como fins, mas paixões operando como causas eficientes. A sociedade torna-se coesa e ordenada no momento em que nos deixamos seduzir por um discurso que falseia esse dado natural, descrevendo nossa conduta por referência a uma suposta nobreza e destinação moral. Este auto-engano ou esta hipocrisia é, portanto, necessária ao bom funcionamento da sociedade. É ela que nos determina – o amor-próprio como causa motora – no sentido da adesão aos valores que ordenam a sociedade.

Hume seguidor e crítico de Mandeville

Hume também adota um ponto de vista *naturalista* para falar da moral. Como Mandeville, propõe-se a investigar a origem da nossa capacidade de distinguir entre o vício e a virtude, fazendo-a remontar ao seu princípio natural – o prazer e desprazer despertados pelos objetos e associados a eles, princípio natural de preferência, sem a qual não haveria para nós nada semelhante a um *valor*. Trata-se também para Hume de reconhecer aí apenas o começo da história da sociedade e da moralidade, que ultrapassa, sem negar, o naturalmente dado. E como para Mandeville, a moral é para Hume da ordem de um *discurso*, uma *linguagem* socialmente constituída fixando os valores sociais. Uma investigação sobre os princípios da moral é para ele uma investigação acerca da história natural da sociedade e da moralidade que ela comporta.

A diferença com Mandeville está, como já indicado, no fato de Hume entender que a moralidade constituída ao longo da história natural da sociedade é uma moral genuína, adequada à ideia que fazemos da moralidade e da virtude, e capaz de atuar no sentido do aperfeiçoamento moral. Caminha nesse sentido o esforço de Hume, visível sobretudo na *Investigação sobre os Princípios da Moral*, em mostrar que não somos movidos apenas pelo amor-próprio e por interesses de ordem egoísta, mas também por sentimentos de ordem benevolente e humanitária, por uma sorte de concernimento com os outros – a simpatia –, que é o princípio natural da moral. Seria, contudo, restringir enormemente o escopo da argumentação humiana reduzi-la à prova de que princípios desinteressados operam naturalmente em nós, como se toda a questão se resolvesse pela adoção de um olhar mais otimista para a natureza humana, como se bastasse atribuir aos impulsos auto-interessados do homem a dignidade moral que Mandeville lhe negara para que a moralidade fosse então salva. A admissão da naturalidade da simpatia é apenas o primeiro passo de uma argumentação bem mais sofisticada visando suprimir a distância instaurada por Mandeville entre o domínio da natureza – do jogo mecânico das paixões – e o domínio da norma – do comportamento orientado por fins. Trata-se para Hume de mostrar que de um domínio a outro a passagem é boa.

Para tanto, Hume parte do fato de que efetivamente fazemos juízos morais: discernimos entre a virtude e o vício, e os valores discernidos são compartilhados e sedimentados numa linguagem comum. Que cético moral negaria que os termos *benevolência, coragem* ou *prudência* exprimem virtudes? O próprio Mandeville admite que, ao menos no plano do discurso, ainda que não no da conduta, opera-se a distinção entre vício e virtude. Admitida a existência de uma linguagem moral, é preciso contudo explicar como ela opera, o que Mandeville se desincumbe de fazer.

Qual princípio guia nossas preferências, tais como expressas nos juízos e sedimentadas em nossa linguagem comum? A resposta de Hume é a *simpatia,* a capacidade de receber por comunicação os sentimentos dos outros. Nenhum outro princípio pode explicar da maneira mais natural e simples que um observador prefira o que chama virtude ao vício senão a capacidade de sentir *com* os outros, o que o leva a estar de alguma forma concernido com outras pessoas, além de si mesmo. O mais mesquinho dos homens, incapaz de mover uma palha em benefício alheio, se é que faz uso de uma linguagem valorativa, se é que faz juízos morais (e isto é fato), há de ser tocado ainda que minimamente pela simpatia e de levar em consideração o que interessa aos outros além de si mesmo.

Não há, deste modo, no que diz respeito à tese de que somos naturalmente movidos pela simpatia, nenhuma tomada de posição acerca da natureza, se boa ou má, dos homens (até porque qualquer tomada de posição nesse sentido depende de que antes se possam justificar os juízos com base nos quais se exprimem esses valores), mas apenas uma análise dos juízos de valor que corriqueiramente fazemos e que, como quer mostrar Hume, pressupõem as operações da simpatia. No limite, a simpatia serve a Hume como uma maneira de mostrar que estamos naturalmente abertos ao domínio dos valores ou do gosto, entendendo por gosto não a expressão pura e simples de uma preferência, mas de uma preferência comum ou partilhada com os outros. A simpatia fornece o princípio mecânico envolvido na formação dos juízos de gosto. Ela é, por assim dizer, o ponto em que a natureza se abre para o domínio dos valores.

O pecado de Mandeville estaria justamente em não ter se preocupado com indicar esse ponto de abertura. A ideia de que hábeis políticos teriam inventado as distinções morais deixa sem explicação o processo que possibilitou aos homens discernir valores e, a partir daí, compreender a linguagem que pretende exprimi-los.

> Se a natureza não nos ajudasse quanto a isso, seria em vão que os políticos falariam em *honroso* ou *desonroso*, *louvável* ou *condenável*. Essas palavras seriam inteiramente ininteligíveis; não estariam vinculadas a nenhuma ideia, como se pertencessem a uma língua completamente desconhecida por nós. O máximo que os políticos podem fazer é estender os sentimentos naturais para além de seus limites originais; mas a natureza tem ainda de fornecer a matéria-prima, dando-nos alguma noção das distinções morais (T, 500; trad. p. 540-1).

Vale observar: a simpatia deve ser suposta como princípio natural dos *juízos* que estabelecem distinções morais e não, imediatamente, como princípio das *ações* morais. A observação mostra-se importante quando lembramos que Mandeville chega à conclusão de que a moral não se inscreve de maneira genuína em nossas práticas sociais apelando ao fato de que tais práticas são motivadas por paixões e não por valores. Mas o argumento cético desconsidera a questão do *juízo* e do que deve ser o ponto de partida da investigação sobre a moral, a saber, o *fato* de que discernimos entre vício e virtude.[5] No lugar de um tal fato, no princípio de suas doutrinas especulativas, as morais do egoísmo apostam numa espécie de metafísica das motivações, que acaba por paralisar toda investigação sã acerca da moral.

Por partirem de uma tal metafísica, a tradição criticada por Hume, já desde Pascal e La Rochefoucauld, se esmera em multiplicar o que poderíamos chamar os paradoxos da motivação: discernimos virtudes e vícios, ajustamos nosso comportamento a esse discernimento, mas nada garante que esse distinção nos coloque diante de valores mais que aparentes, uma vez que a prática da virtude pressupõe uma certa qualidade humanitária e benevolente de nossas motivações, de cuja presença em nós e nos outros jamais podemos nos assegurar. Via de regra, o que se pode mostrar é precisamente o contrário: nossa conduta social *não* é animada por motivações genuinamente morais. Desta incerteza transformada em suspeita chega-se ao ceticismo: se reina aqui o princípio da dúvida é porque tudo para nós é opaco e obscuro quando o assunto é moral, a despeito de nossa aparente segurança para discernir, nas diversas condutas e ações que se nos apresentam, entre o vício e a virtude (Cf. KANT, 2008, seção 1). Tal segurança apenas mostra o quanto somos cegados pelo amor-próprio, até o ponto de recusarmos a ver nossa própria fraqueza e corrupção moral.

Hume inverte tal raciocínio. Partamos, diz ele, daquilo acerca do que não resta dúvidas: discernimos entre a virtude e o vício; este discernimento é supostamente partilhável e é efetivamente partilhado, como atestam certos acordos efetivos, ainda que restritos. Compreendamos, então, qual a condição desse juízo: a sim-

5 Do mesmo modo, na investigação sobre os juízos causais, Hume parte do fato de que efetivamente fazemos juízos causais, para então investigar o que o explica.

patia. E "uma vez que se tenha feito essa concessão, a dificuldade estará suprimida, e uma interpretação natural e desimpedida dos fenômenos da vida humana irá em seguida prevalecer, pode-se esperar, em todas as investigações especulativas" (EPM, 199, trad. p. 117). Podemos a partir daí compreender como a moralidade inscreve-se nos assuntos humanos, ordenando a sociedade.

Pois, a separação entre os planos do juízo e da ação não apenas assegura o fato da moralidade contra as investidas céticas das morais do egoísmo, obstinadas em reconduzir o edifício da moralidade à base estreita do amor-próprio; ela permite também mostrar – e isso é fundamental, no diálogo com Mandeville – a gênese social da moralidade, o modo como a moralidade se insere numa história natural da sociedade, cujo princípio motor não é desde a origem valores, mas paixões ou motivações, muitas das quais incompatíveis com a noção que fazemos da virtude. Precisemos a seguir como se dá para Hume a gênese social da moralidade.

Sociedade e moralidade em Hume

Falar de vício e virtude é falar de preferências compartilhadas, gerais e abrangentes.

> A idéia de moral pressupõe algum sentimento comum a toda humanidade, capaz de recomendar o mesmo objeto à aprovação generalizada e fazer com que todos os homens, ou a maioria deles, concordem em suas opiniões e decisões relativas a esse objeto. Ela também pressupõe um sentimento tão universal e abrangente que consiga estender-se a toda a humanidade e tornar até mesmo as ações e comportamentos das pessoas mais distantes em objetos de aplauso ou censura, na proporção em

> que estejam ou não em acordo com a regra de direito que se estabeleceu (EPM, 221, trad. p. 156).

Em função de sua generalidade e abrangência, as noções morais pressupõem em seu princípio uma capacidade de julgar (e, em sua base, uma capacidade de sentir) que leve em conta algo mais do que exclusivamente nossa própria felicidade e miséria. A simpatia explica no que consiste essa capacidade. Por meio da simpatia se produz um ponto de vista comum a mim e a outro, uma primeira porta de saída de mim mesmo que constitui a base da moralidade.

Mas esse ponto de vista não é ainda, estrito senso, um ponto de vista moral. Ele não é ainda o ponto de vista dos homens em geral, mas de um pequeno conjunto ou partido de homens. Quando restrita, a simpatia pouco acrescenta à perspectiva do egoísmo: os juízos que se fazem a partir dela são ainda parciais e, além disso, irregulares, isto é, não apenas diferem do juízo de outros homens que tenham outros interesses ou valores, como diferem dos nossos próprios juízos em outras ocasiões, conforme varie o foco e o objeto da simpatia. Ser capaz de simpatia não é ainda discernir valores morais, posto que esse discernimento pressupõe um ponto de vista geral e regular, ao passo que os sentimentos produzidos pela simpatia, nas diversas circunstâncias particulares em que ela efetivamente opera, são, ao contrário, parciais e irregulares.

Tal irregularidade pode ser vista como uma objeção à tese de que a simpatia é o princípio natural da moral. Se o interesse não pode estar na base dos juízos morais porque é parcial e irregular, enquanto a linguagem moral é geral e regular, o mesmo vale para a simpatia, ela também, como o interesse, variável e de abrangência restrita. Hume, no entanto, quer guardar uma diferença de natureza entre simpatia e interesse para reafirmar a simpatia como o princípio natural da moral.[6] A moral remonta à simpatia, mas não é inteiramente dada com ela, pois envolve um processo de correção de sua irregularidade.

São bem conhecidas e bastante comentadas as afirmações de Hume acerca da necessidade de corrigir a parcialidade da simpatia pela adoção de um ponto de vista geral para julgar.

> Seria impossível conseguir conversar com alguém em termos razoáveis se cada um de nós considerasse os caracteres e as pessoas somente tais como nos aparecem em nosso ponto de vista particular. Portanto, para impedir essas contínuas *contradições*, e para chegarmos a um julgamento mais *estável* das coisas, fixamo-nos em algum ponto de vista firme e geral;[7] e, em nossos pensamentos, sempre nos situamos nesse ponto de vista,[8] qualquer que seja nossa situação presente (T, 581-2, trad. p. 621).

Assim, não há moralidade sem que a parcialidade original da simpatia seja corrigida pela adoção de um ponto de vista invariável e abrangente, um ponto de vista para julgar que não seja estritamente o meu, nem o meu e o de meus familiares e conhe-

---

6 "Se a simpatia é como o egoísmo, que importância tem a observação de Hume segundo a qual o homem não é egoísta? De fato, embora a sociedade encontre tanto obstáculo na simpatia quanto no mais puro egoísmo, o que entretanto e absolutamente muda é o sentido, a própria estrutura da sociedade, conforme seja ela considerada a partir do egoísmo ou da simpatia. Com efeito, egoísmos teriam somente que se limitar. Com respeito as simpatias, o caso é outro: É preciso integrá-las, integrá-las em uma totalidade positiva (DELEUZE, 2001, p. 33).

7 A tradução brasileira deixa escapar aqui o uso do plural: Hume fala em "*points of view*". Sobre a relevância disso, Cf, infra, 5.2.

8 "*in them*".

cidos, mas o dos homens em geral. O que importa notar é que o processo dessa correção coincide com o progresso natural da sociedade. Hume o diz explicitamente: "o intercâmbio de sentimentos na sociedade e no convívio diário (*conversation*) nos leva a formar um critério geral e inalterável com base no qual passamos aprovar ou desaprovar caracteres e maneiras" (T, 603, trad. p. 643).

Pelo simples fato de vivermos em sociedade somos levados a corrigir a irregularidade da simpatia. Pois a vida social não oferece apenas a ocasião para que a simpatia opere produzindo valores, como também - e isto é fundamental - a ocasião para observarmos a irregularidade e parcialidade de suas operações. Vemos, em função de nossas múltiplas relações sociais e dos diversos e variados sentimentos que nos ligam uns aos outros numa sociedade complexa, que, se nossa situação em relação aos outros fosse diversa, nossos juízos seriam também outros. Aprendemos assim a separar o princípio da simpatia, operando como uma causa geral sempre presente quando um valor se produz, das circunstâncias particulares em que a simpatia opera, os meus sentimentos particulares em relação aos homens, em função da posição particular que ocupo em relação a eles no interior da vida social. Retiradas essas circunstâncias, resta a simpatia, não mais como condição natural e material de produção de valores, mas como o *critério* ou a *regra*.

Para chegar à regra, fazemos remontar os efeitos (no caso, os valores) a sua causa comum: onde há valor, há simpatia, juízo a partir de uma posição que não é a nossa — "é pela influência que o caráter ou as qualidades de uma pessoa exercem sobre aqueles que têm algum relacionamento com ela que a censuramos ou elogiamos" (T, 582; trad. p. 622). Temos a partir daí um critério de correção da parcialidade de nossos sentimentos, uma regra para julgar que se destaca dos casos em que os juízos são efetivamente produzidos, em circunstâncias particulares, associados a sentimentos particulares. Passamos a tomar a imparcialidade como regra, desprezamos as fontes da parcialidade – nossas paixões particulares e as circunstâncias que as determinam – porque sabemos, por experiência – pela experiência da simpatia –, que a adoção de um ponto de vista alheio, um certo desprendimento em relação as nossas próprias paixões e sentimentos, é o princípio natural, a causa dos juízos de valor.

A regra do julgar que preside a correção da parcialidade original da simpatia não se impõe desse modo como um dever-ser. Hume emprega, é verdade, uma linguagem finalista quando diz ser preciso corrigir a simpatia *para que* se chegue a juízos morais estáveis. Mas esse fim não é dado de antemão. Ele só pode ser reconhecido como um fim, a moralidade só pode constituir em si mesma um valor, ali onde a natureza opera em nós determinando-nos dessa maneira: determinando-nos (1) a produzir valores, (2) a refletir sobre o seu modo de produção e (3) a privilegiar o que há de regular nessa produção. Eis as etapas que é preciso vencer para que se mostre – conforme a intenção polêmica do pensamento moral humiano, tendo em vista o pano de fundo oferecido pela *Fábula das Abelhas* – que do fato à norma, da natureza ao valor a passagem é boa. Que a natureza nos determine a produzir valores é algo dado no simples fato de a simpatia operar em nós. Por sua vez, a reflexão sobre as operações da natureza, sobre a causalidade natural dos juízos e, em especial, dos juízos de valor, prepara a passagem do fato à regra, da natureza à norma. Esse processo, na moral, é um prolongamento natural da experiência da simpatia, abrindo a porta para os valores partilhados e mostrando o caminho para refiná-los. Nesse sentido, ela é, ao mesmo tempo, o *fato* e a *regra* dos juízos morais. *Fato* porque opera como causa efetiva dos juízos de valor, mesmo se parciais e pouco abrangentes. E *regra*, porque mostra a quem reflita sobre suas operações a circunstância comum que acompanha tais juízos: a adoção de um ponto de vista mais amplo que o nosso.

Cabe contudo perguntar: o que nos leva a privilegiar os juízos gerais e abrangentes? Hume insiste por diversas vezes no valor afetivo da regularidade, da não contrariedade, das transições fáceis e costumeiras da imaginação: o pensamento que corre sem contradições agrada. Mas quando nos impomos critérios para julgar e zelamos pela regularidade dos juízos, fazemos bem mais do que ceder ao princípio do prazer. A reflexão e o exercício da filosofia – reflexão sobre as causas naturais dos juízos que está na base da produção de juízos regrados e regulares – demandam esforço, um esforço que não pode ser *contra natura*, mas que tampouco equivale à posição de se deixar levar irrefletida e indiscriminadamente pelos impulsos.

O que nos determina a este esforço de reflexão é a própria sociedade ou as nossas paixões tais como formadas no interior da vida social. Não é isso, afinal, o que nos sugere o famoso desfecho do livro I do *Tratado*? Que nossas opiniões se desmoronam e desagregam "quando não suportadas pela opinião alheia" (T, 264-5; trad. p. 297), que este desmoronamento é vivido sob a forma da melancolia e do desespero e que, enfim, não pode haver para nós verdade senão ali onde partilhamos juízos, isto é, em sociedade? Se é assim, então, podemos dizer que os prazeres da vida social, o prazer de ver as próprias opiniões, valores e crenças espelhados nos outros consiste numa motivação, numa causa natural operando no sentido da regulação dos juízos. Não gozaríamos desses prazeres a nós tão caros,[9] não chegaríamos sequer a partilhar uma linguagem[10], se não fôssemos capazes de corrigir o que há de parcial em nossos juízos, capacidade que adquirimos pelo fato mesmo de vivermos em sociedade, de experimentarmos prazeres sociais, partilharmos uma linguagem e refletirmos sobre suas causas. Por seu turno, os valores e crenças de fato partilhados oferecem desde o princípio, para todo ser social, um critério ou padrão para a regulação dos juízos. Não é de se estranhar, portanto, que a reflexão moral de Hume parta dos valores já constituídos ou do que Hume denominará, no início da *Investigação sobre os Princípios da Moral,* um catálogo do mérito: se não há experiência moral onde não houver experiência social, a reflexão sobre a moral deve ela também partir dos valores socialmente partilhados.

Compreende-se assim a relação entre ordem moral e ordem social, cujo espelhamento Hume se dispôs a afirmar em diálogo com Mandeville. Entre uma ordem e outra há, primeiro, uma comunhão de origem: os princípios de todo valor coincide com o princípio da vida social — a simpatia e a benevolência restrita. E quando o interesse se une à benevolência na formação das sociedades complexas, quando nossos vínculos sociais se diversificam, é ainda a vida social, na medida mesma em que se amplia, que oferece à simpatia a condição de se corrigir, permitindo que se exerça

9 "Reduza-se uma pessoa à solidão e ela se verá desprovida de todos os gozos exceto os do tipo sensual ou especulativo, pois os impulsos de seu coração não estarão secundados por impulsos correspondentes em criaturas semelhantes" (EPM, 179; trad, p. 85).

10 "Sem uma tal correção das aparências, tanto nos sentimentos internos quanto externos, os homens não poderiam jamais pensar ou falar de modo uniforme sobre qualquer assunto, já que suas variáveis possíveis produzem uma contínua variação nos objetos e colocam-nos em perspectivas e situações distintas e contraditórias» (EPM, 185; trad, p. 95)

em múltiplas circunstâncias, evidenciando assim a diferença entre as causas gerais e as causas particulares de nossos juízos. E, por fim, são ainda os prazeres sociais, aos quais nos afeiçoamos à medida em que nos socializamos, que nos motivam a procurar e prezar a correção dos juízos, a fazer do fato de sermos capazes de discernir valores comuns um valor comum.

Desfaz-se, assim, o aparente paradoxo posto por Mandeville: a moralidade nasce da vida social, e mesmo que o progresso da sociedade dependa de motivações que nossa linguagem moral caracteriza como viciosas, como as motivações auto-interessadas, ainda assim, a vida social oferece à moral um solo em que florescer, como uma capacidade de discernir valores e partilhar juízos.

Vale acrescentar que o privilégio que Hume atribui ao julgar sobre o agir, em sua estratégia argumentativa contra as morais do egoísmo, não implica um descuido com as questões relativas ao agir. Contra as morais do egoísmo, Hume quer mostrar não apenas que julgamos as disposições sociais meritórias, como as possuímos em algum grau, diretamente proporcional a nossa capacidade de discernir seu mérito. "Uma ardente preocupação pelos interesses de nossa espécie é sempre acompanhada de uma refinada (*delicate*) sensibilidade para todas as distinções morais, de uma forte indignação pelas ofensas feitas às pessoas, e de uma viva satisfação pelo seu bem estar" (EPM, 183, trad. p. 92). Há, assim, de acordo com Hume, uma relação estreita entre nossa capacidade de julgar com os outros, adquirida progressivamente ao longo do convívio social por um efeito da simpatia, e as disposições genuinamente humanitárias e sociais, que vão se fortalecendo em nós também progressivamente, à medida em que nos exercitamos na prática dos juízos morais.

*

Dentre os opositores esclarecidos da *Fábula*, Hume talvez seja aquele que com maior veemência insistiu sobre a inscrição e a gênese social da moral – o que faz a singularidade e o interesse de sua resposta a Mandeville.

O paradoxo de Mandeville versa sobre essa relação: a moral é um produto natural da sociedade e *pour cause* não está à altura de suas pretensões normativas, qual seja, a de se apresentar como o fim em vista do qual a ordem social se forma e se aperfeiçoa. Nas respostas que Rousseau ou Kant dão a Mandeville, quando procuram restabelecer a possibilidade de uma relação positiva entre moralidade e vida social, guarda-se o caráter problemático desta relação, tal como sugerido por Mandeville, o problema de Mandeville permanece tal e qual sempre que a moralidade for pensada como um produto ou efeito da vida social, não sendo desfeito senão no plano da idealidade – no plano ideal de uma causalidade inversa, de uma regulação puramente moral da sociedade. Hume retém outros aspectos da *Fábula* que não este, e caminha em sentido contrário, fazendo da vida social, de sua naturalidade e de sua experiência efetiva, o lugar próprio da moralidade.

Mesmo levando em conta o desnível tão tematizado no século XVIII entre ordem moral e ordem social, se, ainda assim, importa a Hume mostrar que não há moralidade senão em sociedade, é porque, para ele, o sujeito moral (quem julga) não está dado, nem como sujeito prévio, transcendental ou transcendente ao mundo, nem como consciência ou interioridade pré-social e política. O sujeito moral e o valor que corresponde ao seu juízo são construídos social e publicamente, no exercício efetivo do embate das opiniões.

O ponto de vista do espectador e a medida do juízo moral em Hume[11]

A ideia de que o juízo moral é algo a ser formado e regulado, a atenção a este processo de formação e regulação é um tema central nas filosofias morais britânicas conhecidas como *sentimentalistas,* como as de Shaftesbury, Hutcheson, Hume e Adam Smith.[12] Pode-se compreender a centralidade desse tema nessas filosofias como uma estratégia comum de resposta ao relativismo e convencionalismo moral de tipo hobbesiano. Para Hobbes, não há uma medida comum natural do bem e do mal:

> Seja lá qual for o objeto do apetite ou desejo de qualquer homem, esse objeto é aquele a que cada um (*which he for his part*) chama bom; ao objeto de seu ódio ou aversão chama mau, e ao de seu desprezo, vil ou indigno. Pois as palavras "bom", "mau" e "desprezível" são sempre usadas em relação à pessoa que as usa. Não há nada que seja simples e absolutamente, nem há qualquer regra comum do bem e do mal que possa ser extraída da natureza dos próprios objetos. Ela só pode ser tirada da pessoa de cada um (*person of the man*) (quando não há Estado) ou então (num Estado) da pessoa que representa cada um (*it*); ou também de um árbitro ou juiz que pessoas discordantes possam instituir por consentimento, concordando que sua sentença seja aceite como regra (HOBBES, 1985, p. 37).

---

11 Uma versão preliminar desse tópico foi publicada com o mesmo título na revista *Discurso* (USP), v. 41, p. 113-139, 2012.

12 Sobre a pertinência do rótulo aplicado a este grupo de moralistas, Cf. JAFFRO, 2000.

Cada um julga de acordo com o próprio apetite e a única medida comum possível é aquela instituída pela lei civil. Contra esta ideia, trata-se para os *sentimentalistas* de mostrar que esta medida comum, mesmo não estando dada por natureza, deixa-se contudo formar *a partir da* natureza, como um processo de desenvolvimento das paixões humanas.

Em vista deste projeto, Shaftesbury retoma a clássica distinção entre o útil e o honesto (Cf. CÍCERO, 1974), reinterpretando-na a seu modo. Uma coisa é o *útil*, o que é bom para mim, na medida em que satisfaz minhas paixões (a que Shaftesbury denomina o "bem natural" e que em Hobbes corresponderia à única medida natural do bem). Outra é o *honesto*, o que se diz bom *do ponto de vista moral* e que é bom não apenas para mim, segundo minha complexão afetiva particular, mas para todos, segundo uma medida comum. Contra a ideia de que uma tal medida não existe por natureza, mas apenas por convenção, Shaftesbury procurou mostrar que a capacidade de discernir e buscar o bem no sentido moral (o honesto) desenvolve-se naturalmente a partir da capacidade de discernir e buscar o bem natural (o útil), por meio de um processo reflexivo, em que julgamos e apreciamos nossas próprias condutas e motivações naturais, ajustando-as a uma medida comum (Cf. SHAFTESBURY, 2001 (c), I, 2, 2-3).

Esta é a estratégia comum aos autores aqui em questão no embate com o relativismo e convencionalismo de Hobbes, posteriormente reavivado por Mandeville, outro interlocutor privilegiado da tradição sentimentalista a partir de Hutcheson. Contra Hobbes e Mandeville, trata-se de mostrar que nossas afecções tendem naturalmente a se regular e a se ajustar a uma medida comum, a partir do momento em que se deixam apreciar e julgar. A questão que se coloca para esses moralistas, a partir daí, é a de saber como se dá esse processo de apreciação e crítica das afecções ou o processo de formação e regulação dos juízos morais, de modo a que se chegue a essa medida comum.

Em virtude do modo como o tema foi gestado em seu contexto polêmico, o processo de formação e regulação do juízo moral é pensado como um processo que se desenvolve fundamentalmente num espectador, em alguém que observa a ação (a própria ou a dos outros) e que, *enquanto observador*, a requalifica do ponto de vista moral. A formação do juízo moral se dá assim a partir de um certo recuo contemplativo, com a adoção de um ponto de vista diverso ao do agente, sendo o ponto de vista do espectador o ponto de vista apropriado, a partir do qual o valor da ação, em seu sentido propriamente moral, deixa-se aferir. Eis uma ideia a serviço da qual trabalharam, cada um a seu modo, Shaftesbury, Hutcheson, Hume e Adam Smith.[13]

Minha proposta é a de reconstruir o modo como Hume pensou o processo de formação e regulação dos juízos morais a partir desse recuo contemplativo, procurando apontar alguns aspectos que o singularizam diante da tradição sentimentalista. Hume radicaliza a diferença entre os pontos de vista do agente e do espectador, tornando-os irredutíveis um ao outro. Para Shaftesbury, Hutcheson e Smith a diferença entre os pontos de vista não impede que uma mesma pessoa possa ser ao mesmo tempo agente e bom juiz de si mesma. Em Hume, o bom juiz é sempre espectador *e não* agente - é sempre um outro. Essa radicalização - a irredutibilidade entre os pontos de vista - está ligada ao

13 A diferença entre os pontos de vista do agente e do espectador, embora anunciada pelo modo como Shaftesbury estabelece a distinção entre o bem natural e moral, só será claramente formulada por Hutcheson (Cf. HUTCHESON, 1742, II, 1), no que foi seguido por Hume e Adam Smith.

modo como ele pensou a natureza da medida moral, para ele uma referência irredutivelmente concreta, circunstanciada e histórica.

Primeiro passo: os sentimentos alheios como medida.

Segundo Hume, o princípio da moral (ou, mais precisamente, de nossa capacidade de fazer juízos morais) é a simpatia, uma "notável qualidade da natureza humana" que consiste na "nossa propensão (...) a receber por comunicação as inclinações e sentimentos (dos outros)" (T, 316). A ideia de que o que está na base dos juízos morais é um processo de comunicação dos afetos (e não a simples apreciação de um sentido especial, como o *moral sense* de Hutcheson) é uma contribuição importante de Hume ao debate britânico em torno da natureza e estrutura desses juízos. Ainda que Shaftesbury já atribuísse grande importância aos processos de comunicação e troca dos afetos, coube a Hume a formulação da ideia de que um processo desse tipo consiste precisamente na origem da moral. A fim de precisar em que sentido a simpatia está para Hume na origem dos juízos morais, cabem aqui três observações preliminares.

Em primeiro lugar, segue-se da explicação que Hume oferece do fenômeno da simpatia que aquele que sofre os seus efeitos é, por excelência, um espectador. Pois, o que ativa a simpatia é a *visão* da paixão no outro: "quando um afeto se transmite por simpatia, nós a princípio o conhecemos apenas por seus efeitos e pelos signos externos, presentes na expressão do rosto e nas palavras, e que dele nos fornecem uma ideia" (T, 317, trad. p. 351). A partir daí, em virtude das relações (de semelhança, contiquidade, causalidade) entre essa ideia e a nossa própria pessoa, a ideia da paixão no outro adquire uma certa força e vivacidade que a transforma numa impressão, isto é, num sentimento ou paixão próprios (T, 317 e ss). Assim, a simpatia é o processo pelo qual uma paixão se forma em nós a partir da visão ou observação da paixão no outro. É a *visão* da paixão (na expressão de Adam Smith ao referir-se à teoria da simpatia de Hume), o que desencadeia o processo.

A segunda observação que gostaria de fazer é a seguinte. Os juízos morais envolvem a capacidade de avaliar as condutas *de uma maneira geral*. Pois, é chamado vício "tudo o que traz insatisfação nas ações humanas sob uma visada geral (*upon a general survey*)" e virtude "o que produz satisfação da mesma maneira" (T, 499):

> A noção de moral implica algum sentimento comum a toda a humanidade, que recomenda o mesmo objeto à aprovação generalizada e faz que todos os homens, ou a maioria deles, concordem em suas opiniões ou decisões relativas a esse objeto. Ela também pressupõe um sentimento universal e abrangente o bastante para estender-se a toda a humanidade e tornar até mesmo as ações e comportamentos das pessoas mais distantes em objetos de aplauso ou censura, conforme estejam ou não de acordo com a regra de correção (*rule of right*) estabelecida (EPM, 221; trad., p. 351).

É precisamente essa visada geral sobre as condutas o que a simpatia oferece e é nesse sentido preciso que ela é considerada o princípio da moral. Quando uma certa conduta é considerada um vício, a insatisfação que ela produz é uma insatisfação generalizada, isto é, algo mais do que uma insatisfação particular e uma preferência estritamente pessoal. Hume explica o caráter geral do juízo nesses termos: trata-se de uma insatisfação partilhada entre os observadores da cena em que a ação se desenrola, por simpatia com aqueles que, estando envolvidos na cena, sofrem seus efeitos. Assim, é precisamente porque nos colocamos na posição do espectador que já não aferimos o bem tendo por medida apenas as próprias paixões e o próprio ponto de vista, mas dispomos de uma medida comum, partilhada entre os espectadores, para avaliar as ações: tal medida consiste nos efeitos da ação sobre aqueles que os sofrem. É no momento em que nos colocamos na posição de observador desses efeitos que conquistamos um ponto de vista geral (no sentido de um ponto de vista partilhado) para julgar.

Este ponto de vista geral é, como se vê, suscetível de graus: pode ser um pouco mais do que um ponto de vista particular, partilhado por um grupo pequeno de observadores de uma cena determinada, e tornar-se cada vez mais geral, na medida em que esse grupo se estende; pode apoiar-se em poucas cenas e aplicar-se a poucos casos, tornando-se cada vez mais abrangente, na medida em que se aplica a mais situações e engloba mais experiências. Nesse sentido, ganha relevância o fato de que Hume se refira a esse ponto de vista, na passagem do *Tratado* em que ele é pela primeira vez apresentado, no plural: "para chegarmos a um julgamento mais *estável* das coisas, fixamo-nos em alguns pontos de vista firmes e gerais; e, em nossos pensamentos, sempre nos situamos neles, qualquer que seja nossa situação presente" (T, 581-2).[14]

Os juízos morais, gerais e abrangentes, – e esta é a terceira observação a ser feita – não são apenas um *fato* explicado pela

---

14 Este ponto é observado por HERDT, 1997, p. 72, afim de mostrar que "para Hume não há um "ponto de vista moral" singular, mas antes várias perspectivas que precisam ser levadas em conta para que se chegue a um juízo moral."

simpatia. Eles são também uma *regra* a partir da qual pode-se corrigir sua parcialidade. A regra pode ser assim formulada: "é (...) pela influência que o caráter ou as qualidades de uma pessoa exercem sobre aqueles que têm algum relacionamento com ela que a censuramos ou elogiamos". Esse é o princípio geral das preferências partilhadas, sua causa: a consideração dos sentimentos das pessoas envolvidas na cena.

"Não consideramos se aqueles que são afetados por essas qualidades são nossos conhecidos ou estranhos, nossos conterrâneos ou estrangeiros" (T, 582, trad. p. 622). Tais relações (ser conhecido ou estranho, conterrâneo ou estrangeiro) são decisivas para a simpatia, que é tanto mais forte quanto mais relações houver entre o espectador e o agente (ou ator). Mas não são essas relações particulares o que oferece a medida comum do juízo, não são elas a causa de um juízo ser partilhado, e sim o fato de levarmos em conta os sentimentos das pessoas envolvidas na cena, sejam elas quem for e sejam quais forem nossas relações particulares com elas. É porque aprendemos a separar a causa das circunstâncias que a acompanham que somos capazes de desconsiderar os efeitos irregulares das circunstâncias particulares, retendo aquilo que, no fenômeno da simpatia, responde pela causa de nossa capacidade de partilhar juízos e apreciações – a simpatia como causa geral ou regra do juízo.[15]

15 Se é assim, convém assinalar que, contrariamente a certas interpretações correntes (para um apanhado delas, Cf. DAVIE, 1998), entende-se que o ponto de vista geral não é algo diferente da simpatia, como um mecanismo de correção externo e suplementar. Entendo que o ponto de vista geral é uma regra do juízo operante na simpatia; não uma regra suplementar, mas, a regra envolvida nos processos de simpatia, decantada por reflexão.

Há uma passagem do *Tratado da natureza humana (*T, III, 2, 2, p. 498 e ss) que ilustra bem essas etapas do processo de formação do juízo moral. Trata-se do momento em que, após ter distinguido entre duas questões – a saber, (1) que motivações temos para seguir regras de justiça e (2) que razões temos para julgar a justiça uma virtude – Hume dedica-se a responder a segunda questão – por que consideramos a justiça ou o comportamento de seguir regras de justiça uma virtude? –, isolando, assim, no que concerne à investigação mais abrangente sobre a justiça, o domínio da investigação moral, a parte da investigação em que a justiça é tomada como uma virtude (no sentido da justiça geral de Aristóteles). Nesse momento, Hume é bastante claro sobre o fato de ser a adoção do ponto de vista do espectador o que está na base de uma apreciação regular do valor moral da conduta justa (entenda-se: a conduta de seguir as regras de justiça estabelecidas).

Quando estamos envolvidos na cena, quando é da nossa justiça ou injustiça que se trata, não somos capazes de avaliar sempre de um mesmo modo a conduta de seguir as regras de justiça. A mesma conduta que parece boa em certas circunstâncias, parece má em outras, enquanto varia o interesse em segui-las: "os homens não percebem tão facilmente (...) que cada violação dessas regras tem por consequência a desordem e a confusão" (T 499, trad, p. 539). Mas, mesmo quando o interesse na justiça varia ao sabor das circunstâncias, somos ainda assim capazes de, enquanto observadores de atos semelhantes nos outros, julgá-los de um modo regular:

> Entretanto, embora em nossas próprias ações possamos freqüentemente perder de vista esse interesse que temos na manutenção da ordem, e embora possamos seguir um interesse presente e menos

> importante, nunca deixamos de observar como somos prejudicados, direta ou indiretamente, pela injustiça alheia – pois nesse caso não somos cegados pela paixão nem predispostos (*byass'd*) por uma tentação contrária. Mais ainda: mesmo quando a injustiça é tão distante que não afeta nosso interesse, ela ainda nos desagrada, pois a consideramos prejudicial à sociedade humana e perniciosa para todas as pessoas que se aproximam do culpado de tê-la cometido. (Idem. ib.)

Note-se como se destacam nesse texto as etapas com que vamos atingindo um ponto de vista geral para julgar, como um progressivo retirar-se da cena em que a ação se desenrola. Num primeiro momento, estamos diretamente concernidos no ato, somos nós os agentes. E, nessa condição, perdemos facilmente de vista o bem que há em praticar a justiça (aqui entendido como bem natural, isto é, como um objeto que satisfaz nossas paixões). Se isso vale para a justiça, que consiste precisamente na intenção de agir segundo determinadas regras de partilha da propriedade, e, portanto, na intenção de agir de maneira regular, se a despeito dessa intenção, nossas motivações do agir permanecem irregulares, que se dirá de nossas outras disposições para ação, que não envolvem a intenção de seguir e respeitar uma regra de conduta estabelecida. Nossa benevolência, por exemplo, enquanto uma disposição natural e espontânea de agir em benefício dos outros, é benevolência para alguns e em determinadas circunstâncias. Ela não é regular, não se podendo derivar das situações em que essa paixão nos satisfaz pessoalmente a regra pela qual é dita uma virtude.

O caminho para essa consideração geral se abre quando se percebe (esse é o segundo momento assinalado no texto destacado acima) que, apesar das variações de nossas motivações para o agir, permanecemos julgando da mesma maneira os atos *dos outros*, quando estes nos atingem. E mais (e esse é o terceiro momento, em que o recuo contemplativo intensifica-se ainda mais): mantemos o mesmo modo de julgar as ações em que não estamos de modo algum concernidos, na medida em que, apesar das variações das nossas disposições para o agir, continuamos participando, por simpatia, da satisfação ou insatisfação que determinadas ações produzem, de modo geral, nos outros. É, portanto, o olhar contemplativo que funda uma regra geral para a apreciação das condutas, visto permitir julgar do mesmo modo, isto é, de modo geral e segundo uma medida e uma causa regular, as ações em que não estamos concernidos. E Hume é claro quanto a esse ponto: é somente uma vez formada a regra do julgar por meio de um recuo contemplativo, que ela passa a ter influência sobre a nossa própria ação: a regra geral, então, "ultrapassa os casos que lhe deram origem" (T, 499), isto é, os casos em que estamos na posição de espectador, para se aplicar aos casos em que somos agentes. Doravante, não temos como medida de nossa conduta apenas as nossas paixões, mas o valor atribuído de maneira geral a determinadas condutas, ou seja, o seu valor moral.

Assim, ser capaz de simpatia é ser capaz de sentir os efeitos de ações em que não estamos concernidos e, nessa medida, ser capaz de avaliá-las de uma maneira geral e regular. E se isso é possível é porque a cena que se vê desenrolar da plateia – ou, mais precisamente, a expressão plástica dos sentimentos dos personagens – apresenta-se como uma medida comum para a apreciação dos espectadores. Esse é um traço fundamental da estrutura da simpatia, tal como pensada por Hume: a comunicação dos sentimentos (a simpatia propriamente dita) se dá entre os agentes/

atores e os espectadores; mas a partilha do juízo ou do valor atribuído às ações se dá entre os espectadores, na medida em que suas apreciações se formam segundo uma medida comum, que consiste nos sentimentos encenados e comunicados por simpatia.

> Um homem que adentra o teatro é imediatamente tocado pela presença de uma tão grande multidão participando de um entretenimento comum, e experimenta, por essa simples visão, uma mais alta sensibilidade ou disposição de ser afetado por todo tipo de *sentimentos que compartilha (shares) com os demais espectadores* (EPM, 180, trad. p. 288, grifo meu).

A situação do teatro envolve, desse modo, a partilha de juízos *entre espectadores*, entre aqueles que não estão concernidos na cena e que, por isso mesmo, dispõem de um ponto de vista comum para apreciá-la. Pode-se assim dizer que Hume desenvolve um modelo teatral da simpatia.

Nesse modelo, a medida do juízo difere das próprias paixões, enquanto disposições para o agir. Hume se afasta nesse ponto de Hutcheson, para quem as maiores virtudes reconhecidas pelo juízo do observador – quais sejam, as disposições benevolentes que realizam a maior quantidade de bem público[16] – são ao mesmo tempo as disposições do agir que mais nos satisfazem. A quantidade de bem público intentada na ação consiste para Hutcheson, ao mesmo tempo, na boa medida do juízo e na boa medida do agir. Para Hume, no entanto, a medida do juízo não

16 Segundo Hutcheson, quando aprovamos uma ação, a aprovamos em função da quantidade de bem público - a importância de bem para o todo (*the moment of good to the whole*) - que ela promove, ou que pensamos que ela promove. Cf. HUTCHESON, 1738, II, 2, 7.

coincide com a satisfação das próprias paixões, o que ele deixa claro num certo passo de sua argumentação contra as morais do egoísmo bastante dissonante com relação a argumentação de Hutcheson, a qual, de resto, é seguida de perto por ele.

A fim de mostrar, na esteira de Hutcheson, que nossos juízos são desinteressados,[17] que uma disposição humanitária (entendida como uma disposição simpatética) os orienta, Hume indica que a influência dessa disposição é ainda mais evidente na apreciação que fazemos das virtudes privadas, isto é, no valor que atribuímos àquelas qualidades e disposições de caráter - como a discrição, a cautela, a iniciativa etc. -, cuja posse beneficia apenas ao próprio agente. "É ainda mais difícil reduzir especulativamente ao amor de si mesmo o mérito atribuído às virtudes egoístas aqui mencionadas do que os que se atribui às virtudes sociais da justiça e da benevolência" (T, 199, trad. p. 315). A razão está em que o benefício privado que delas retira o agente não é em nenhum sentido partilhado pelo observador que as aprecia, ao passo que das virtudes sociais pode-se dizer que o observador retira delas algum benefício, enquanto membro da comunidade beneficiada por elas.

O que esse passo da argumentação contra as morais do egoísmo mostra é que, ao contrário de Hutcheson, Hume não está interessado em espelhar as disposições do juízo nas disposições do agir. No lugar disso, ele se vale de uma disjunção entre o ponto de vista do agente e o do observador, para mostrar que, exatamente ali onde o princípio da ação pode ser reduzido ao

---

17 Como nota D. D. Raphael: "Francis Hutcheson não é o primeiro filósofo empirista a questionar uma psicologia egoísta, mas ele é provavelmente o primeiro a insistir sobre juízos desinteressados tanto quanto sobre motivos desinteressados" (RAPHAEL, 1975).

amor de si (nas virtudes privadas), o princípio do juízo lhe é mais claramente irredutível.[18] Se a perspectiva do espectador é desinteressada, não é porque reflete o desinteresse das paixões (as quais, de resto, mesmo quando benevolentes, implicam alguma parcialidade), mas porque nos coloca diante de um *outro* ponto de vista que não o próprio e o que concerne às próprias paixões.

Com isso, Hume não apenas se afasta de Hutcheson como também de Adam Smith, que, ao elaborar sua própria teoria da simpatia em diálogo com Hume, contesta contudo a ênfase do amigo na *visão* da paixão, como ponto de partida da comunicação dos afetos. Segundo Smith, "a simpatia não advém da *visão* da paixão (e é evidente que pense aqui em Hume), mas da situação que a excita" (SMITH, 1982, I, 1, 1, p. 12, grifo nosso). Para ele, aprovamos uma certa disposição, quando nos transportarmos imaginariamente para a cena em que ela se forma e, considerando o que sentiríamos naquela situação, julgamos se ela é apropriada ou não. Smith também contesta a ênfase de Hume na utilidade, nos efeitos da ação como critério de avaliação moral. O valor das virtudes morais reside para ele sobretudo em sua *propriedade*, ou

18 Um argumento semelhante ao de Hume (na letra, mas não no espírito) é utilizado por Hutcheson contra a ideia de que consideramos certas ações boas porque são recompensadas. "Essas ações podem ser de fato vantajosas para o agente; mas essa vantagem não é a minha vantagem e o amor de si não pode nunca recomendar-me ações vantajosas aos outros, ou me fazer gostar do seu autor em virtude dessa consideração" (HUTCHESON, 1738, II, 1, 5, p. 80). Como Hume, Hutcheson está aqui se valendo do fato de que a vantagem do agente não é a vantagem do espectador para reforçar a ideia de que o amor de si não está na raiz dos juízos. Contudo, Hutcheson não está de acordo com a ideia, que, ao contrário, quer rebater, de que a vantagem particular do agente (e não o bem público) é a razão pela qual aprova-se as suas ações ou disposições, como, no entanto, Hume supõe no caso da aprovação das virtudes privadas.

conveniência, a justa medida, que, como reza a cartilha estoica, vale por si mesma, independentemente de seus efeitos.

Tomar o modo próprio de sentir como medida, como recomenda explicitamente Adam Smith (SMITH, 1982, I, 1, 3), só é válido, contudo, para aquele que, num movimento inverso, aprendeu a dimensionar as próprias paixões ao olhar de um espectador, moderando-as e controlando os seus excessos (SMITH, 1982, I, 2). A apreciação de uma conduta (o juízo moral) depende, assim, de um duplo esforço: o das pessoas concernidas na cena em ajustar suas paixões ao olhar de um espectador e o do espectador em colocar-se no lugar das pessoas concernidas. Por meio desse duplo esforço o que se busca é aquele grau médio dos sentimentos (sua mediocridade, a justa medida) a partir da qual agentes e espectadores, de suas posições diversas, coincidiriam em seus sentimentos.

Para Hume, no entanto, o sentimento que enseja a simpatia não apenas é o sentimento de um outro, como é reconhecidamente diferente dos sentimentos do espectador. Hume enfatiza esse ponto quando, após definir a simpatia como uma propensão para receber por comunicação os sentimentos alheios, acrescenta: "por mais diferentes ou até contrários aos nossos" (T, 316). Este é um ponto sobre o qual ele volta em dois momentos da *Uma Investigação sobre os princípios da moral*, nos quais leva em consideração uma possível objeção ao seu sistema – a objeção segundo a qual, quando nos sensibilizamos diante daquilo que é agradável ou desagradável a outrem, como no caso da simpatia, não fazemos outra coisa senão nos transportar para o lugar do outro e imaginar os sentimentos que teríamos se estivéssemos na sua situação.[19]

19 No pano de fundo da discussão está a polêmica definição hobbesiana da piedade: "a tristeza perante desgraça alheia chama-se piedade, e surge do

Hume quer afastar esse modelo explicativo da simpatia, por entender que ele não guarda suficientemente a diferença entre a perspectiva do agente e a do observador, e, nesse medida, abre o caminho para a redução dos sentimentos produzidos por simpatia à perspectiva do amor de si (como mais tarde Thomas Reid acurará Adam Smith de ter feito; Cf. BROADIE, A. 2006, p. 163). E, contra essa redução, observa:

> não é concebível como um sentimento ou paixão reais possa jamais brotar de um interesse reconhecidamente imaginário, especialmente quando nosso interesse real continua sendo levado em conta e é freqüentemente reconhecido como inteiramente distinto do interesse imaginário, e mesmo, algumas vezes, oposto a ele (EPM, 176, trad. p. 283).

---

imaginar que a mesma desgraça poderia acontecer a nós mesmos. Por isso é também chamada compaixão, ou então, na expressão atualmente em voga, sentimento de companheirismo (*fellow-feeling*). Assim, por calamidades provocadas por uma grande maldade, os melhores homens são os que sentem menos piedade, e pela mesma calamidade os que sentem menos piedade são os que se consideram menos sujeitos à mesma" (HOBBES 1985, p. 126, trad., p. 41). Ao comentar essa definição, Joseph Butler observa, em tom polêmico, que "se realmente houver tal coisa como a ficção ou imaginação de um perigo para nós mesmos a partir da visão da miséria dos outros (....) este seria o mais notável exemplo daquilo que foi afastado de seus [de Hobbes] pensamentos, a saber, de uma mútua simpatia entre os indivíduos de mesma espécie, um sentimento de companheirismo (*fellow-feeling*) comum à humanidade. Com efeito, este não seria o exemplo de uma substituição dos outros por nós mesmos, mas de nós mesmos pelos outros" (BUTLER, 1991, p. 361-2). Por meio desse comentário, Butler se contrapõe ao suposto pessimismo de Hobbes, guardando no entanto a ideia de que a piedade, a simpatia ou o companheirismo fundam-se sobre a nossa capacidade de nos colocar na situação do outro, o que será depois retomado por Adam Smith. É precisamente esse esquema que Hume contesta.

A observação, reiterada ainda em outro momento da *Investigação* (EPM, 252), é importante por mostrar que a simpatia deve ser compreendida como uma capacidade de sentir o que o outro sente, guardadas as diferenças entre mim e o outro. É essa diferença que a ideia de um "interesse imaginário" não respeita. Hume quer enfatizar, ao contrário, que, quando julgamos por simpatia, julgamos levando em conta uma paixão que não é – e que reconhecemos não ser - a nossa, podendo até, por vezes, lhe ser oposta.

Tudo isso mostra que a teoria da simpatia de Hume se opõe *avant la lettre* a de Smith. A medida do juízo moral oferecida pela simpatia, tal como Hume a entende, não está naquilo que faríamos se estivéssemos na situação do agente, não está nos nossos próprios sentimentos e nas nossas motivações para o agir, como tampouco no modo como sentimos os efeitos de uma ação, mas no modo como *outras pessoas* sentem e sofrem as consequências da ação e disposições de caráter submetidos à apreciação.[20]

Segundo passo: a linguagem como medida

Os sentimentos alheios e os efeitos visíveis das ações são, contudo, apenas uma primeira medida dos juízos morais, cujo processo social de formação e regulação não se encerra aí. A partir dessa primeira medida, uma outra se forma, a saber, a regra geral do juízo sedimentada na linguagem, no modo regular como aplicamos os termos gerais designando vícios e virtudes a circunstâncias semelhantes.

---

20 Para uma análise comparativa entre Smith e Hume convergente com a nossa ver HERDT, 1997, cap. 4. Segundo a autora, para Smith "a simpatia é produzida pela eliminação ou desconsideração das diferenças tanto quanto possível", enquanto que para Hume a capacidade da simpatia se desenvolve "através das diferenças" (p. 153).

Que a linguagem tenha uma função capital na regulação dos juízos morais é o que fica evidente no modo como Hume se refere a ela, no início da *Investigação sobre os Princípios da Moral*, como um auxílio indispensável na tarefa preliminar que ele se propõe a realizar de elaborar um catálogo das qualidades consideradas virtuosas.

> A própria natureza da linguagem guia-nos quase infalivelmente na formação de um juízo dessa espécie; e assim como qualquer língua possui um conjunto de palavras que são tomadas em um bom sentido e outras em um sentido oposto, basta a mínima familiaridade com o idioma para nos orientar, sem nenhum raciocínio, na coleta e arranjo das qualidades que são estimáveis ou censuráveis nos homens (EPM, 138; trad., p. 231).

O idioma nos guia na identificação das qualidades estimáveis. Isso porque, como Hume dirá em outro momento da *Investigação*, as "noções gerais" (*general notions*) e as "diferenças universais abstratas" (*universal abstract differences*) entre vício e virtude – que, segundo ele, nesse ponto seguidor de Berkeley, não são senão nomes aplicados a uma série de ideias particulares semelhantes (Cf. T, 17) - oferecem-se como um "padrão (*standard*) geral e inalterável com base no qual aprovamos e desaprovamos os caracteres e os costumes (*manners*)" (EPM, 186).

A moralidade, como vimos, consiste num "sistema geral de louvor e censura". Esse sistema é uma linguagem, um conjunto de noções gerais ou de nomes designando vícios e virtudes, aplicados de maneira regular a situações semelhantes. No significado dos seus termos abstratos, a linguagem moral sedimenta formas regulares e gerais do julgar, que tem a simpatia como causa. A simpatia é, assim, o princípio regular de formação de juízos regulares sedimentados no significado dos termos gerais. É por isso que, na *Investigação*, é das significações linquísticas que Hume parte para se perguntar sobre o princípio natural da moral.[21]

Importa frisar o seguinte: uma vez formada essa linguagem, não é mais aos próprios sentimentos, mas à linguagem que consultamos como guia do juízo. Pois, a linguagem é mais regular do que os sentimentos produzidos pela simpatia. Enquanto os últimos variam conforme as circunstâncias, na linguagem estão sedimentadas certas formas gerais de julgar, que são gerais precisamente porque resultam da correção das irregularidades da simpatia, ou seja, da desconsideração das circunstâncias particulares que a fazem variar.

Como dissemos, Hume afirma que os termos gerais se oferecem como *padrão* dos juízos. Aqui, como no ensaio *Do Padrão do Gosto*, o padrão pode ser entendido como um juízo ao qual recorremos para reafirmar uma regra do julgar, precisamente porque é um juízo formado segundo uma regra ou princípio geral. Assim, as distinções morais, sedimentadas no significado dos termos gerais, são padrões na medida em que exibem a regra geral que preside a formação de juízos partilhados. Consultar a linguagem do louvor e da censura é portanto consultar indiretamente a simpatia, que é sua causa. Aqui, porém, não se trata mais da minha

21 Sobre o papel da linguagem em *Uma Investigação sobre os princípios da moral*, ver KING, 1976. Ao contrário de King, porém, entendo que a referência à linguagem está já presente no *Tratado*, ainda que não tenha sido desenvolvida como na *Investigação*, e que a perspectiva genética do *Tratado* não é abandonada na *Investigação*. As duas obras se complementam, nesse aspecto, não havendo propriamente uma mudança de perspectiva, algo como uma virada linquística do Hume maduro.

simpatia, mas da simpatia dos homens em geral que, nas circunstâncias concretas do convívio social, esteve na base da formação de uma *certa* linguagem moral.

Que se trate de uma *certa* linguagem, a linguagem desta ou daquela nação, formada em situações concretas, nas trocas sociais efetivas, é o que Hume deixa claro no *Diálogo* com que fecha a *Investigação*.

No *Diálogo*, um dos personagens – Palâmedes – descreve ao outro os estranhos costumes de um país denominado Fourli, que ele teria conhecido numa viagem e que, em certo ponto do diálogo, revela-se ser a Grécia antiga. Palâmedes carrega nas diferenças, descrevendo os costumes dos gregos como se fossem o de um povo bárbaro, de maneira a destacar que aquele mesmo povo cujos costumes são exaltados por sua civilidade tem "sobre muitas coisas, particularmente a moral, concepções que são diametralmente opostas às nossas" (EPM, 324, trad, p. 415). Com isso, Palâmedes pretende representar "a incerteza de todos os julgamentos relativos aos caracteres e convencer [seu interlocutor] de que a moda, a voga, os hábitos e a lei foram o principal fundamento de todas as determinações morais" (EPM, 333, trad, p. 425).

Esta não é, contudo, a conclusão final do diálogo. O interlocutor de Palâmedes, o narrador do diálogo, não se vê convencido por esses argumentos, esforçando-se por mostrar que Palâmedes exagera nas diferenças e desconsidera as semelhanças entre os costumes, não percebendo que, enquanto as primeiras são acidentais, as segundas se devem a certos princípios originais e uniformes de louvor e censura. Num ponto essencial, as ideias do mérito não variam: elas são determinadas com base nos efeitos úteis ou agradáveis que produzem.

No entanto, apesar de defenderem posições diversas, Palâmedes e o narrador concordam em um ponto: por trás das diferenças dos costumes (que o narrador não pretende negar, mas apenas reconduzir a causas acidentais) está uma diferença nas linguagens morais e nos padrões dos juízos. "Quando lá cheguei – explica Palâmedes –, descobri que tinha de enfrentar uma dupla dificuldade: inicialmente aprender o significado dos termos de sua linguagem, e, em seguida, conhecer o valor (*import*) desses termos e o elogio e a censura a eles associados" (EPM, 324, trad. p. 415). O desconhecimento dessa linguagem e dos padrões de juízo que estão sedimentados nela é uma das razões apontadas pelo narrador para os exageros de Palâmedes na representação da estranheza dos costumes em questão: "vossa representação das coisas é falaciosa. Não tendes indulgência para com as maneiras e os costumes das diferentes épocas. (...) Não há costumes tão inocentes ou razoáveis que não possam ser tornados odiosos ou ridículos se medidos por um padrão (*standard*) desconhecido pelas pessoas" (EPM, 330, trad. p. 422). Assim, o narrador admite, como Palâmedes, que diferentes nações fazem uso de diferentes padrões para os juízos ou, o que dá no mesmo, que há diferentes linguagens morais. Seu ponto não consiste em afirmar a uniformidade dos padrões, mas dos princípios a partir dos quais diferentes padrões são formados.

Remeter a moral a um princípio comum não implica, portanto, desconsiderar a diversidade dos costumes, das linguagens morais e dos padrões do juízo. Pelo contrário, o conhecimento desses princípios é o que permite compreender a moral dos gregos em sua particularidade, como faz o narrador, ao remeter cada um dos estranhos costumes descritos por Palâmedes às circunstâncias nas quais eles apareceram como úteis ou agradáveis àqueles que os louvaram. Não há, portanto, um sistema moral universal – o que se entende perfeitamente quando se nota que na raiz das linguagens morais estão situações simpatéticas concretas. O que é universal não é portanto o padrão, a linguagem em si, mas a regra de sua formação, que é a simpatia. A referência a essa regra geral é o que nos permite compreender uma linguagem moral e justificar valores que não os nossos, mas sempre por referência às situações e sentimentos concretos com base nos quais a linguagem foi efetivamente instituída e os valores estabelecidos.[22]

Assim, a medida dos juízos oferecida pela linguagem é ainda uma medida muito concreta, de maneira sempre circunstanciada. E por mais que seja possível separar em pensamento a simpatia, como causa dos juízos partilhados, dos sentimentos particulares que ela faz brotar e da linguagem particular a que dá origem, em sua operação, a simpatia é indissociável dessas circunstâncias que a acompanham e por meio das quais opera, produzindo medidas comuns do julgar.

★

O que eu gostaria de extrair dessa análise, para concluir, é o seguinte: o processo de regulação dos juízos morais é sempre pensado por Hume em referência a um ponto de apoio material externo àquele que julga e não coincidente com os seus próprios sentimentos. Essa referência é, num primeiro momento, o sentimento de um outro e os efeitos visíveis das ações. Num segundo momento, é uma determinada linguagem, concreta, historica-

---

22 Discordo assim de A. Baier quando afirma que a conclusão do diálogo é a de que a diferença dos costumes é apenas aparente e que há padrões imutáveis do juízo (BAIER, 1995). O que se afirma não é a invariabilidade dos padrões, dos quais, pelo contrário, se reconhece a diferença, na medida em que se reconhece a diferença nas linguagens, sendo a linguagem o padrão dos juízos morais. O que se afirma é a uniformidade do princípio a partir dos quais diferentes padrões são formados, em diferentes circunstâncias.

mente constituída, na qual se sedimentam regras do julgar. Em cada um desses momentos opera a simpatia, como uma regra de formação de sentimentos, distinta dos sentimentos que faz brotar.

Esse modo de pensar a formação do juízo moral a partir de uma medida externa com a qual o sentimento se compara e se regula, sem confundir-se com ela, essa irredutibilidade do sentimento à sua regra, indica uma diferença importante da filosofia moral de Hume com relação às de Shaftesbury e Adam Smith, para os quais, igualmente (nesse ponto todos se afastam de Hutcheson e seu *moral sense*), as trocas sociais efetivas e a remissão ao olhar concreto de um outro desempenham um papel fundamental na formação e regulação dos juízos morais. Para esses autores, no entanto, a despeito de pensarem o exercício do juízo por referência às trocas sociais efetivas, esses jogos podem e devem ser de algum modo internalizados, na forma de um solilóquio, da conversa interna e contraposição íntima entre as diversas partes do caráter, como para Shaftesbury (Cf. SHAFTESBURY, 2001 (b)), ou na figura de um espectador ideal interno, que julga como deveriam julgar os espectadores reais se de fato fossem imparciais, como para Smith (Cf. SMITH, 1982, parte III). Nos dois casos, a internalização da alteridade tem a função de responder à necessidade de criticar e regular as medidas morais efetivamente construídas nos intercâmbios sociais, quando eventualmente elas se afastam da boa medida natural e se corrompem. Nesses casos, é preciso recuar da sociabilidade, afastar-se dela para encenar internamente o que deveriam ser os intercâmbios sociais com sua diversidade de perspectivas. Ora, é a possibilidade de uma medida interna dessa ordem (a que Hutcheson também chega pela via do *moral sense*) que é interditada por Hume, no modo como ele pensa a simpatia e o processo de regulação moral a que dá origem.

A medida do juízo é o sentimento alheio e a linguagem, sempre irredutíveis aos nossos próprios sentimentos. Sendo assim, não há recuo possível com relação aos jogos sociais efetivos, não há boa medida além daquelas socialmente dadas e historicamente construídas. A filosofia moral de Hume recusa, desse modo, a naturalização ou a idealização dos valores morais, sem com isso renunciar à questão da sua medida comum.

O fato e a norma do gosto: Hume contra um certo ceticismo[23]

Um dos elementos importantes, estruturais do ensaio *Do Padrão do Gosto* é o contraste entre a atitude do filósofo que procura por esse padrão e uma "espécie de filosofia que acaba com toda esperança de sucessoj nesse intento e representa a impossibilidade de se atingir um padrão de gosto qualquer (E, 230)."

Segundo essa "espécie de filosofia", há uma enorme diferença entre o sentimento e o juízo: enquanto o segundo é dito verdadeiro ou falso em função de seu acordo ou desacordo com um padrão (*standard*) que está para além deles mesmos, "isto é, os fatos reais", o primeiro "está sempre certo, pois (...) não se refere a nada além de si mesmo" (Idem. ib.). Isso que vale para o sentimento ou gosto corporal aplica-se também ao mental. A beleza, que, como o amargo e o doce, repousa sobre um sentimento, não "representa o que está realmente no objeto"; ela "existe apenas na mente que contempla (as coisas)" (E, 162). Daí porque, segundo essa filosofia, tenha razão o dito popular de acordo com o qual gosto não se discute. Nesse provérbio, diz Hume, "o senso comum, que diverge com tanta frequência da filosofia, sobretudo da filosofia cética, pelo menos num caso está em acordo com ela, proferindo uma mesma decisão" (Idem. ib.).

Note-se: esta espécie de filosofia, a qual Hume se contrapõe ao procurar um padrão para o gosto, é qualificada como uma filosofia cética. E, de fato, podemos observar o cético retratado no ensaio *O cético* sustentar uma posição semelhante: os costumes – defende ele – são enorme e irredutivelmente variados,

23 Este tópico foi publicado sem diferenças significativas, com o mesmo título na revista *Analytica* (UFRJ), v. 10, p. 107-124, 2006.

o que se deixa explicar pelo princípio (que o cético alega ter tomado emprestado da filosofia) segundo o qual "não há nada em si mesmo valioso ou desprezível, desejável ou odioso, belo ou disforme" (Idem. ib.). Esse princípio, por sua vez, é derivado pelo cético (cuja posição, como se verá, não coincide com a de Hume) do mesmo argumento que no ensaio sobre o padrão do gosto sustenta a postura daqueles que negam a possibilidade de um padrão do gosto:

> Nas operações do raciocínio (*reasoning*), a mente não faz mais que percorrer seus objetos, tal como eles supostamente são na realidade, sem lhes adicionar nada ou deles retirar. (...) Para essas operações da mente, portanto, parece sempre haver um padrão (*standard*) real, embora quase sempre desconhecido, na natureza das coisas; a verdade e a falsidade não sendo variáveis segundo as diversas apreensões dos homens. (...) Mas o caso não é o mesmo com as qualidades da *beleza* e da *deformidade*, o *desejável* e o *odioso*, como com a verdade e a falsidade. No primeiro caso, a mente não se contenta com apenas inspecionar seus objetos, tal como eles são em si mesmos; ela também experimenta um sentimento (*feels a sentiment*) de prazer ou desprazer, aprovação ou censura em consequência dessa inspeção; e esse sentimento a determina a fixar os epítetos *beleza* ou *deformidade*, *desejável* ou *odioso* (E, 164).

Pode haver alguma dúvida sobre se nessa passagem Hume está descrevendo a posição de um personagem, o cético, cuja postura é distinta da sua, ou se é ele mesmo quem fala pela boca do personagem. O cético do ensaio é por certo um personagem, ao lado do epicurista, o estóico e o platônico dos ensaios que formam um bloco com este e que, como Hume esclarece, visam "expor as opiniões (*sentiments*) das seitas que se formam naturalmente no mundo, sustentando diferentes ideias acerca da vida humana e da felicidade" (E, 138). Mas pode ser que Hume considere que suas próprias opiniões são bem representadas pelo cético, visto que aplica esse adjetivo a sua própria filosofia, a qual no entanto jamais denomina epicurista, estoica ou platônica. Há, contudo, como se vê pela última seção da *Investigação sobre o Entendimento Humano*, diversos modos de ser cético, e não é nada certo que este ceticismo em particular seja o de Hume.

Ao contrário, há indícios de que não seja, a começar pela semelhança entre a posição do cético, segundo a qual os sentimentos são irredutivelmente relativos porque não têm um padrão real ao qual se ajustar, e a posição de uma certa filosofia, a qual por vezes se alia o senso comum, qualificada como cética em *Do Padrão do Gosto*, que funda sobre o mesmo princípio a ideia de que não há padrão para o gosto. O próprio Hume, é verdade, sustenta a ideia de que o gosto funda-se num sentimento e que esse sentimento pode variar, como alega o cético. Mas a sua posição é a de que, justamente por isso – e ele insiste bastante na variedade do gosto antes de chegar a esse desfecho – "é natural que se procure um padrão para o gosto" (E, 229).

Eis então o que parece ser o coração do ensaio *Do Padrão do Gosto*: a necessidade de mostrar, *contra* as conclusões céticas que podem ser retiradas da tese filosófica de que o gosto se refere a um sentimento, que há ainda assim um padrão para o gosto. Hume não discorda da premissa do cético: o gosto se refere a um sentimento e não a uma qualidade das coisas. Mas quer evitar suas conclusões. A contraposição ao cético (talvez mais precisamente: aos resultados céticos de uma certa filosofia) dá assim o mote à investigação sobre o padrão do gosto.

Contra o cético, trata-se primeiramente de mostrar, como já havia feito Hutcheson (HUTCHESON, 1738), que o sentimento da beleza forma-se segundo uma regra e não é arbitrário. Mas, em segundo lugar, é preciso mostrar – e é aqui que se trava a batalha mais importante e o passo propriamente humiano do argumento – que é no momento em que se procura essa regra, buscando identificá-la mesmo ali onde sua operação não é evidente (o que para Hume constitui a delicadeza do gosto), é nesse momento que um padrão do gosto se constitui e o gosto se forma. Ou seja, o cético deve ser rebatido não apenas porque nega o fato de haver uma regra para o gosto, no que se engana, mas porque, ao negá-la, contribui ativamente para a perversão do gosto, no que presta um desserviço aos homens. A esse desfecho se contrapõe uma sã filosofia, que busca pelo padrão do gosto.

Vejamos então no que consiste a afirmação de um padrão do gosto, tendo em vista o embate com o cético.

As regras da arte

O primeiro passo da argumentação humiana a favor da ideia de que há um padrão para o gosto consiste em afirmar que o que agrada o faz segundo regras – sobre o que já insistira Hutcheson. Hume dá diversos nomes a essas regras: *regras de composição, regras do criticismo, regras da arte.* Trata-se sempre das mesmas regras. As *regras da composição*, fundadas sobre a experiência do que geralmente agrada, coincidem com as *regras do criticismo*, pelas quais se julga a beleza segundo o que agrada, e tais regras, como regras de composição e crítica, denominam-se, de um modo geral, *regras da arte*. Tais regras versam sobre o que geralmente agrada, isto é, sobre os sentimentos que os homens geralmente têm diante de certas formas. Mais precisamente, as regras exprimem uma relação regular entre uma forma e um sentimento: uma relação causal.

Até aqui, Hume não avançou nada que Hutcheson não tivesse dito antes dele em sua *Investigação sobre a origem de nossas idéias de beleza e virtude*, salvo pelo modo diverso com que compreende a natureza da relação entre a forma e o sentimento, a natureza da regra. Enquanto Hutcheson diz, em linguagem lockiana, que certas qualidades formais dos objetos, mais precisamente uma certa composição de variedade e unidade, tem o poder de produzir um sentimento especial em nós com base no qual os denominamos belos, Hume, de acordo com sua própria posição acerca da natureza da relação causal, diz haver aí, não propriamente um poder das coisas de produzir um sentimento em nós, mas uma relação constante entre uma forma e um sentimento. Isso tem alguma relevância para o desenvolvimento da questão, pois, se não se pode pressupor nenhum poder nas coisas garantindo a operação da beleza, se o que se tem é a experiência de que de fato os sentimentos se formam de maneira regular, ali onde os sentimentos porventura não forem efetivamente regulares, não há regra de beleza. Pois esta regra não é suposta existir em potência nas coisas, como em Hutcheson, mas tão somente no ato da produção regular de um efeito.

Essa diferença, porém, só se mostra efetivamente relevante à luz de uma outra, a saber, o modo diverso com que Hutcheson e Hume dão conta do fato de que, apesar de haver uma regra para o gosto, os sentimentos são muito variados. Hutcheson o explica, dizendo que, muito embora certas ideias produzam sempre o sentimento do belo, por uma "conjunção acidental" com outras ideias, pelo fato de estarem associadas a outras ideias na imaginação (*fancy*), pode ocorrer que elas terminem por produzir um sentimento diverso (HUTCHESON, 1738, p. 3). Trata-se, nesse caso, de um sentimento vinculado às ideias a que a ideia do belo está associada, e que lhes é transferido por associação. Essa "conjunção acidental" entre ideias explica a variedade dos sentimentos, resguardando ao mesmo tempo a regra do belo, que reside no poder sempre idêntico que cada ideia tem, isoladamente, de produzir ou não o sentimento a que este poder corresponde.

A explicação de Hume é outra e, num primeiro momento, consideravelmente mais vaga. Tudo o que sabemos é que "uma perfeita serenidade da mente, uma concentração do pensamento, uma devida atenção ao objeto" são circunstâncias sem as quais o sentimento da beleza não se produz adequadamente (E, 232). Mas por que exatamente? Fala-se em "defeitos dos órgãos internos que impedem ou enfraquecem a influência daqueles princípios gerais dos quais dependem nossa sentimento de beleza ou deformidade" (E, 234). Mas que defeitos seriam esses? A linguagem um tanto imprecisa logo cede lugar a um discurso que nomeia precisamente a causa da irregularidade do gosto: a falta de delicadeza (*delicacy*) da imaginação. Somente onde a imaginação é *delicada*, o sentimento da beleza se produz de maneira regular. No que consiste então essa delicadeza?

Antes de ver como Hume a define, detenhamo-nos na ideia que, na falta dela, o sentimento da beleza não se produz de modo regular. Dizer de um evento qualquer que ele não se produz de maneira regular equivale a dizer que não se identificou a causa que, uma vez presente, o produz necessariamente – ou porque uma mesma causa parece produzir uma diversidade de sentimentos como efeito; ou porque o mesmo sentimento parece se seguir de uma diversidade de causas. Duas diferentes explicações podem ser dadas para essa irregularidade – e vale a pena investigar quais são, ainda que esse tema nos obrigue a deixar de lado o ensaio *Do Padrão do Gosto*, para nos determos por um momento em algumas passagens do *Tratado da Natureza Humana,* que tratam das inferências causais prováveis. Veremos que o modo como Hume pensa a irregularidade das relações causais incide – a não haveria de ser de outro modo – sobre o modo como ele entende a irregularidade do gosto, fundado ele mesmo sobre uma relação regular entre uma causa (uma forma) e um efeito (um sentimento), bem como sobre o papel regulador da delicadeza.

Regras para se julgar sobre causa e efeito

Tendo em vista que só se pode falar de causa onde se apresenta na experiência uma relação regular entre eventos similares, dizer que efeitos diversos reportam-se a uma mesma causa ou que a mesma causa produz uma diversidade de efeitos – o que se diz quando se diz que o gosto é irregular – é o mesmo que negar a causa. Esta é a postura do vulgo: "a melhor razão que um camponês é capaz de dar para um relógio que parou de andar é dizer que, às vezes, ele não funciona direito" (T, 132, trad. p. 165). Mas a filosofia tem outra explicação para a mesma irregularidade: "pela observação de vários casos análogos, os filósofos formam a máxima de que a conexão entre todas as causas e efeitos é igualmente necessária, e que sua aparente incerteza em alguns casos procede da oposição secreta de causas contrárias" (Idem. ib.). O filósofo é, assim, como o relojoeiro, que se dispõe a abrir o relógio para investigar as causas secretas que respondem pela obstrução do efeito esperado.

As diferentes explicações que dão o filósofo e o vulgo para a contrariedade dos eventos não altera o modo como raciocinam. Ambos formam suas expectativas a partir da observação do passado, e ali onde a experiência passada se apresenta de forma irregular, onde há contrariedade das causas, o impulso de passar do passado para o futuro (proveniente do hábito, quando é perfeito, isto é, quando a experiência é perfeitamente regular) quebra-se em partes, cada uma com força proporcional ao número de sua produção no passado. Ou seja, tanto o filósofo quanto o vulgo proporcionam a confiança em seu relógio de acordo com o número de vezes que dele obtiveram a hora certa, isto é, segundo uma expectativa do seu funcionamento fundada nas experiências passadas. O processo de formação da crença é o mesmo. Mas as diferentes explicações que dão para a contrariedade das experiências geram posturas significativamente diferentes diante do que aparece como irregular – posturas que, como queremos mostrar, correspondem às de se procurar ou não um padrão para o gosto.

O vulgo contenta-se com raciocinar de modo hesitante. O filósofo, ao contrário, esforça-se por remover as causas da hesitação e por converter o seu raciocínio provável numa prova, isto é, num raciocínio causal perfeito, tal como os formados segundo experiências perfeitamente regulares. O modo como o filósofo em geral procede diante da irregularidade dos juízos causais é claramente exposto por Hume quando ilustra sua postura diante de um caso específico de irregularidade: o preconceito (*prejudice*) – que nos interessa muitíssimo, posto que o termo reaparece no ensaio que aqui nos ocupa para designar um dos fatores, talvez o principal, da irregularidade do gosto.

Um preconceito é, segundo Hume, uma probabilidade não filosófica – entenda-se: um fator de hesitação do juízo e enfraquecimento da crença que não se deve propriamente à contrariedade das experiências, como no caso da probabilidade dita filosófica, mas, no caso específico do preconceito, a uma contrariedade entre o que Hume denomina a imaginação e o juízo. Imaginação e juízo designam, nesse contexto, respectivamente, uma generalização mal feita, tomada como regra para se julgar casos que no entanto a contrariam, e um raciocínio causal bem fundado sobre a experiência dos casos. Assim, por exemplo, quando se diz que "os irlandeses não podem ter espírito" (o exemplo é de Hume), está-se fazendo uma generalização infundada, baseada num traço circunstancial – ser irlandês – que não é essencial à produção do efeito – não ter espírito –, de modo que a generalização é contrariada pelos casos.

O filósofo, a fim de evitar esse fator infundado, não filosófico, de contrariedade entre os juízos (ou entre a imaginação e os juízos) procede de modo a distinguir entre as causas essenciais ou eficientes da produção de um efeito e as circunstâncias acidentais que normalmente acompanham a causa, mas não fazem parte dela. No *Tratado,* em I, 3, 15, Hume apresenta um conjunto de regras gerais, regras para se julgar sobre causa e efeito, que auxiliam precisamente nessa tarefa: "graças a elas, aprendemos a distinguir as circunstâncias acidentais das causas eficientes" (T, 149). E como essas regras são apresentadas numa seção especial, não mais associada especificamente à questão do preconceito, tudo leva a crer que Hume as tome como fator de regulação dos juízos causais em geral, diante de toda forma de hesitação com que eles se deparam, e não apenas diante das hesitações provenientes do preconceito.

Com efeito, quando o nosso filósofo-relojoeiro, diante de uma contrariedade da experiência, não contente com ela, procura identificar a causa do mau funcionamento do relógio, ele está procedendo de modo a aplicar essas regras para se julgar sobre causa e efeito, procurando a causa eficiente daquele efeito inusual, escondido em meio às circunstâncias acidentais que o acompanham. Partindo da regra, fundada nas experiências regulares, de que "a mesma causa sempre produz o mesmo efeito, e o mesmo efeito jamais surge senão da mesma causa" (regra 4) (T, 173), o filósofo estabelece outra, segundo a qual "a diferença entre os efeitos de dois objetos semelhantes deve proceder da particularidade pela qual eles diferem" (regra 6) (T, 174). Essa particularidade é precisamente a causa eficiente e necessária do efeito irregular – a poeira que faz parar as engrenagens – que, uma vez referido à sua causa, deixa de ser uma irregularidade.

Assim, o esforço para distinguir a causa eficiente das circunstâncias acidentais, que subjaz ao estabelecimento das regras para se julgar sobre a causa e o efeito, é regulador dos juízos causais na medida em que salva a regularidade das relações causais, quando ela corre o risco de se perder em meio à contrariedade das experiências ou outros fatores, tais como o preconceito, que atuam no sentido de enfraquecer a crença e diminuir nossa capacidade explicativa dos eventos. Salvar essa regularidade, encontrando-a ali onde ela parece ausente, equivale a reafirmar a máxima de que as relações causais são perfeitamente regulares, máxima que norteia o esforço da busca pela causa e que se vê confirmada por ele.

O que quero indicar é que é este precisamente o efeito regulador da delicadeza, no caso dos juízos de gosto. O homem de gosto delicado corresponde ao filósofo que se esforça por salvar a regra onde ela parece inoperante e que, por meio desse esforço, regula os seus juízos.

A delicadeza do gosto

A delicadeza, essa circunstância sem a qual o sentimento da beleza não se produz de modo regular, é ilustrada em *Do Padrão do Gosto* por uma anedota contada por Sancho Panza, no *Dom Quixote*, em favor da alegação de que é um bom degustador de vinhos. Dois de seus parentes, conta Sancho Panza, foram convidados a apreciar um vinho, supostamente excelente, cujo sabor, no entanto, fora condenado por ambos; para um, em virtude de ter identificado no vinho um sabor de couro; para outro, porque o vinho lhe pareceu ter um sabor de ferro. Seus juízos (*judgement*) foram ridicularizados. Mas qual não foi a surpresa quando, abrindo-se o barril em que o vinho residia, lá se encontrou uma chave a qual se prendia uma tira de couro! Ela é prova da delicadeza do gosto daqueles homens – entenda-se: da sua capacidade de identificar uma relação regular entre uma determinada qualidade e um sentimento, ali onde essas qualidades operam de maneira diminuta, misturadas com outras.

A linguagem corpuscular, tomada emprestada de Locke, indicando um mundo de operações diminutas somente perceptíveis por órgãos especialmente aguçados, pode nos desencaminhar na compreensão do sentido da anedota. Hume está fazendo uso de uma linguagem analógica. O que ele está dizendo é que o homem de gosto delicado consegue identificar as operações regulares da beleza, *assim como* o homem de paladar aguçado pode perceber a presença de um certo ingrediente num prato sofisticadamente preparado. Mas o que ele tem que descobrir não é literalmente a operação de uma qualidade diminuta, e sim a causa eficiente do sentimento do belo em meio às circunstâncias acidentais que tornam os sentimentos irregulares.

Assim, a distinção entre o acidental e a causa eficiente que regula o juízo do filósofo-relojoeiro é também reguladora do gosto. E também no caso do gosto ela atua no sentido inverso ao do preconceito. "Em todas as questões submetidas ao entendimento, o preconceito destrói o juízo são e perverte todas as operações das faculdades intelectuais. Não é diferente no caso do gosto" (E, 240). O proconceito é, segundo Hume, como já mencionado, um dos principais obstáculos à delicadeza do gosto.

É vítima dele, nas questões de gosto, quem desconsidere que uma obra está dirigida a um público específico, tendo sido concebida para agradar um determinado grupo de pessoas e que, paralelamente, não reconhece o seu próprio "ser individual" e suas "circunstâncias particulares (*peculiar*)" (E, 239), ou seja, as circunstâncias que particularizam o seu próprio ponto de vista quando julga. Os preconceituosos julgam com base em sentimentos circunstanciais, como se fossem formados a partir de princípios gerais, e não reconhecem esses princípios ali onde operam em meio a outros. Levar em consideração a particularidade da obra e as circunstâncias do próprio juízo é proceder no sentido de separar as circunstâncias da causa essencial do juízo de gosto – a causa que opera de modo regular produzindo *em geral* o sentimento da beleza nos homens. Lembremos: segundo o *Tratado*, preconceitos são generalizações apressadas. O preconceituoso, portanto, generaliza mal, por falta de saber reconhecer sobre o fundo das causas entrecruzadas que singularizam o seu próprio juízo e a obra que o suscita, a operação das causas eficientes e dos princípios gerais da aprovação.

O homem de gosto delicado, ao contrário, esforça-se por identificar a operação das causas em meio às circunstâncias acidentais que a acompanham e, por meio desse esforço (e trata-se mesmo de um esforço, que se realiza mediante um exercício de observação e comparação continuados), salva a regularidade do gosto, quando ela tende a se perder em virtude do preconceito e da incapacidade de identificar suas regras gerais. Pois, onde o preconceito opera, *de fato* os sentimentos do belo são variados, e nenhum princípio geral de aprovação se deixa exibir. Mas onde esses princípios são identificados na sua operação diminuta – entenda-se: no entrecruzamento das causas -, os juízos se deixam pautar por eles e *de fato* passam a se produzir de um modo regular. Esta é justamente a função do padrão do gosto: apresentar-se como o exemplo de um juízo determinado por princípios gerais, que, por exibir esses princípios, apresenta-se como um fator de regulação de outros juízos.

O padrão do gosto

A temática do padrão introduz-se como um passo a mais em relação à problemática de Hutcheson. Não se trata apenas de dizer que o sentimento do belo se produz segundo princípios regulares passíveis de serem identificados, como fizera Hutcheson. Trata-se ainda de dizer que a identificação desses princípios, a partir da distinção entre causa e circunstância, produz um juízo regular que é feito um padrão dos juízos, sem cuja referência os juízos não poderiam se tornar de fato regulares. A novidade está no emprego normativo (padrão) do juízo regular.

Quanto a esse padrão, vale frisar que ele difere das regras da arte. O padrão é um juízo ou uma obra produzidos segundo essas regras e oferecidos como modelo para outros juízos e composições, logo, um juízo ou uma obra arquetípicos, nos quais as regras são ilustradas e exibidas e a partir dos quais são identificadas. Pois, para determinar a regra é preciso "apelar aos modelos e princípios que foram estabelecidos pelo sentimento uniforme de todas as nações e de todas as épocas" (E, 237). O padrão não é portanto a regra, mas o caso em que ela é exibida ou do qual é derivada.

Por outro lado, um juízo só é padrão se exibir a regra segundo a qual é produzido, de modo a se justificar por ela. Isto é, não basta ao padrão exibir a regra; é preciso ainda mostrar que a exibe e ser reconhecido como tal. Hume diz, apoiando-se ainda sobre a anedota de Sancho Panza, que "estabelecer essas regras gerais, esses padrões reconhecidos de composição, é como achar a chave com a correia de couro que justificou o veredicto dos parentes de Sancho e confundiu os pretensos críticos que o haviam condenado" (E, 235). As regras supostamente operam mesmo quando não se é capaz de mostrar suas operações – é isso justamente o que supõe o homem de gosto delicado, ao modo do relojoeiro e do filósofo. Mas se elas não forem exibidas, se o barril de vinho nunca tivesse sido aberto, o juízo não se imporia como um padrão diante de juízos menos regulares, mais circunstanciados. Ou seja, a regra estaria lá, servindo de princípio ao juízo, mas este não serviria de princípio normativo para outros juízos, não se imporia como padrão.

Há padrão ali onde um juízo se oferece como critério de decisão entre juízos. Essa é a função fundamental do padrão do gosto: conciliar ou ao menos decidir entre sentimentos divergentes. Um padrão é "uma regra pela qual os diversos sentimentos do homens podem ser conciliados, ou, ao menos, uma decisão reconhecida, confirmando um sentimento e condenando outro" (E, 229). O recuo na formulação ("ou ao menos") merece atenção: se não for possível conciliar os sentimentos, o padrão serve ao menos para decidir entre eles, quando divergentes. Pois, tendo em vista que, ao lado dos (supostos) princípios gerais, circunstâncias particulares sempre são atuantes na produção dos sentimentos, é inevitável que os homens tenham sentimentos particulares e muitas vezes irreconciliáveis entre si. Mas cabe ao bom juiz desconsiderar (o que é diferente de eliminar) essas variações e, pautando-se por sentimentos mais regulares, condenar, com base no padrão que estes oferecem, os sentimentos irregulares e circunstanciais como inadequados à expressão da beleza. Deste modo, a regra se vê reafirmada em meio à variação dos sentimentos.

Mais precisamente: ela se vê *de fato* reafirmada – reafirmada nos juízos regulares que, por referência ao padrão, *de fato* se produzem. Pois, na medida em que, por meio do padrão, se concilia ou ao menos se estipula critérios com base nos quais se decide entre sentimentos divergentes, a regra que se supõe existir, uma vez exibida num juízo padrão, passa a funcionar como princípio de produção de juízos convergentes, os quais, por sua vez, na medida em que são produzidos conforme a regra, a confirmam. "Toda conversão à admiração de um real poeta ou orador é a causa de uma nova conversão (E, 243)." Todo juízo produzido com base num padrão reafirma a regra que ele exibe, mostrando que ela se aplica a outros casos e que se trata, portanto, de uma regra geral. Mas isso depende, é claro, de que o padrão seja um bom padrão, que ele exiba, não um preconceito, mas uma regra geral que se permita aplicar aos casos sem conflito.

Assim, na medida em que a função do padrão é a de conciliar ou decidir entre sentimentos divergentes, o seu valor – pois o padrão também tem um valor, sendo preciso poder distinguir os bons críticos dos falsos pretendentes – está na sua capacidade de *de fato* produzir consenso em torno da beleza: o fato que confirma a regra. Todo juízo causal requer a confirmação dos fatos para que se possa reafirmar. Assim também, a afirmação da regra exibida num padrão requer que novos casos, ou seja, sentimentos, se apresentem segundo a regra. E assim o padrão do gosto, formado a partir do que de fato é regular no sentimento do belo, se erige em norma dos juízos que se fazem com base nesses sentimentos, e a partir daí, num círculo virtuoso, atua no sentido de produzir de fato juízos e obras padrões.

Note-se: o padrão é uma medida de corretude sempre passível de revisão. Nessa linha, é interessante observar que o homem de gosto evita o preconceito e as falsas generalizações, tornando--se capaz de identificar os princípios gerais da beleza, precisamente quando reconhece a atuação de princípios mais particulares na produção de certos modelos. Pois se, de um lado, esses princípios gerais são aqueles que agradam aos homens em geral, do outro, não há um homem em geral e nem uma obra que se adapte perfeitamente ao seu suposto ponto de vista. O que há (ou mais precisamente: o que se pode apostar haver, o que não é impossível e até mesmo provável haver e o que se deve buscar) são princípios gerais de composição e aprovação operando conjuntamente com outros, mais particulares. Esses princípios o homem de gosto é capaz de identificar, não porque adota o ponto de vista do homem em geral, o que ninguém pode fazer, mas porque aprende a variar o seu ponto de vista e a reconhecer suas particularidades. O ponto de vista geral é o resultado do processo de depuração das circunstâncias acidentais que determinam um juízo ou produzem uma obra. Por isso mesmo, ele é sempre passível de uma ulterior revisão, na medida em que se puder encontrar um ponto de vista e princípios ainda mais gerais da beleza – o que só poderá ser feito pela produção de novos modelos e pela sua comparação com os já estabelecidos.

A resposta ao cético

Retomemos a partir daqui a discussão inicial com o cético. Foi dito que a discussão com o cético, ou mais propriamente, com o que hoje denominamos o relativista – pois é de um ceticismo específico que se trata, em particular, de uma certa opinião segundo a qual o gosto não se discute porque diz respeito a um sentimento sem referencial nas coisas mesmas –, a contraposição a esta tese faz o pano de fundo do ensaio *Do Padrão do Gosto*. Hume quer responder ao cético.

Sua resposta, como visto, não está apenas em afirmar e comprovar que o sentimento do belo se produz de maneira regular, mas em dizer que é preciso esforçar-se e atuar no sentido da regularização do gosto, pelo estabelecimento de padrões que lhe sirvam de referência. Assim, o que Hume tem a oferecer contra o cético é menos um argumento e mais uma atitude: a de não contentar-se com a ausência de explicações e não ceder à ideia vulgar do acaso diante da experiência de efeitos contraditórios. No caso do gosto, como aliás em todos os assuntos humanos, quando se trata de assinalar as causas das opiniões e comportamentos dos homens, campo no qual abundam as experiências contraditórias, a identificação das causas requer grande acuidade (*nicety*) engenho (*ingenuity*) e sagacidade (*sagacity*) por parte do investigador (Cf. E, 111). É essa atitude e o processo de regulação dos juízos que ela engendra o que Hume tem a opor à atitude cética, que corta pela raiz o esforço de busca pelas causas e cede prematuramente à ideia do acaso, deixando o gosto irregulado em sua irregularidade.

A resposta de Hume ao cético não se reduz porém à condenação de sua atitude e de seus efeitos pouco ilustrados, daquilo que o cético tem de vulgar. O ensaio deixa também indicado, ainda que apenas nas entrelinhas e quando iluminado pelo *Tratado*, no que consiste o equívoco propriamente filosófico do cético, ali onde ele busca amparo na filosofia em sustentação à ideia de que o gosto não se discute. Trata-se então de condenar os princípios invulgares dessa filosofia.

Segundo tal filosofia,

> o sentimento não tem nenhuma referência além dele mesmo e é sempre real onde houver um homem consciente dele; mas nem todas as determinações do entendimento são corretas (*right*); porque elas têm uma referência a algo além de si mesmas, a saber, uma questão de fato real (*real matter of fact*) e não estão sempre em conformidade com esse padrão (*standard*). (E, 230)

Contra esse princípio trata-se menos de afirmar que o sentimento também tem um padrão, mas que a ideia de padrão da qual se parte para negá-lo – a saber: a realidade mesma a qual o juízo deve se adequar – está equivocada.

Se tivermos razão em assinalar que o homem de gosto delicado procede de modo muito semelhante ao filósofo da natureza, quando este, guiando-se por certas regras para se julgar sobre a causa e o efeito, procura identificar a causa eficiente em meio às circunstâncias acidentais que a acompanham, o que Hume teria a dizer contra esse princípio filosófico e a distinção de natureza entre os juízos de gosto e juízos de verdade que dele se seguem é que: (1) num caso como no outro a mente parte de uma certa questão de fato, uma certa relação regular entre eventos; mas (2) não para aí, e acrescenta alguma coisa ao que lhe é dado – uma certa expectativa do futuro que requer regulação; ora, (3) o modo dessa regulação é nos dois casos o mesmo: (a) a eleição de um juízo perfeitamente regular (no caso dos juízos de verdade, aquele que engendra um hábito perfeito e a passagem não hesitante da causa ao efeito; no caso do gosto, o sentimento da beleza diante de uma obra consagrada) como modelo dos juízos e (b) o esforço contínuo de reencontrá-lo em todos os juízos, através da identificação das causas eficientes operantes em meio a circunstâncias acidentais na produção de um efeito.

Assim, a posição cética de que não há um padrão do gosto, assim como há para a verdade, supõe que o único padrão que se possa fornecer para a verdade é a própria verdade, que permanece imutável para além de todo juízo. Mas, basta que acordemos desse sono dogmático, ou antes desse pesadelo (pois, como diz Hume acerca da filosofia moderna, entendida como o ponto culminante de uma história da filosofia cujos esforços só serviram para dar munição ao ceticismo, "será possível imaginar tormento maior que a busca voraz de algo que para sempre nos escapa; e sua busca lá onde é impossível que venha a existir? (T, 256)), para que o ceticismo perca sua força contra a filosofia. O padrão da verdade, assim como do gosto, pode não estar lá onde a filosofia sempre o buscou – eis o que compreenderam os céticos –, mas – eis o que deixaram escapar – pode estar lá onde nunca pensaram em buscá-lo: nos juízos regulares servindo de princípio de regulação dos juízos.

Regulação política da Justiça[1]

História da lei e teoria da justiça em Hume e Adam Smith

Hume e Adam Smith são o exemplo de uma amizade filosófica sem igual. Sendo Hume o mais velho, e tendo publicado boa parte de sua obra antes que Smith publicasse a sua, exerceu uma considerável influência sobre o amigo. Em diversos assuntos, para não falar do projeto filosófico como um todo, Adam Smith pensou a partir de Hume, dialogando diretamente com ele, para corrigi-lo, complementá-lo ou apresentar uma visão alternativa (Cf. RASMUSSEN, 2017). Este é o caso de dois domínios cuja relação pretendo tratar aqui: o da jurisprudência e o da teoria moral.

1 Os textos desse capítulo são inéditos, salvo pelo tópico 6.1 (a), cuja versão preliminar foi publicada com o título "Hume e a Magna Carta: em torno do círculo da justiça" em: Conte, J; Zimmerman, F.; Cortes de Ferraz, M. (Org.). *Ensaios sobre a filosofia de Hume*. 1ed. Florianópolis: Nel - Núcleo de Epistemologia e Lógica/Centro de Filosofia e Ciências Humanas / UFSC, 2016, v. 16, p. 23-38

A jurisprudência, de acordo com a definição de Smith, é "a ciência que investiga (*inquires*) os princípios gerais que devem constituir os fundamentos das leis de todas as nações" (SMITH, 1982 (b), p. 397) e encontra em Grotius sua referência fundamental. Grotius teria sido, segundo Smith, "o primeiro a dar ao mundo algo como um sistema da jurisprudência natural, e seu tratado sobre o direito (*laws*) de guerra e paz, com todas suas imperfeições, talvez seja hoje a obra mais completa sobre o assunto" (Idem.ib). Smith nos legou suas *Lectures on Jurisprudence*, dois manuscritos com as anotações de seus estudantes dos cursos que proferiu sobre o assunto na Universidade de Glasgow (o plano de dedicar uma obra ao tema nunca foi efetivamente concretizado). Hume, ainda que não empregue o termo, desenvolveu a sua no *Tratado da Natureza Humana*, III, 2 e nas *Investigações sobre os princípios da Moral*, 3, 2, onde, assim como Smith, trata dos princípios gerais da lei, tendo Grotius por referência.

Na esteira de Grotius, Hume e Smith pensaram os princípios da lei operando na história, perfazendo uma história da lei e do direito. E como Montesquieu, desenvolveram a jurisprudência de Grotius no sentido de uma investigação sobre as instituições positivas, sociais e políticas, procurando pensar os vínculos entre a história da lei e a história social. Assim, a jurisprudência de Hume desdobra-se na *História da Inglaterra* e nos *Ensaios políticos*, onde assume um viés político e onde está em questão não apenas a jurisprudência natural, mas a positiva, em especial a história da lei inglesa. A jurisprudência de Smith assume nas *Lectures* um viés igualmente político e positivo, na forma de uma história comparada da lei, sobretudo as romana, inglesa e escocesa, levando também em conta as diferenças quanto aos quatro estágios da história social reconhecidos por ele: os da caça, pastoreio, agricultura e comércio.

Hume e Adam Smith tratam também da justiça a partir de um ponto de vista moral, quando investigam como se produzem e refinam os juízos que qualificam uma conduta e um determinado ordenamento jurídico como justos. Nessa investigação, não se trata de saber como a lei ou um sistema de leis se forma; não se trata de conhecer as causas e a gênese histórica do sistema jurídico, mas de investigar o que nos leva a julgar como justas a conduta de respeitar um ordenamento legal determinado. Trata-se de alcançar o ponto de vista crítico, que se acrescenta e se entrelaça ao ponto de vista explicativo da jurisprudência. O entrelaçamento destas duas perspectivas é um traço característico do Iluminismo escocês, de cujos pensadores se pode dizer que "combinaram uma apreciação "científica" da complexidade da vida social com uma visada apreciativa, acerca do valor das formas da experiência social" (BERRY, 2003, p. 243).

A distinção entre os pontos de vista explicativo e crítico no tratamento do fenômeno legal é anunciada por Hume em T, III, 2, 2, quando distingue duas questões sobre a justiça: a questão "sobre o modo como as regras de justiça são estabelecidas pelo artifício dos homens" (a jurisprudência); e a questão "sobre as razões que nos determinam a atribuir à observância e à desobediência dessas regras uma beleza e uma deformidade morais" (a teoria moral). Em Adam Smith, a diferença entre os domínios é ainda mais acentuada, cada um sendo desenvolvido separadamente, em obras distintas. A jurisprudência é o objeto das *Lectures*, ao passo que na *Teoria dos Sentimentos Morais* trata-se de investigar a formação do sentimento de justiça, ou antes, de injustiça, já que este sentimento assume nesta teoria uma forma substancialmente negativa.

Meu objetivo é o de comparar a maneira como Hume e Adam Smith pensaram a relação entre história positiva da lei e juízo sobre a justiça. Quero apontar para uma diferença de fundo que separa seus projetos e mostrar que estes dois grandes expoentes do iluminismo escocês têm maneiras diferentes, para não dizer opostas, de pensar a relação entre a história social e política da lei e o ajuizamento sobre o valor da lei, isto é, duas maneiras diferentes de pensar, no que concerne ao fenômeno legal, a relação entre as perspectivas histórico-explicativa e a crítica. Smith faz jurisprudência e conta a história da lei tendo previamente assegurado um modelo crítico em que consiste a sua teoria da justiça, isto é, uma teoria sobre a formação e o refinamento dos juízos sobre a justiça. Hume faz o contrário, desenvolvendo um tipo mais político de jurisprudência e dela derivando, em segundo plano, uma teoria da justiça.

*

Antes de passar à análise da relação entre história legal e crítica em Hume e Smith, cabem algumas considerações sobre o emprego da expressão "teoria da justiça" para designar o momento crítico, dado o significado preciso que a expressão adquiriu a partir da publicação de *Uma teoria da justiça* de J. Rawls. Tendo Rawls como referência, pode-se dizer que "uma teoria da justiça é uma teoria sobre os tipos de arranjos sociais que podem ser defendidos" (BARRY, 1989, p. 3), ou seja, um tipo de investigação sobre o que devem ser as ações ou instituições, as leis e políticas públicas, quais critérios devem respeitar para que possam ser ditas justas ou para que possam ser defendidas nesses termos. A expressão aplica-se bem a Adam Smith, como sugere Amartya Sen, ao propor uma teoria da justiça alternativa a de Rawls, tendo por referência a *Teoria dos Sentimentos Morais* (Cf. SEN, 2013). O próprio Smith emprega o termo "teoria", podendo-se compreender que a sua teoria da justiça é a parte da teoria dos sentimentos morais dedicada ao sentimento de justiça. Hume, por sua vez, usa o termo "investigação" e "tratado", não "teoria" quando trata da moral e da virtude da justiça, e o emprego do termo para designar esta sua investigação não se faz sem ruídos.

O livro de Rawls fez florescer uma vasta e pungente literatura em que a justiça se fez o objeto de "teorias", uma literatura para a qual Hume figura como referência incontornável, uma vez que Rawls o cita e empresta dele a expressão e a ideia das "circunstâncias da justiça", a fim de estabelecer, com Hume, que a justiça é uma instituição, tornada necessária em função de certas circunstâncias contingentes, mas inseparáveis da existência humana. É justamente por isso que caberia perguntar como devem ser essas instituições: "o que foi feito pelos seres humanos pode ser modificado por seres humanos. Esta realização preparou o terreno para a emergência de teorias da justiça" (BARRY, 1989, p. 3). Hume desponta nesse cenário como o pai das teorias da justiça contemporâneas, a raiz comum entre as teorias de tipo utilitarista e as de matriz kantiana. Contudo, a despeito desta apropriação, e por causa dela, convém perguntar-se: a investigação humiana sobre a justiça pode ser compreendida como uma "teoria da justiça" no sentido rawlsiano da expressão?

Há quem diga que não, que Hume teria apenas descrito como efetivamente se constituíram na história as instituições da justiça, sem ter se perguntado sobre como elas devem ser para que possam ser ditas justas, faltando assim à sua investigação a força normativa de uma "teoria da justiça" (Cf. WEIN, 1990). Há quem contudo o aproxime de Rawls, mas nesse caso para sugerir que Rawls teria aperfeiçoado ou mesmo corrigido a teoria humiana da justiça (Cf. GAUTHIER, 1979 e BARRY, 1989), ou ainda, como fez Amartya Sen, para corrigir o próprio Rawls, por ter seguido Hume perto demais, tendo negligenciado seu amigo Adam Smith, que lhe teria ajudado a compreender as limitações do contratualismo, sem cair nas armadilhas do utilitarismo (Cf. SEN, 2013, cap. 6). Assim, quando aceito para o time, Hume desponta como um patinho feio ou figura menor entre os teóricos da justiça.

Se a camisa não lhe cai bem, por que obrigá-lo a vesti-la? De fato, a investigação humiana sobre a justiça tem um quê de ceticismo e uma dose de realismo político que a torna uma figurinha difícil no álbum das teorias da justiça. Sen não menciona Hume quando discrimina os dois tipos de teoria da justiça que faz remontar ao iluminismo europeu. Mas, como deixar Hume de fora do iluminismo europeu?! Mais do que a irmã pobre, a investigação humiana sobre a justiça parece figurar nesse quadro como a prima inconveniente que é melhor não convidar para a festa!

Sen não menciona Hume, provavelmente, por não considerar sua investigação sobre a justiça uma Teoria da Justiça, ou seja, um modelo para conduzir uma discussão arrazoada e pública sobre a justiça, tal como o modelo do espectador imparcial de Adam Smith. Com efeito, Hume não entende que o sistema de justiça seja o produto de uma conversa arrazoada desse tipo, nem que convenha pensá-lo como se fosse. Para ele, a justiça é uma maneira de resolver conflitos, ali onde, justamente, não há convergência espontânea dos pontos de vista. Nesse ponto, afasta-se consideravelmente de Adam Smith, assim como de toda a tradição sentimentalista britânica.

Nem por isso Hume deixou de pensar os processos de formação dos juízos de justiça, num tipo de investigação muito próxima daquela desenvolvida por Smith na parte II da *Teoria dos sentimentos morais*, dedicada aos juízos e apreciações morais sobre o justo. Embora diversa da de Adam Smith, pode-se denominar esta investigação uma "teoria da justiça". O que a singulariza é que, para Hume, uma investigação acerca do valor da justiça – uma "teoria da justiça" – deve se fazer preceder de uma história da lei, pois é a instituição da lei que abre o campo da justiça, não sendo possível tratar dos juízos sobre o justo senão em referência a um sistema legal positivo, cuja origem deve ser primeiramente investigada. Hume entrelaça dessa maneira sua teoria da justiça a uma história determinada e circunstanciada da lei. Daí porque não seja fácil descartá-lo, como tampouco enquadrá-lo como um teórico da justiça.

Afastados os ruídos, no que se segue a expressão "teoria de justiça" designa a investigação humiana sobre o ajuizamento da justiça, a que corresponde as passagens da *Teoria dos Sentimentos Morais* dedicados ao mesmo objeto.

História da lei e teoria da justiça em Hume

Ao abordar o tema da justiça no *Tratado*, (T. III. 2), Hume faz exatamente aquilo que Adam Smith define nas *Lectures* como ciência da jurisprudência: uma investigação sobre "os princípios gerais que devem constituir os fundamentos das leis de todas as nações". As seções do *Tratado* consagradas à justiça são dedicadas precisamente a uma investigação desse tipo, com exceção dos parágrafos finais da seção III, 2, 2, em que Hume trata do senso de justiça, referindo-se ao fenômeno da simpatia e remetendo o leitor que queira "uma explicação mais satisfatória" à parte subsequente do livro, que trata dos juízos morais. Ou seja, Hume faz anteceder ao seu Tratado dos sentimentos morais (T, III, 3), onde trata do sentimento de justiça, um Tratado da jurisprudência (T. III. 2), dando prioridade e uma atenção consideravelmente maior a esta última em sua abordagem da justiça no *Tratado da natureza humana.*

Nas *Investigações sobre os Princípios da Moral* o foco inverte-se. Ali Hume está interessado na estrutura dos juízos de justiça, entre outros juízos morais, e menos nos princípios gerais pelos quais as leis se formam. Ele mostra então que esses juízos baseiam-se na utilidade da justiça para a vida em sociedade (EPM. 3. 1) e que, à diferença das outras virtudes, a justiça é útil enquanto sistema e não por cada ação isolada (EPM, apêndice III). Ou seja, os juízos de justiça aplicam-se a determinadas regras de justiça, mais precisamente, a um sistema de regras e leis cujos efeitos sobre a vida social são avaliados. Daí porque o texto da *Investigação*, mais focado sobre o juízo ou sobre a teoria da justiça, nem por isso poderá dispensar-se de retomar as linhas gerais da jurisprudência desenvolvida no *Tratado* (cf. EPM, 3.2 e 4). Apesar do foco estar agora nos juízos de justiça, há uma certa historia da lei e dos governos a ser contada, pois, é sobre a base de um sistema legal determinado que os juízos de justiça operam. Mantém-se assim a prioridade da jurisprudência sobre a teoria da justiça.

Tal prioridade toca de perto uma questão central na investigação humiana da justiça: sua artificialidade. Trata-se de um ponto polêmico, que será contestado por Adam Smith, para quem a justiça é uma virtude natural. Hume, em contrapartida, abre o tema da justiça no *Tratado* enfrentando a questão de sua artificialidade, como uma cláusula fundamental do seu sistema moral (não apenas da teoria da justiça, já que a existência de um sistema de justiça é condição de desenvolvimento do sistema moral). Ele o faz a partir de uma intrincada e tortuosa discussão, num estilo que condenará mais tarde, em que a justiça se desenha como um problema, uma exceção ao seu esquema geral de explicação das virtudes.

O ponto de partida desta análise é uma máxima, assim enunciada: "nenhuma ação pode ser virtuosa ou moralmente boa a menos que exista na natureza humana um motivo que a produza, distinto do senso de sua moralidade" (T, 479). Tal máxima é a fórmula condensada do esquema humiano de explicação dos juízos morais. Hume é um consequencialista, ou seja, para ele os juízos morais apreciam condutas e motivações com base em seus efeitos. Sendo assim, tais juízos pressupõem condutas dadas cujos efeitos avaliar. Daí porque se deva poder explicar as condutas antes que se possa explicar como se formam os juízos que as avaliam. Ou seja, é preciso poder explicar as condutas sem apelar ao "senso de sua moralidade" (ao valor moral atribuído a elas ou ao fim que elas realizam).

No caso da justiça, Hume passa em revista alguns candidatos (o interesse, a benevolência privada e pública) que pudessem explicar a conduta justa, para enfim descarta-los e chegar à conclusão que "não temos naturalmente nenhum motivo real ou universal para observar as leis da equidade senão a equidade ou mérito dessa observância". Mas, como essa conclusão fere a máxima anteriormente estabelecida, há aqui, diz ele, "um raciocínio em círculo" (T, 483). O círculo está na necessidade de se recorrer ao caráter virtuoso da justiça, seu valor moral, para explicar porque agimos justamente – em pressupor, portanto, que a justiça é uma virtude no lugar de explicar como chegamos a avaliá-la como tal, como se faz para as outras virtudes.

Pode-se pensar que a especificidade da justiça está justamente em que ela implica o círculo: à diferença das outras virtudes, o juízo de que a justiça é uma virtude seria nesse caso constitutivo da motivação para agir com justiça. Tal interpretação, contudo, desconsidera o enorme esforço de Hume para oferecer uma saída para o círculo e identificar uma motivação que explique a instituição das regras de justiça, diferente do sentimento moral que as aprova (Cf. BAIER, 2013; GARRET, 2013). Hume fecha a seção III, 2, 1, com esta explicação em suspenso. Longe, porém, de deixar o problema em aberto, ele o enfrentará na seção seguinte (T. III. 2. 2), que trata da origem da justiça.

A seção começa pela distinção entre as duas perguntas sobre a justiça acima mencionadas: em primeiro lugar, é preciso explicar como as regras de justiça são estabelecidas pelo artifício dos homens; em segundo lugar, cabe explicar o que nos leva a considerar a disposição para abraçar e seguir tais regras uma virtude. Ao separar as duas questões e responde-las nessa ordem, Hume está oferecendo o caminho de saída do círculo, explicando primeiramente como se forma um sistema de justiça, independentemente da consideração de que a justiça é uma virtude, para, em seguida, num segundo momento, mostrar que a conduta de seguir a lei estabelecida faz-se objeto de um juízo moral que a qualifica como virtuosa. A ideia é que as regras de justiça não pressupõem, mas produzem o senso de justiça (a avaliação moral positiva do comportamento de seguir as leis), uma motivo para respeitá-las que não existia antes de sua instituição, mas que será criado por ela e que não é outro senão a consideração pelo interesse comum que há em seguir regras de justiça estabelecidas.

De acordo com Hume, o motivo original, o que nos conduz a instituir tais regras, é o interesse particular. A sociedade é vantajosa (*adventageous*) e, sendo as disputas em torno da posse dos bens externos um obstáculo à vida social, é do interesse de cada um convencionar regras de propriedade. A distribuição dos bens externos é o primeiro problema que as regras de justiça têm que resolver. Tais regras se aplicarão ainda a outros objetos, como as liberdades civis e prerrogativas políticas, mas a propriedade dos bens externos é o primeiro domínio em que se impõe a necessidade de solução de uma equação distributiva. Cada um tem seu interesse na solução deste problema. A convenção satisfaz, assim, o interesse próprio e parcial de cada um (Cf. T, 489).

Ocorre, porém, que esse interesse já não é o mesmo no momento seguinte ao da instituição da regra. A partir da existência da regra, o interesse particular dá lugar ao interesse comum ou geral, que é o interesse pela regra. Vale frisar: não é o interesse comum e sim o particular o motivo original que conduz à instituição da regra. É importante para a solução do círculo a separação entre esses dois interesses. Há interesses particulares que conduzem à instituição da regra e, além deles, há a percepção de que a regra se faz objeto de um interesse comum, *geral*. Os interesses são distintos. Uma coisa é seguir o esquema de justiça porque ele interessa a mim e aos meus; outra é respeitá-lo na medida em que contempla ainda outros interesses, distintos dos meus. Essa segunda disposição consiste propriamente no senso de justiça, que é a motivação derivada, levada em consideração quando a justiça se faz objeto de um juízo moral que a avalia como uma virtude (ver EPM, seção V). O homem justo é aquele que respeita um sistema de justiça em razão do seu valor social. Não se trata de uma disposição original, mas formada pelo redirecionamento do interesse privado em interesse comum, por intermédio da convenção.

É preciso portanto enfatizar o papel desempenhado pela convenção nesse processo. Na base das práticas de justiça não está presente desde o princípio o sentimento de um interesse comum do qual o meu interesse próprio é uma parte (o que A. Baier supõe ser o sentimento natural da equidade (cf. BAIER, 2010, p. 66), pois esse interesse comum, longe de ser dado, será criado por meio da convenção, consistindo, precisamente, no interesse comum *pela convenção*. É preciso então pensar um movimento de transformação do interesse, um processo de formação do senso de justiça *a partir da* convenção, cuja instituição deve poder ser explicada sem que se recorra ao "senso de sua moralidade". É o que se pode fazer quando se entende que o interesse que conduz à instituição da convenção não é o mesmo que ela produz e que a consolida enquanto prática social. D. Garret insiste com razão nesse ponto: o motivo virtuoso da justiça é criado *pela* convenção; é um motivo novo que não existe sem ela (GARRET, 2013, p. 271).

Pode-se então ver como Hume responderia à acusação que lhe faz Adam Smith de ter intelectualizado excessivamente a virtude da justiça, por tê-la feito depender de um cálculo de utilidade que os homens são incapazes de fazer em seus afazeres comuns, movidos por seus sentimentos presentes e imediatos (voltaremos a isso). Vê-se também como escaparia da crítica de ter permitido que um certo racionalismo se infiltrasse, de contrabando, em sua explicação social e etapista da justiça (HAAKONSSEN, 1981, 2. 4-5). Hume escaparia dessas críticas porque definitivamente não pensa que é a consideração da utilidade comum o motivo original que explica a instituição das regras de justiça. Seria de fato esperar excessiva racionalidade dos agentes. As causas dos sistemas de justiça são para ele mais irregulares, sendo preciso buscá-las na história, na particularidade dos interesses, tal como formados e articulados em determinados contextos sociais e políticos. Isto, que o *Tratado* deixa indicado quando pensa a jurisprudência em relação com a temática do governo e da autoridade política, a *História da Inglaterra* cuidará de desenvolver e acentuar, apresentando-se como um complemento incontornável e a palavra final de Hume quanto a origem da justiça. Tal origem não é moral, mas política.[2]

É o que se pode ilustrar pelo modo como Hume descreve, ao final do volume I da *História*, o processo de instituição da Magna Carta, a primeira constituição escrita da Inglaterra. Apesar de acentuar o valor de justiça da Carta e de por vezes empregar uma linguagem finalista ao tratar de sua história, sua narrativa não deixa dúvidas de que a Carta foi imposta pelos barões ao rei atendendo aos seus interesses de classe. A motivação que esteve por trás de sua instituição não foi o interesse comum pela justiça, mas o interesse particular dos barões, que a impuseram pela força ao rei. Contudo - e isso é fundamental para explicar a importância que a Carta adquiriu para a Inglaterra ao longo de sua história - ela não atendeu apenas a esses interesses, mas teve como um efeito não calculado a promoção do interesse geral: "todas as medidas que os barões em benefício próprio foram obrigados a tomar a fim de assegurar uma administração livre e equitativa da justiça, tendiam diretamente ao benefício de toda a comunidade" (H, I, p. 444).

A formulação é traiçoeira: Hume afirma a um só tempo que os barões instituíram a Carta "em benefício próprio" e "*a fim de* assegurar uma administração livre e equitativa da justiça". Ele estaria interpolando, de maneira confusa, uma explicação pelo fim (o valor da liberdade e da equidade) a uma explicação pela causa (o interesse próprio)? Mais adequado seria dizer que ele está *articulando* uma formulação e outra. A ideia é que o fim realizado pela Carta – "a administração livre e equitativa da jus-

2 Pode-se considerar assim que o filósofo historiador já se anunciava no jovem autor do *Tratado* (Cf. PHILLIPSON, 1989, cap. 3). E isto, levando em conta o que N. Phillipson considera o aspecto mais importante da *História* de Hume: seu aspecto político (PHILLIPSON, 1989, p. 133).

tiça" – é um efeito imprevisto que sustenta a sua autoridade por derivação. Os barões impuseram a Carta em benefício próprio, mas seu interesse pela Carta mostrou-se ser um interesse comum a outras ordens sociais, em especial, aos comuns, que encontraram em algumas de suas cláusulas a segurança jurídica necessária ao desenvolvimento de suas atividades comerciais (Cf. cap. 2). Nesse sentido, a Carta fez nascer um interesse comum, que é o interesse pela própria Carta, e acabou por promover "uma administração livre e equitativa da justiça". Nos termos finalistas de Hume, a Carta "promoveu (*provide for*) uma distribuição igual da justiça" e "o livre gozo da propriedade" – "os grandes objetos em vista dos quais toda sociedade política foi primeiramente fundada pelos homens" (H, I, p. 445). Tais objetos – "uma distribuição igual da justiça" e "o livre gozo da propriedade" - são respectivamente a equidade e a justiça.

Passagens como esta deixam claro que Hume está concernido com a questão da equidade, que, como observou A. Baier, não é para ele o mesmo que a justiça (BAIER, 2010, cap. 6). Segundo Baier, a equidade é para Hume uma virtude natural (uma tendência para a "distribuição igual", naturalmente presente na mãe com relação aos filhos, por exemplo) que se enlaça à virtude artificial da justiça (à motivação para adotar esquemas de cooperação e seguir regras de justiça) como uma motivação para aplicar essas regras de maneira igual. Hume, contudo, trata da equidade sempre em relação com a justiça e suas convenções, não como uma motivação original. E a equidade só se vê concernida na justiça (aceitando-se que difira dela, designando o senso de proporção, a boa medida das regras de justiça) a partir do momento em que uma determinada peça legal positiva apresenta-se como o objeto de um interesse comum. É a partir daí que ganha sentido a questão de saber qual é a parte que cabe a cada um na distribuição dos direitos pela lei, que é a questão da equidade.

Isso responde então à pergunta que se faz Baier: por que Hume não diz que é a equidade (que, segundo ela, é uma virtude natural) a motivação original da justiça, a fim de resolver o problema do círculo? De acordo com Baier, Hume poderia ter recorrido à equidade, ainda que não o tenha feito nessa passagem do *Tratado*. Penso, contudo, que não poderia, já que para ele a questão da equidade (a boa proporção na distribuição de bens e direitos) resulta - é um produto, não o ponto de partida – das práticas jurídicas estabelecidas. Dizer que a sociedade funda-se em vista da equidade e da justiça – e Hume está falando aqui das sociedades complexas, das sociedades em que há esquemas de cooperação desse tipo – não é dizer que o desejo de equidade e justiça seja original e que é a causa da formação das sociedades, assim como dos esquemas de cooperação e estatutos legais que as sustentam. É dizer que, *depois* de formados esses esquemas, a partir de outros motivos, o interesse comum que há neles sustenta a sua autoridade.

Como a narrativa da *História* deixa claro, a Carta não foi produzida por ser justa e equitativa e ser percebida desse modo. O que motiva a sua instituição é o interesse particular dos barões, em confronto com o rei. Mas, quando esse interesse particular produz um estatuto como a Carta, ele produz um interesse comum pela lei e, a partir daí, uma consideração pela distribuição equitativa dos direitos e prerrogativas legais – uma consideração pela equidade, que sustentará, como uma motivação diferente do interesse particular e em acréscimo a ele, as práticas legais. A equidade é portanto o *senso de justiça*, o motivo não original, mas derivado, qualificado como virtuoso, quando se julga a justiça uma virtude. A simpatia é responsável pela produção desse sentimento, levando-nos a considerar a presença de interesses distintos, além dos nossos, a sustentar e estabilizar um sistema legal. Tal sentimento é um importante elemento de crítica, correção e estabilização do sistema, mas não está pressuposto em sua origem.

Hume oferece desse modo uma explicação bastante consistente acerca da origem da justiça, em que se entrelaçam e complementam a perspectiva da jurisprudência e a da teoria da justiça. Antes de qualquer consideração sobre como os juízos de justiça se formam e se ajustam, antes que venhamos a considerar a justiça uma virtude, cabe explicar como se forma um sistema legal, o que se faz apelando ao interesse particular que cada indivíduo ou grupo de indivíduos têm na existência de um sistema distributivo determinado. Evita-se com isso o que Hume denomina o "círculo da justiça", isto é, a pressuposição do senso de justiça como o fim em vista do qual um sistema de justiça se forma. No esquema de Hume, o senso de justiça é derivado, formando-se a partir do momento em que um tal sistema se estabiliza, atendendo a uma pluralidade de interesses e podendo ajustar-se de maneira mais ou menos equitativa a eles. É nesse nível que os juízos de justiça passam a operar, como um elemento de crítica, correção e estabilização do sistema.

Em Adam Smith, porém, a ordem se inverte: é o senso de justiça (compreendido de maneira diferente de Hume, como se verá) o que põe em marcha e preside a história legal e institucional. O ponto de partida é, assim, o da teoria da justiça, da qual deriva-se, em segundo plano, a jurisprudência (relegada às *Lectures*).

História da lei e teoria da justiça em Adam Smith

Em uma passagem da *Teoria dos Sentimentos Morais* Smith observa:

> como a sociedade não pode subsistir a menos que as leis de justiça sejam razoavelmente cumpridas, como nenhum intercâmbio social pode ter lugar entre homens que geralmente não se abstenham de ofender uns aos outros, pensou-se que a consideração dessa necessidade consiste no fundamento de aprovarmos que as leis da justiça coajam pelo castigo aqueles que as violam (SMITH, 1982a, II.ii. 3.3, p. 87).

D.D. Raphael e A. L. Macfie, editores da obra, têm boas razões para acreditar que nessa passagem Smith tenha Hume em mente. De fato, reconhece-se aí, ainda que de modo enviesado, a referência a principal tese da teoria da justiça de Hume - o argumento, desenvolvido sobretudo na *Investigação sobre os Princípios da Moral,* de que a utilidade pública das regras de justiça é o que está no fundamento da aprovação moral à conduta de respeitá-las. Trata-se porém de uma referência enviesada, uma vez que Hume não entende que a justiça particulariza-se entre as virtudes morais pelo seu caráter coercitivo, mas sim pelo caráter convencional (artificial) de suas regras distributivas. Ou seja, Hume não compreende as regras de justiça da maneira como Smith as compreende e descreve nessa passagem; não entende que sua função esteja fundamentalmente em ameaçar com a punição as condutas que ferem nosso sentimento de justiça. Para Hume, a função primeira das regras de justiça não é punir, mas distribuir, isto é, produzir acordo, uma determinada solução para uma equação distributiva.

Porém, apesar desta diferença (que não é pouca), a passagem descreve o que pode ser considerada uma tese humiana acerca da justiça, a saber, que o senso de justiça (o valor moral da justiça) reside na percepção de que suas regras são imprescindíveis à sociedade, que a utilidade pública é o fundamento de nossa aprovação moral à justiça. Levando-se em conta as diversas passagens da *Teoria dos Sentimentos Morais* em que Smith esforça-se por minimizar o papel atribuído por Hume à utilidade na formação dos juízos morais, é de se supor que ele esteja aqui, mais uma vez, em diálogo com o amigo.

Hume parece então ser o alvo do argumento, que assim prossegue: "mas embora comumente não seja necessário grande discernimento para entender a tendência destrutiva de todas as práticas licenciosas para o bem estar da sociedade, raramente é essa consideração que a princípio nos anima contra elas" (SMITH, 1982, II.II. 3.8, p. 89; trad. p. 111). Ou seja, não se trata de negar que a justiça seja útil à sociedade. Trata-se antes de recusar que esteja aí a raiz de nossa aprovação moral às condutas qualificadas como justas, a origem do senso de justiça. O sentimento de justiça é para Smith um sentimento negativo: sentimento de injustiça, que nos indispõe contra as "práticas licenciosas", e não nasce da consideração da utilidade pública da justiça ou da percepção dos efeitos positivos que um sistema de justiça produz na vida social, mas é um sentimento original, uma forma de ressentimento diante das ofensas sofridas, que cada indivíduo experimenta e comunica aos outros por simpatia.

> Que não seja a consideração da preservação da sociedade o que originalmente nos interessa na punição dos crimes cometidos contra os indivíduos, é o que se pode demonstrar por diversas e evidentes considerações. A preocupação que temos com a fortuna e felicidade dos indivíduos, não surge na maior parte dos casos da preocupação com a fortuna e felicidade das sociedades. Não nos preocupa mais a destruição e perda de um só homem porque ele é membro ou parte da sociedade, e porque estejamos preocupados com a destruição da sociedade, do que a perda de um guinéu porque ele é parte de mil guinéus, e porque estejamos preocupados com a perda da soma total. Em nenhum dos casos nossa consideração com os indivíduos surge de nossa consideração com a multidão; mas nos dois casos nossa consideração com a multidão é composta da consideração particular que sentimos pelos diferentes indivíduos que a compõem (SMITH, 1982, II, II. 3, 11, p. 90).

Há dois pontos a se destacar nesse embate com Hume. Em primeiro lugar, a crítica de que Hume teria invertido a ordem das coisas, tomando a utilidade pública da justiça, que é um efeito das suas práticas, como causa de nossa aprovação moral às condutas justas. Trataria-se nesse caso de uma explicação pela causa final, cuja lógica Smith contesta. É preciso distinguir entre a causa eficiente e a causa final, diz ele; não atribuímos às engrenagens do relógio a intenção de marcar as horas e não recorremos a essa finalidade para explicar seu funcionamento; da mesma forma, não devemos recorrer ao fim realizado pela justiça para explicar o motivo que nos leva a apreciá-la e respeitá-la. O bem da sociedade é um efeito imprevisto de um comportamento cuja causa ou motor é outra, a saber, o ressentimento ligado a uma ofensa pessoal.

Hume escapa à crítica, como vimos, porque não considera que a utilidade pública das regras de justiça seja o elemento que explica sua instituição. A utilidade pública é o que se leva em conta no momento em que se julga a prática da justiça uma virtude. Mas esta apreciação (o senso de justiça) não é o motor original, não é o que explica a instituição das regras ou sistemas de justiça, e sim, os interesses particulares e de classe. De modo que a diferença decisiva entre Hume e Smith não está aí. Ambos entendem que a utilidade pública é um efeito imprevisto do sistema legal.

A diferença fundamental está no segundo ponto da crítica, o segundo eixo em torno do qual ela se contrói, que consiste em corrigir a heterodoxia de Hume e retomar um preceito da escola de Grotius expressamente rejeitado por ele - a saber, o de que o fundamento da justiça é a *pessoa* e suas faculdades morais. De acordo com Hume, não existem "tais coisas como o direito e a propriedade independentemente da justiça e de maneira antecedente" (T, 526), com o que marca posição contra a operação fundamental da filosofia jurídica de Grotius que consistiu em fazer o direito (*jus*) anteceder à justiça (*justitia*) (cf. supra, cap. 1). Para Hume, ao contrário, direitos são o resultado das regras de justiça, entendidas como regras distributivas. Smith ignora, porém, o ponto polêmico e, sem discuti-lo, reafirma a cartilha da escola: as leis da justiça protegem "*a vida e pessoa do nosso próximo*", "*sua propriedade e posses*" e "*os seus direitos pessoais, ou que lhe é devido pelas promessas dos outros*" (SMITH, 1982a, II, 2, 2. trad. p. 104).

Há, além disso, um outro ponto importante da escola de Grotius a que Smith adere em sua teoria da justiça: a distinção -

que Smith remete a Pudendorf e Hutcheson, (cf. SMITH, 1982 (b) (p. 9), mas que já se encontra em Grotius (GROTIUS, 2005, I, 1, VIII) - entre deveres perfeitos e imperfeitos. Os primeiros caracterizam-se pelo fato de seu cumprimento poder ser exigido pela força, enquanto que o desrespeito aos segundos pode ser no máximo lamentado ou criticado, mas não punido. Grotius recorre a essa distinção no *Direito de Guerra em Paz*, em franco diálogo com Aristóteles. De acordo com ele, os direitos perfeitos correspondem às *faculdades* da pessoa que os outros têm *obrigação* de respeitar, o que pode ser exigido pelo uso da força, e remete-se ao que Aristóteles denominou a justiça corretiva. Os direitos imperfeitos, em contrapartida, são *aptidões* da pessoa, com base nas quais se calcula a justiça distributiva (por exemplo, a distribuição das honras e encargos públicos), mas que não enseja a obrigação de respeitar sob pena de castigo. Grotius recorre desse modo à distinção entre direitos perfeitos e imperfeitos para delimitar o território específico da obrigação jurídica, que ele então situa no campo da justiça corretiva (um dos aspectos da justiça comutativa), em detrimento da justiça distributiva.[3] E, à diferença de Aristóteles, esse território é para ele delimitado pelos direitos da pessoa, pois é a violação desses direitos o que enseja o desejo de punição.

---

3 Aristóteles distingue entre justiça distributiva e comutativa. A primeira diz respeito à proporção com que são distribuídas as coisas partilháveis entre os cidadãos, como as honras, os cargos e os bens. A segunda diz respeito à proporção das transações feitas entre os homens, especificamente das trocas comerciais e da relação entre o crime e o castigo, que é uma espécie de troca. (Cf. ARISTÓTELES, 2017, 1130b30-1132a9). Em Aristóteles, há uma prioridade da justiça distributiva sobre a comutativa, já que a primeira é o que está em jogo na fundação da *polis*, sendo estabelecida pela constituição política, condição para a operação da segunda. Em Grotius, em contrapartida, a prioridade é da justiça comutativa e a questão distributiva perde importância.

Smith segue de perto nesse ponto os passos de Grotius e, na esteira de Hutcheson, faz remontar esse direito a um *sentimento* de ressentimento, partilhado entre aqueles que sofrem a injúria e seus espectadores. Isso muda alguma coisa no esquema de Grotius, pois significa que os direitos não estão *dados* por natureza com a pessoa, mas são *instituídos* a partir dos sentimentos que cada um partilha com os demais em determinadas circunstâncias. Nesse ponto, Smith incorpora um aspecto importante da teoria da justiça de Hume. Mas, à diferença de Hume, ele entende que esse sentimento com base no qual os direitos serão institucionalizados é um sentimento original (natural, nesse sentido). É merecedor de punição, de acordo com ele, quem for "para alguma pessoa ou pessoas *o objeto natural* de um ressentimento que o peito de todo homem razoável está pronto a adotar e com o qual simpatiza" (SMITH, 1982, A, II.i.2, p. 69-70; grifo meu). Trata-se aqui do senso de justiça, um padrão de justiça para o qual convergem os juízos dos homens, antes que qualquer instituição legal tenha sido estabelecida com o fim de determinar e assegurar direitos.

Tal sentimento natural – o ressentimento diante da violação de um direito pessoal – não é para Smith um sentimento passivo. Como em Locke, ele enseja ação:

> Entre iguais, considera-se que cada indivíduo tenha, naturalmente e previamente à instituição do governo civil, tanto o direito a defender-se das ofensas (*injuries*), como o de exigir um certo grau de punição para os que a causaram. Todo espectador generoso não apenas aprova sua conduta quando isso ocorre, mas partilha de tal maneira de seus sentimentos que não raro deseja ajudá-lo. Quando um homem ataca, rouba ou tenta assassinar outro,

> todos os vizinhos se alarmam e pensam que agem corretamente ao correr, seja para vingar quem foi ofendido, seja para defender quem está em perigo de ser (SMITH, 1982, A, II. 1. 6, p. 80-1).

Smith reencontra assim a ideia de Locke de que no estado de natureza, ou seja, no ponto de origem da história legal e política, anteriormente à instituição do governo civil, há um *direito* original ao uso da força a fim de proteger as pessoas da violência alheia, um direito radicado em cada indivíduo ou pessoa jurídica, mas que concerne não apenas a ela como também à comunidade que a protege. É esse sentimento de injustiça, aliado à força que se organiza para evitá-lo, o que põe em marcha a história institucional e política.

Smith explica nas *Lectures*, após apresentar sua famosa teoria dos quatro estágios sociais (caça, pastoreio, agricultura e comércio), que em cada um desses estágios as leis e regulações concernentes à propriedade variam. Entre os Tártaros, por exemplo, que se encontram no estágio do pastoreio, o roubo é punido com a morte, ao passo que entre os indo-americanos, que vivem no estágio da caça, não se lhe dá importância. Isto se explica em razão das diferentes oportunidades de injuria e seus graus de gravidade em cada circunstância: o caçador não investe o mesmo esforço que o pastor na obtenção de seu alimento; a diferença entre o meu e o seu não é portanto tão clara em relação à caça quanto em relação ao rebanho. No estágio da agricultura, por sua vez, não há tantas chances para roubo como no estágio do pastoreio, mas há em contrapartida inúmeras outras formas pelas quais a propriedade pode ser violada, tornando as leis mais numerosas, embora menos rigorosas do que as que regulam as comunidades pastorais.

As variações nos conteúdos do direito subjetivo - no que Smith denomina "*jurisprudência privada*" – incidem. por sua vez, sobre o que ele denomina a "*jurisprudência pública*" – a história institucional.[4] No estágio da caça, por exemplo, em que não é preciso proteger a propriedade, não há governo, vive-se de acordo com as leis de natureza e a sociedade pune em conjunto as ofensas, quando estas ocorrem. No estágio do pastoreio, introduz-se a desigualdade das fortunas, o que potencializa os conflitos e dá origem aos governos, os quais, nesse estágio, tendem a ser democráticos. O estágio da agricultura e comércio, por sua vez, introduz a forma republicana de governo, e assim por diante.

O importante aqui é notar que, por trás dessa variação nos conteúdos do direito e na história institucional, há um elemento decisivo que determina o valor da justiça em cada situação: a *expectativa razoável* de direito aos produtos do trabalho e esforço de cada um, que Smith faz remontar ao laço afetivo que o caçador, o pastor, o agricultor ou o comerciante mantém com tais produtos (Cf. MACK, 1991). Tal sentimento, uma vez submetido aos processos de simpatia, apresenta-se como a medida comum do justo.

---

4 Nas duas versões disponíveis da *Lectures,* a ordem de exposição entre a jurisprudência privada e pública varia. Na LJ(A) Smith começa pela jurisprudência privada e depois passa à pública. Em LJ(B) ele faz o contrário. Nesse último manuscrito, lê-se o seguinte comentário acerca dessa ordem: "Os civilistas começam considerando os governos e a partir daí tratam da propriedade e outros direitos. Outros que escreveram sobre o assunto (uma nota menciona Hutcheson) começam pelo último e depois consideram a família e o governo civil. Há diversas vantagens particulares em cada um desses métodos, embora o da lei civil pareça ser no todo preferível" (SMITH, 1982, b, B, p. 401). Smith demonstra assim uma certa hesitação quanto a qual ordem adotar, já que, para ele, no fim das contas, as histórias do direito privado e público caminham paralelamente e se sobre-determinam reciprocamente.

A expectativa razoável de direito e o sentimento de injuria que se segue quando essa expectativa é frustrada são comunicados e ajustados por simpatia. Tal sentimento é o que está na base de uma reivindicação justa de direitos. Nele reside o senso de justiça (ou de injustiça), que, no esquema de Smith, não apenas acompanha a história institucional, como em certa medida a preside.

Smith recusa portanto a tese humiana de que os conteúdos da justiça resultam de convenções estabelecidas. Ainda que ele dê bastante ênfase na capacidade que as instituições políticas tem de sustentar com sua autoridade o direito, e que em muitos aspectos siga Hume na ênfase que deposita na autoridade como fundamento do direito (Cf. HONT, 2015), para ele, a justiça permanece sendo uma virtude natural, o que significa dizer que, como todas as virtudes, seu valor é o resultante de uma processo espontâneo de convergência dos pontos de vista – no caso da justiça, a convergência das opiniões sobre o conteúdo dos direitos subjetivos e do que seria a expectativa razoável de proteção institucional a ser reivindicada pelos sujeitos de direito. Essa medida não é convencional, não é posta pelas instituições, mas é antes o que as justifica e as explica, podendo também ser mobilizada como um importante instrumento de crítica das instituições vigentes.

A crítica institucional é uma constante nas *Lectures,* sendo particularmente aguda quando aplicada às instituições feudais. Quando trata da história medieval, o professor de Glasgow estreita o foco, desce aos detalhes e atenta às particularidades das instituições inglesas. É quando a *História* de Hume se faz mais fortemente presente e a jurisprudência de Smith torna-se mais política. Dessas preleções, saem os elementos que mais tarde resultarão no livro III de *A Riqueza das nações*, onde as instituições feudais são criticadas e a história feudal apresentada como um momento desviante em relação ao que se denomina então o "curso natural das coisas". Com a expressão, Smith refere-se ao processo que leva à passagem das sociedades agrícolas às sociedades comerciais, um processo que segundo ele tem origem na troca entre bens agrícolas e manufaturados, o comércio entre o campo e a cidade, conduzindo ao desenvolvimento do comércio externo. Interessa a Smith nesse momento contrastar este que seria o "curso natural das coisas" com a ordem dos acontecimentos nos modernos países da Europa. Nesta última o desenvolvimento das manufaturas e do comércio interno teria sido retardado pelas instituições feudais, para enfim ter lugar sob o impulso do comércio externo, que, no caso da história europeia, antecedeu ao interno. Smith introduz por meio desse contraste uma contundente crítica das instituições feudais, qualificadas como "*retrógradas* e *antinaturais*".

A base da crítica está naquela medida natural do direito que consiste na expectativa razoável de proteção jurídica. A tese é que a concentração da posse da terra por parte dos barões (o que se explica pelo fato político de que a terra passou então a operar como instrumento de poder e proteção, desviando-se de seu uso social, que seria o de produzir bens agrícolas) fere o que seria a expectativa razoável de posse da terra em tais sociedades (Cf. SMITH, 1981, III.II). Há aqui um descompasso entre a história institucional e o senso de justiça. A concentração da terra na forma do morgadio, protegido pela lei da progenitura, fundamenta-se, na expressão de Smith, "*na mais absurda das suposições*, a saber, a de que toda geração sucessiva de cidadãos não tem um direito igual à terra e a tudo o que ela encerra; mas que a propriedade da geração atual deve ser limitada e regulada segundo o capricho daqueles que faleceram, talvez há 500 anos" (SMITH, 1981, v. 1,

III.II. 6, p. 384).[5] Os direitos ou as expectativas razoáveis de direito das pessoas se veem assim contrariados, e com base nisso, as instituições feudais são criticadas. Como nota Lieberman, a histórica legal de Adam Smith tem o intuito de mostrar que "num arranjo histórico particular, as instituições legais falharam em alcançar os padrões da justiça natural, deixando intocada (e na verdade pressupondo) a realidade moral da justiça natural" (LIEBERMAN, 2006, p. 231).

Assim, ainda que Smith atribua, sob a influência de Hume, um papel considerável às causas políticas (como é caso do uso da terra como instrumento de poder por parte dos barões) enquanto princípios explicativos da história da lei (Cf. WINCH, 1978; HONT, 2009, 2015), em seu esquema, as causas políticas servem para explicar os desvios da lei positiva, os pontos em que ela se afasta do padrão da justiça natural. A história da lei é, para Adam Smith, primeiramente história moral e secundariamente história política. Hume, em contrapartida, ao insistir no *Tratado* na ideia de que o senso da justiça não é uma motivação original a qual se possa recorrer para explicar a história da lei, está dizendo que esta história deve ser contada em termos estritamente políticos, não morais, tal como se fará na *História da Inglaterra*, a partir do jogo, das disputas e alianças de interesse que se fazem em torno de uma peça legislativa. A perspectiva moral é sempre derivada, a partir do cenário originalmente político sobre o fundo do qual a lei se forma e se estabiliza. À diferença na explicação correspondem maneiras diferentes de pensar a relação entre história da lei e teoria da justiça.

Soma-se ainda a estas diferenças uma outra, não menos importante. Enquanto Hume está preocupado fundamentalmente

---

5 Ver no mesmo sentido MONTESQUIEU, 1964, V. VIII.20 e KAMES, 1749, p. 77.

com questões distributivas, sendo o problema da justiça primeiramente o da distribuição dos bens externos e derivadamente o da distribuição dos direitos e prerrogativas civis, Adam Smith está de olho na justiça comutativa, em particular, na relação entre o crime e a pena (a justiça corretiva), tomando como ponto de partida de sua história da lei os direitos naturais a serem protegidos da injúria e violência alheia. Hume vê a lei a partir da prática legislativa; Adam Smith a partir da judiciária. Não se trata apenas de uma diferença de foco em aspectos complementares da lei, como já se sugeriu (Cf. RAPHAEL, 1972-3), mas de uma diferença mais profunda no modo de pensar, não apenas a gênese, mas a natureza mesma – se moral ou política – das instituições de justiça.

Disputa partidária e Liberdade na *História da Inglaterra*

Muito se fala da crítica humiana ao facciosismo e do seu apelo à moderação e à imparcialidade (Cf. FORBES, 1975; LIVINGTON, 1984; HERDT, 1997; ROBEMBLUM, 2008, cap. 3). Fala-se menos do que ele vê de positivo, não apenas inevitável (Cf. LANDIS, 2017), mas imprescindível na disputa partidária enquanto um ingrediente indispensável à instituição e aperfeiçoamento da constituição – o seu motor político e uma forma de regulação política do sistema legal e constitucional. A regulação política a que aqui me refiro deve ser distinguida da regulação moral do sistema legal, segundo o senso de justiça e o valor da equidade, a que aludi em 6.1, e que, como se viu, pressupõe a existência e um sistema legal instituído. A regulação propriamente política diz respeito às causas que explicam a instituição, consolidação e aperfeiçoamento deste sistema, ou seja, às regras gerais da jurisprudência.

Por disputa partidária não se deve entender nesse contexto a disputa entre partidos organizados, concorrendo às eleições e reivindicando o direito de governar, com um programa de governo, quadros próprios e um projeto de administração pública. Enquanto instituição da democracia representativa moderna, os partidos políticos ainda não tinham nascido ou, antes, mal estavam nascendo no tempo de Hume (Cf. ROBEMBLUM, 2008, p. 118). A disputa partidária de que ele trata é uma disputa em torno da constituição, não do governo. Não está assegurada pela constituição como nas democracias representativas, mas instala-se em suas fissuras, onde a constituição não é, nem poderia ser, inteiramente determinada, deixando em aberto uma margem de imprecisão e, portanto, de discussão e disputa quanto ao que ela é e ao que prescreve. É nessa brecha, aberta pelas divisões da cidade, que a disputa partidária se instala enquanto prática legislativa e um elemento de regulação política da justiça.

Deve-se distinguir entre a *disputa partidária* propriamente dita, a disputa entre *corte* e *campo*, *tories* e *whigs* de que Hume se fez historiador e teórico, e a *disputa civil*, isto é, a disputa entre as "partes do Estado" (HI, VI, 390) ou as "ordens da comunidade" em que a autoridade legislativa está distribuída (H, VI, 388) – as partes clássicas, ao mesmo tempo sociais e políticas: o povo, a aristocracia e o monarca – com interesses e funções políticas distintos. Os partidos não equivalem exatamente a estas partes. Como nota Rosemblum, "*Corte* e *país* não correspondem exatamente à plebe e nobres e os partidos são intracamerais; eles dividem os comuns e os lordes" (ROBEMBLUM, 2008, p. 118). Com efeito, ainda que se pudesse resguardar a sobreposição entre divisão civil e partidária, argumentando que a divisão civil por trás dos partidos não é aquela entre comuns e lordes, mas entre comuns e coroa, ou seja, ainda que haja certa relação entre os partidos e as partes, é verdade que os partidos de que trata Hume não são o equivalente exato das partes civis. Os partidos nascem num contexto específico, como uma maneira particular com que se desenvolveu a disputa civil entre a coroa e os comuns, de que são um desdobramento. Mais precisamente, os partidos nascem da divisão nas *opiniões* a que a disputa civil entre os comuns e a coroa deu lugar, opiniões divergentes sobre o conteúdo, a natureza e o fundamento da constituição inglesa (se quisermos, sobre a justiça). Esta é a contribuição decisiva de Hume para pensar os partidos enquanto organizações políticas regulares, para além da divisão civil, tal como pensada desde Aristóteles.

Porque os partidos respondem à divisão nas *opiniões* sobre a constituição e não se reduzem à divisão entre as ordens ou partes civis, a disputa partidária não pode ser superada pelo bom equilíbrio constitucional. É o que propõe Rosemblum, para quem Hume pertenceria a uma tradição antipartidária que busca substituir, se possível, a divisão civil pelo bom equilíbrio entre as partes. O equilíbrio constitucional não poderia contudo levar à superação da disputa partidária no esquema de Hume, por dois motivos. Em primeiro lugar, porque Hume considera, na esteira de Maquiavel, que a disputa entre as partes da cidade – a disputa civil – é o que produz uma constituição balanceada. Não há bom balanço constitucional sem disputa civil. E, em segundo lugar, porque a disputa partidária, a disputa em torno da constituição, que se soma às divisões civis numa constituição mista, se dá precisamente em torno da questão de saber no que consiste este equilíbrio.

Hume entende que a disputa civil tomou uma *certa* dimensão na Inglaterra do século XVII durante o reinado dos Stuart, quando então consolidou-se como um elemento do dia a dia da vida política, tornando-se uma prática legislativa *regular*, com partidos bem demarcados disputando de forma sistemática, por meio de discursos, ações, estratégias, apelos à opinião pública e mecanismos de pressão, o futuro da constituição. Porém, antes mesmo de haver partidos *regulares*, a disputa civil já era, de acordo com ele, o motor e a alma da história constitucional inglesa, o que a pôs em movimento e lhe deu vida. Pois, se a constituição é histórica, se deve ser compreendida nos quadros de uma história da Inglaterra, como Hume esforça-se por mostrar, é precisamente porque o ordenamento político-legal é disputável. A constituição é histórica porque disputada, ou, se quisermos, política. Esta é a tese central da *História da Inglaterra*.

Com efeito, pode-se compreender a estrutura geral da obra a partir da temática da disputa civil e ver nos blocos de volume (os volumes 1 e 2, publicados conjuntamente em 1762, 3 e 4, publicados em 1759, e 5 e 6, publicados em 1754 e 1757 respectivamente) três capítulos da disputa civil na Inglaterra. No primeiro capítulo, que corresponde aos volumes 1 e 2, tratando da história da monarquia bárbara, a disputa se dá entre o rei e os barões, com a vitória dos segundos, consagrada na Magna Carta. No segundo capítulo, que corresponde os volumes 3 e 4, em que se narra a história da monarquia civilizada, a mesma disputa entre rei e barões dá vitória ao primeiro, levando à formação do Estado nacional e ao fortalecimento dos comuns. No terceiro, que corresponde aos volumes 5 e 6, onde se narra a história da guerra civil e da revolução gloriosa, a disputa se dá entre os comuns e o rei, levando ao aperfeiçoamento da constituição e ao ajuste fino do seu balanço. A *História da Inglaterra* pode assim ser lida como a história da disputa civil em três capítulos.

O último capítulo é aquele em que a disputa civil dá lugar à disputa partidária. Ela ganha então uma forma sistemática, preparando-se para incorporar-se na própria constituição enquanto prática legislativa regular, sendo a constituição mista aquela que admite e acolhe a disputa, que compreende a si mesma como indeterminada, objeto de disputa e transformação histórica: "(...) os partidos subsistirão enquanto formos governados por uma monarquia limitada" (E, 65). Uma constituição que compreende a si mesma como indeterminada é uma constituição aberta à divisão partidária, isto é, à divisão de opinião sobre o que é a constituição e à disputa sobre o seu futuro: "se o governo britânico fosse proposto como tema de especulação, logo se perceberia que ali existe uma fonte de divisão e de partidarismo que seria praticamente impossível, sob qualquer administração evitar" (E, 64). Pelo menos é assim – enquanto um objeto de disputa – que Hume se esforça para que se veja a constituição inglesa e é nesse sentido que se deve entender seu apelo à moderação: não como uma forma de superar os partidos, mas, ao contrário, como uma maneira de afirmá-los, de levá-los a se compreenderem como parciais, o que requer levar em conta a existência e as razões do partido contrário. O filósofo-historiador, que de tempos em tempos interrompe a narrativa para ponderar as razões de um lado e de outro, não quer com isso propor que sua própria imparcialidade substitua o partidarismo, que permanece para ele o motor político indispensável a uma prática legislativa viva, responsiva aos contextos sociais.

Se este momento em que os partidos se formam nas brechas da disputa civil é também aquele em que a disputa assume um perfil faccioso, em função da sobreposição entre os partidos civis e religiosos, o que lhe confere um quê de fanatismo, intolerância e ardor, destrutivos do governo e da ordem civil, nem por isso a disputa partidária em torno da constituição deixa de ser positiva e louvável, enquanto elemento de aperfeiçoamento da constituição.[6] De certo modo, o acirramento da disputa é parte do processo, pois é natural que aos motivos dados de divisão civil e partidária somem-se outros, como a divisão religiosa, de classe, de maneiras, ou seja lá o que for que leve os indivíduos a se re-

6 Hume permite pensar dois critérios distintos mas complementares para aferir o grau de perfeição de uma constituição: um critério político, a estabilidade com que dota a disputa política, e um critério moral, a maneira como responde ao valor da equidade cultivado por um espectador imparcial. Em ambos os casos está em jogo a maneira com que a constituição é capaz de atender a diversos interesses, distribuindo garantias e prerrogativas de modo a produzir estabilidade.

conhecerem como pertencentes a um grupo em detrimento de outro.[7]

No modo como pensa os aspectos positivos e negativos da disputa partidária, Hume é um seguidor de Maquiavel, valendo-se da reflexão maquiaveliana sobre as disputas civis para pensar a partir dela a disputa partidária na Inglaterra. Maquiavel foi o primeiro a olhar para as divisões civis como o assunto por excelência da narrativa política, tendo recriminado aqueles que trataram das histórias florentinas pelo silêncio em torno das "discórdias civis" e das "inimizades internas" da cidade, objeto de sua própria narrativa (MAQUIAVEL, 2007, b, p. 7). Para Maquiavel, tais disputas têm dois lados. "As graves e naturais inimizades que há entre os homens do povo e os nobres são razão de todos os males das cidades; porque dessa diversidade de humores, alimentam-se todas as outras coisas que perturbam as repúblicas" (MAQUIAVEL, 2007, b, p. 157). Com isso, Maquiavel não quer dizer que a divisão civil (para ele, a divisão entre povo e os nobres) seja um mal. Seu papel decisivo na história romana já havia sido assinalado por ele nos *Discursos sobre a primeira Década de Tito Livio*: "quem condena os tumultos entre os nobres e a plebe parece censurar as coisas que foram a causa primeira da liberdade de Roma" (MAQUIAVEL, 2007, A, p. 21).[8] Mas ocorre que a divisão civil dá suporte a outras

---

7 A elevação exponencial do espírito partidário explica-se por uma regra geral: a simpatia, esse princípio da natureza humana que nos leva a nos aproximar daqueles com quem estamos em relação, ao mesmo tempo em que nos afasta daqueles com quem não mantemos relações regulares é parcial. A simpatia alimenta os partidos, ainda que uma reflexão sobre seus processos permita corrigir, mesmo que apenas em parte – ao menos moderar – seus efeitos negativos.

8 Se levarmos em conta o papel que a disputa civil assume em Maquiavel na produção da Liberdade, e o fato de que para ele a disputa esteja presente

formas de discórdia e inimizade, que a ela se somam e que a ela se sobrepõem, corrompendo seus efeitos. É o que explica que as disputas civis em Roma "terminavam com leis, enquanto as de Florença terminavam com exílio e a morte de muitos cidadãos" (MAQUIAVEL, 2007b, p. 157).

Indício de que Hume tivesse Maquiavel em mente ao escrever sobre os partidos é o primeiro parágrafo do ensaio *Dos partidos em geral*, em que ele argumenta, contra Bacon, que os legisladores e fundadores de Estado merecem maior honra pública do que os inventores das artes úteis. A formulação faz eco ao primeiro parágrafo do capítulo 10 do livro I dos *Discursos sobre a primeira década de Tito Lívio,* entitulado *Assim como são louváveis os fundadores de uma república ou de um reino, são vituperáveis os fundadores de uma tirania*, onde Maquiavel estabelece uma espécie de *ranking* das honras públicas, das funções mais louváveis às mais odiáveis. O eco segue audível na sequência do ensaio, no que à primeira vista pode parecer a condenação a toda forma de partidarismo: "assim como os legisladores e fundadores de Estado merecem a honra e o respeito dos homens, os fundadores de seitas e facções devem ser detestados e odiados, pois a influência da facção é diretamente contrária a das leis" (E, 55; trad. p. 43). Nessa passagem, assim como na passagem das *Histórias Florentinas* há pouco citada, não se deve ler uma condenação dos partidos em si mesmos. Há, segundo Hume, diferenças *reais* que os sustentam, dentre as quais

em TODAS as cidades, não é possível tampouco enquadrá-lo numa tradição antipartidária, como faz Rosemblum (Cf. ROSEMBLUM, 2008, cap. 3). Ao fazê-lo a autora desconsidera que a disputa civil tem para Maquiavel uma dupla face, reduzindo-a a seu aspecto facccioso. Sobre a história e a importância da distinção entre o bom e o mau partidarismo, entre partido e facção, para a defesa do partidos Cf. WHITE & YPI, 2016, cap. 2.

a mais razoável é a diferença de interesses, "quando duas ordens de homens, como os nobre e o povo, têm autoridades distintas num governo sem balanço ou modelação precisos" (E, 59, tra. p. 45). À diferença propriamente política somam-se outras, como as diferenças pessoais ou aquelas fundadas em motivos triviais, como a "discordância entre uma cor e outra de estrebaria numa corrida de cavalos", de acordo com o relato de Tito Livio, fonte de Hume, assim como de Maquiavel, sobre as diferenças partidárias romanas. Entre os modernos, após o advento do cristianismo, acrescente-se a essas formas de divisão, as divisões religiosas. "Dificilmente se encontram partidos puros, sem mistura de um gênero ou de outro" (E, 56, trad. p. 43), escreve Hume, com o que subscreve à tese maquiaveliana de que o problema dos partidos não está na disputa civil, mas no acirramento das disputas, em função da sobreposição de outros motivos de divisão à divisão civil, qualificada por Hume como *real,* e que ele considera não apenas inevitável, como desejável:

> É verdade que muitas vezes em governos despóticos não se manifestam facções, mas nem por isso elas são menos reais e perniciosas. As diferentes ordens de homens, os nobres e o povo, o soldados e os mercadores, têm interesses distintos; mas os mais poderosos oprimem impunimente os mais fracos, que não oferecem resistência, o que gera uma aparente tranquilidade em tais governos. (E, 60, trad. p. 46)

Noutros termos: convém evitar que as facções se tornem perniciosas. Isto é, contudo, em certa medida inevitável por que as fações são reais; os diversos grupos sociais têm interesses distintos e motivos de divisão sempre vão aparecer. Sufocar as divisões é promover por meio despóticos uma tranquilidade aparente, como já assinalara Maquiavel no capítulo 4 de d' *O Príncipe*, com relação aos governos orientais.

À diferença de Maquiavel, contudo, que separa os dois momentos em que a divisão civil produz bons ou maus efeitos, a história de Roma e a de Florença, Hume os vê juntos em sua análise da disputa partidária na Inglaterra dos Stuart. Como em todos os episódios da *História da Inglaterra*, a história da lei é também a história da guerra e dos afetos, assim como das picuinhas e detalhes, tudo junto e misturado: não há para Hume história pura da lei, no que segue Maquiavel. Mas tampouco há para ele história exemplar, fundacional, como é para Maquiavel a história de Roma na primeira década de Tito Lívio. A Inglaterra dos Stuart é ao mesmo tempo Roma e Florença, palco de um bom e de um mau conflito. E se, com relação à história de Florença, Maquiavel considera que ela, ao fim e ao cabo, com todos os seus percalços, deixou como herança positiva para a cidade "uma admirável igualdade" (Idem. p. 158), nem por isso ele deposita suas esperanças para Florença no desfecho de seus conflitos civis, mas sim na ação de um "legislador sábio" (Idem. p. 159) que possa de algum modo refundar a cidade segundo princípios mais sólidos. Hume, por sua vez, deposita todas as suas fichas no processo histórico cujo motor é a divisão civil, e que na Inglaterra dos Stuart deu lugar à disputa partidária. É daí que a liberdade pode surgir, ainda que sob o risco permanente de se pôr a perder. Não há legislador sábio, não há fundação inaugural, não há antiga constituição. Há apenas a disputa civil levando à instituição da lei e ao seu aperfeiçoamento, sem que haja contudo qualquer garantia, nenhuma necessidade de que esse processo seja levado a bom termo, salvo o fato de que se pode sempre aprender com a experiência. O processo de instituição e consolidação da constituição é instável por excelência, daí porque seja indispensável um certo conservadorismo, que preserve os acordos estabilizados, sem contudo petrificá-los.

Do caráter duplo da disputa partidária atesta a passagem da nota J do volume 5 da *História da Inglaterra*, em que Hume trata de uma sessão do parlamento ocorrida em 1621, sob Jaime I:

> Este parlamento é memorável por ser a época em que primeiramente se formou de maneira regular, embora sem adquirir tais denominações, os partidos da *corte* e do país. Partidos que, se tivessem desde então continuado assim, e embora frequentemente ameacem com a total dissolução do governo, são a verdadeira causa de sua vida e vigor (H,V, 556.)

Não apenas as divisões civis, mas os partidos são bons: "a verdadeira causa da vida e vigor" dos governos. Mas, corrompem-se: "se tivessem continuado assim....". Só que não continuaram e terminaram por revelar seu lado mais sombrio, conduzindo à guerra civil e à tirania militar. Hume entende que estas são faces de uma mesma moeda. É difícil que os partidos se mantenham no plano de uma disputa construtiva sobre a lei e a constituição, pois quando uma disputa desta natureza tem lugar, outros motivos menos nobres de divisão a reforçam e a sobredeterminam. Não há como ficar apenas com o seu lado bom e seguro. A disputa partidária produziu liberdade e aperfeiçoou o sistema de governo, ao mesmo tempo em que o ameaçou de dissolução. É desejável que se modere, evitando os perigos que a envolvem.

Mas isso é o que a história ensina, não o que os agentes podem perceber no calor dos acontecimentos. Assim, a disputa em torno da lei e da constituição que tomou lugar na Inglaterra dos Stuart conduziu-a à guerra civil e ao governo militar de Cromwell. E apenas depois da guerra, com seus efeitos devastadores, e não sem muitos percalços, encaminhou-se para uma acomodação, com a revolução gloriosa.

Meu objetivo é o de acompanhar de perto essa história e analisar como nosso autor articula essas duas faces da disputa partidária nos volumes V e VI da *História da Inglaterra*,[9] o terceiro capítulo das disputas civis, em que se opõem os comuns e o rei, quando a disputa civil abre espaço para a disputa partidária ao mesmo tempo em que facciosa, contribuindo de toda maneira para aprimorar o "sistema regular de liberdade" que tanto distingue a Inglaterra frente às outras monarquias europeias (Cf. H, V, p. 182). O foco desta reconstrução está no que se destaca como positivo na disputa partidária enquanto prática legislativa regular. Veremos assim não ser possível afirmar que para Hume "o partidarismo simplesmente corrompe a história" (ROSEMBLUM, 2008, p. 114). Isso vale para Bolingbroke (Cf. BOLINGBROKE,

9 Esses volumes estão dedicados à narrativa do período que vai do governo de Jaime I, rei da Escócia, que em 1603 assume o reino inglês deixado vago por Elizabeth I, o primeiro da casa real dos Stuart, até a renúncia de Jaime II, em 1688, com a chamada revolução gloriosa, quando a casa dos Stuart foi substituída pela casa de Hanover. Trata-se de um período conturbado em que a Inglaterra passou por uma guerra civil (1642-1649), tendo por desfecho a execução de Carlos II, a abolição da monarquia, a instauração de uma república, seguida do protetorado de O. Cromwell, até que em 1660 a monarquia foi restaurada, sem que contudo se pudesse evitar a quebra na linha sucessória, ocorrida em seguida com a revolução gloriosa.

1997), mas não para Hume que, nesse ponto, o toma como adversário.

Formação dos partidos

Se os partidos começam a se formar enquanto instituições regulares no reinado de Jaime I, é porque, àquela altura, a constituição inglesa estava de algum modo consolidada enquanto um sistema legal dotado de autoridade própria. Só então as inevitáveis inconsistências desse sistema – inconsistências naturais, uma vez que a constituição é histórica e suas diferentes partes foram instituídas em circunstâncias e contextos diversos – começam a se fazer notar, dando margem a um processo político de regulação do sistema. Sob Jaime I, escreve Hume, a constituição era uma "edifício (*fabric*) inconsistente, cujas partes dissonantes e discordantes logo deveriam destruir-se reciprocamente" (H,V, 59).

O que exatamente a constituição determina em certos casos é difícil dizer, dada sua natureza histórica. Assim, as querelas que tiveram lugar no reinado de Carlos I (sucessor de Jaime I) em torno das punições estabelecidas pela *star chamber* (corte destinada a punir de maneira discricionária toda sorte de ofensa, desacato e desordem não enquadrados pela lei (Cf. H, IV, 356)) são exemplo "das ideias incertas que naquele tempo se fazia da constituição inglesa" (H,V, 239). Pois, nesse tempo (estamos em 1635), contestava-se as penas aplicadas pela corte, mas não sua autoridade, suficiente contudo para pôr a perder qualquer plano consistente de liberdade, uma vez que tal corte "não tinha nenhuma regra precisa ou limite, seja com relação às causas que incorriam em sua jurisdição, seja com relação às decisões que tomava" (H,V, 328)". Isto, porém, só ficará claro mais tarde, em 1641, quando a corte for abolida pelo parlamento (H,V, 328)). Em 1635, ninguém negava que suas proclamações tivessem autoridade. Mas, nesse caso, pergunta-se Hume, como contestar a aplicação das penas? "Se as proclamações tinham autoridade (...) não deveriam ser postas em execução?" (H,V, 239). Há aí uma tensão não resolvida, reivindicações de justiça não bem definidas, que não podem ser decididas com base apenas na constituição ou em critérios de justiça preestabelecidos, já que quais são esses critérios, com base em que se determinam e no que se sustentam é justamente o que está em questão. Os próprios agentes históricos não têm claro de antemão como se decidem questões como estas. A disputa é portanto *política,* não jurídica - uma disputa de autoridade, em torno da autoridade que sustenta a lei ou em torno da autoridade da lei.

A flutuação da justiça – a margem de imprecisão que abre espaço para a disputa partidária – evidencia-se também nas querelas em torna da taxação por tonelagem e peso, uma prerrogativa real que passa a ser contestada pelos comuns como irregular, uma vez que dispensa a aprovação pelo parlamento exigida para outras taxas e impostos (H, V, 207). Os comuns farejam aí uma inconsistência da lei, sendo que a regulação da lei lhes favorece na autoridade legislativa que disputam com o rei. Os comuns reivindicam a lei como base de sua autoridade. Mas isso não implica que a lei estivesse inequivocamente ao seu lado. A coroa não está desprovida de razão quanto reivindica determinadas prerrogativas com base em sua antiguidade. Quem inova são os comuns. O que, contudo, confere autoridade a esta inovação é que ela não se faz no vazio, mas se afirma em nome da regularidade e consistência da constituição. Com isso, os comuns acrescentam autoridade legal ao seu poder social, ao mesmo tempo em forçam a coroa a defender-se no campo da lei: "os homens agora tornaram-se mais ciosos (*jealous*) de sua liberdade, e raciocinadores mais refinados em questão de governo, considerando ilegal e arbitrário todo exercício de autoridade não sustentado por uma estatuto expresso ou precedente ininterrupto" (H,V, 181).

Os comuns são assim os agentes históricos do momento. É por meio de sua ação que avança o processo de sistematização da lei como elemento de proteção frente aos arbítrios do poder e da autoridade. Se o historiador-filósofo, espectador desses acontecimentos, considera natural que a coroa resistisse ao processo, e se considera essa resistência relevante, como um sorte de conservadorismo inscrito na própria lei, imprescindível à sua autoridade, nem por isso deixa de se posicionar inteiramente a favor do plano de liberdade posto em marcha pelos comuns. Tal plano conduz ao aperfeiçoamento do sistema legal e político (Cf. E, 41).

Hume não poupa elogios aos líderes da casa, estes "homens de gênio independente" (H,V, 42) de " capacidade incomum e as mais largas visões" (H,V,160). Não apenas considera boa a causa da liberdade, como entende que eram legítimos os meios pelos quais se buscava realizá-la. Ele não critica, mas elogia que estes homens de gênio independente tenham formado um partido, "unidos tanto por projetos e objetivos fixos, como pelas adversidades sofridas por alguns deles em sua persecução" (H,V, 160). Ele concede que à causa da liberdade era necessário empreender uma guerra ofensiva (H,V, 96) e observa que "tais revoluções no governo não podem ser efetivadas pela mera força do argumento e do raciocínio" (H,V, 330). Há uma dimensão estratégica na organização partidária que Hume considera imprescindível à consecução do "plano de liberdade" dos comuns.

Esta dimensão é relevante até mesmo na aliança entre a casa dos comuns e os puritanos, de resto tão criticada: "o apetite natural para legislar (*for rule*) fez com que os comuns tivessem o ouvido favorável à toda doutrina que levasse ao aumento de seu próprio poder e influência (Cf. H,V, 36). E desse modo, os puritanos, com seu desprezo a toda forma de hierarquia, adquiriram *autoridade* sobre a casa (Cf. H,V, 159). Ainda que essa aliança tenha produzido efeitos nocivos, azedando e agudizando a disputa até o limite da guerra civil, buscar a sintonia com os sentimentos e preconceitos da nação como uma forma de aumentar o poder e a influência da autoridade legislativa é uma atitude politicamente indispensável. Por não fazê-lo, Jaime II será mais tarde forçado a renunciar ao trono, como se verá adiante, pondo fim à linhagem de sua impopular casa real.

É preciso saber forçar (como aconselha Maquiavel ao príncipe, acerca de sua autoridade legislativa) e, além de popularidade, os comuns dispunham de um meio regular e constitucional para tanto (Cf. H,V, 160); o poder de conceber ou não os rendimentos necessários à sustentação da coroa (Cf. H,V, 39).[10] A dependência financeira da coroa em relação a casa, o fato de que a "balança da propriedade estava nas mãos dos comuns" (H,V, 40), ofereceu-lhes a oportunidade, o mecanismo político de que precisavam para forçar a coroa a ceder às suas exigências. Eles tinham aí o que Hume considera um meio apropriado (cf. H. V, 44), porque constitucional, para afirmarem-se como autoridade legislativa.

É bem verdade que poderiam, e deveriam, na avaliação do historiador, ter pego mais leve: "tivessem os comuns inclinados a agir com mais generosidade e benevolência em relação a seu príncipe, ele provavelmente teria atendido em boa medida às suas necessidades, e seria levado a se afastar pacificamente dos artigos

10 Reaparece aqui aquele duplo sentido da autoridade, tal como concebida por Hume na esteira de Maquiavel, para o qual chamei atenção no capítulo 3: a autoridade é força revestida de uma boa aparência.

mais perigosos de sua prerrogativa" (H, V, 40). Os avanços eram notáveis – por exemplo, quando já nos primeiros episódios da disputa, Jaime I propõe que os rendimentos concedidos à coroa fossem geridos por um comitê do parlamento (Cf. H,V, 114). Mas os comuns nem sempre estiveram atentos a estes sinais, aos "sintomas infalíveis de uma liberdade regular ou estabelecida" nas concessões que arrancavam do rei (Idem.; Cf. H,V, 58, 93). Eram dotados de espírito de independência, mas nem sempre de bom juízo sobre o interesse nacional (H,V, 20).

A coroa, por sua vez, jamais facilitou o processo, de modo que certos exageros da parte dos comuns eram em boa medida justificáveis. "Não há nada que tenda mais a desculpar, senão justificar o extremo rigor dos comuns contra Carlos I (cujo reino se inicia em relação tensa com o parlamento, herança de Jaime I) do que o seu encorajamento aberto e aceitação de certos princípios gerais no todo incompatíveis com um governo limitado" (H, V, 198). Sem suprimentos e sob pressão, Calos I recorreu a um "empréstimo geral" (com o cuidado de denominá-lo "empréstimo" e não "subsídio"), que claramente violava a lei, como mostra a tentativa de torná-lo uma forma regular de obter suprimentos por parte de Henrique VIII, que nunca porém chegou a conquistar suficiente autoridade para se firmar (H,V, 177). Tais cobranças controversas seguiram-se de ameaças "violentas" e "inquisitoriais", além de "ridículas", que provocaram indignação (Idem.).

O fato é que Carlos I não havia se dado conta da força adquirida pela casa dos comuns na balança da constituição (Cf. H, V, 170). Não deixou de "abraçar toda oportunidade pela qual pudesse expressar sua contumácia e desconsideração" pelos comuns. "Nada menos do que uma experiência fatal poderia engajar os príncipes ingleses a prestar a devida consideração às inclinações dessa formidável assembleia" (H, V, 170). E Hume admite ainda que, tivesse o rei força militar, "não é improvável que retirasse a máscara e governasse sem nenhuma consideração pelos privilégios do parlamento" (H, V, 175). Não tendo força, foi obrigado a ser precavido, e a recorrer a autoridade dos antigos precedentes.

Se os comuns nem sempre fizeram uma boa avaliação da situação e das vantagens que lhe asseguravam a vitória na disputa com a coroa, Jaime I e Carlos I, por seu turno, não estiveram definitivamente à altura do seu papel histórico. Enquanto o primeiro defendia a origem divina de sua autoridade, com o que só a enfraquecia, já que ia de encontro ao espírito de independência que tomava conta da nação, o segundo não tinha um plano de ação, andava em círculos em meio a precipícios (Cf. H, V, 174) e, diante da pressão extrema dos comuns, insistia em justificar seu direito de cobrar taxas e impostos com base em suas prerrogativas. Pelo que os comuns entendiam que o rei considerava-se justificado em violar a constituição (Cf. H, V, 188), e aumentavam a pressão sobre ele. Acerca do jogo de forças em torno desses "empréstimos", Hume posiciona-se com um elogio à "decência" dos "líderes populares": "nada pode nos dar a mais alta ideia da capacidade desses homens que agora guiavam os comuns, e da enorme autoridade que adquiriram, do que a elaboração e execução de um plano de operações tão judicioso e difícil" (Idem.).

Todo este processo culminou na Petição de direitos, um documento que os comuns levaram o rei a assinar, depois de muita discussão e disputa, comprometendo-o a respeitar as garantias de liberdade pessoal e os estatutos do reino que, segundo eles, remontavam a Magna Carta, cuja "autoridade inesgotável" reivindicavam (H, V, 193;).[11] Sobre este acontecimento Hume observa que: "pode-se afirmar sem exagero que o assentimento do rei a esta Petição de direito produziu uma mudança no governo quase equivalente a uma revolução; e que, por circunscrever em vários artigos a prerrogativa real, ela deu uma segurança adicional às liberdades dos seus súditos" (H, V, 200). Com esta observação, ao mesmo tempo em que contesta a alegação de que os comuns não inovavam, mas apenas reivindicavam direitos pré-existentes, Hume sinaliza a grandeza do seu empreendimento, do seu "plano de liberdade", que inclui organização partidária e ação estratégica, no aperfeiçoamento e regulação do sistema legal inglês. Até aqui os comuns não invadiram, de acordo com Hume, a autoridade do rei, apenas exerceram seus próprios privilégios (Cf. H, V, 181).

Facciosismo e guerra civil

Embora Hume use frequentemente os termos partido e facção de maneira intercambiável e não se possa a rigor separar a formação dos partidos da formação das facções, ou separar o lado bom do lado mau dos partidos, embora os partidos civis estivessem desde os primeiros anos do governo de Jaime I misturados aos partidos religiosos e já apresentassem desde então uma certa tendência à violência e ao furor (Cf. H, V, 10-11; 68), a narrativa de Hume descreve os passos de um processo em que, ao longo do reinado de Carlos I, a disputa partidária, que começa bem, agudiza-se, num crescendo, até desembocar numa crise. "As causas de desgosto que, por mais de trinta anos, diariamente se multiplicaram na Inglaterra, chegaram agora à sua plena maturidade, jogando o reino numa grande revolução e convulsão" (Cf. H, V, 283).

---

11 Para o conteúdo da petição ver nota T (H, V, 555-6).

A partir de um certo momento, as disposições dos humores, ressentimentos e ódios recíprocos perderam a boa medida, o justo meio desapareceu (H, V, 199) e a guerra civil delineou-se como um desfecho irreversível. Nada disso teria acontecido sem o furor religioso que inflamou a disputa entre os partidos. Mas, é importante não perder de vista a questão especificamente civil que, na narrativa de Hume, sinaliza a crise: o momento em que os comuns, conforme ganhavam poder e autoridade, foram se tornando eles próprios arbitrários. É quando os papéis se invertem, e os comuns, que no começo do processo afirmavam sua autoridade legislativa com base na regularidade da lei, em contraponto ao que havia de arbitrário na autoridade real, terminam por exercer uma autoridade "despótica" (H,V, 411) e "tirânica" (H,V, 457).

Hume coloca a crise na conta dos comuns. A partir de uma certo ponto, a casa já não mais queria negociar com a coroa, seus líderes opondo-se ardorosamente a qualquer conciliação (H, V, 272). Parte do problema é creditado à dinâmica das assembleias populares e ao espírito democrático que tomou conta da nação (Cf. H,V, 293, 361; 457). Se tais observações podem ser vistas como indícios de disposições antidemocráticas e monarquistas (como Hume foi por muito tempo interpretado, Cf. BONGIE, 2000), elas podem ser de outro modo compreendidas como o resultado de uma análise de conjuntura. Goste-se ou não da democracia (e não estamos falando da democracia representativa moderna, que ainda não nascera, mas da democracia clássica), importa a Hume mostrar que forças que as defendiam naquele contexto teriam que necessariamente se haver com as forças contrárias, em boa medida amparadas pela constituição, as quais, com o recrudescimento do conflito, passaram a se organizar em torno de um partido, o partido da corte ou dos cavaleiros, em oposição ao partido do país ou dos cabeças-raspadas. É justamente então, quando a oposição partidária se organiza, que os comuns, temendo que a coroa recobrasse sua autoridade, passam a apostar na espada como maneira de sustentar sua causa (Cf. H,V, 374). Foram os comuns que engajaram a coroa na guerra, à medida em que lhe recusavam sistematicamente qualquer suprimento razoável e a pressionavam sem descanso (H,V, 173-4). Mas sobretudo quando passaram a adquirir maneiras arbitrárias (Cf. H,V, 295).

Tais maneiras revelaram-se de muitas formas: por exemplo, quando os comuns reclamavam das inovações propostas pelo rei, sendo que eles próprios inovavam (Cf. H,V, 297); quando faziam interpretações forçadas das leis favoráveis ao rei (Cf. H,V, 403) ou de maneira a se valerem da autoridade legal da coroa em proveito próprio, recorrendo à necessidade, quando o rei se amparava na lei (Cf. H,V, 379); e em todas as inúmeras vezes em que ultrapassaram os limites da moderação, na suposição de que a sacralidade de sua causa atenuava o emprego de meios irregulares e sem precedentes (Cf. H,V, 360). É a certeza da sacralidade da própria causa, este humor político inflamado pelo religioso que, ao tomar conta dos comuns, desequilibrou a disputa e detonou a crise que levou à guerra civil.

A arbitrariedade dos comuns revelou-se sobretudo e de maneira mais relevante nas punições revanchistas e sem sustentação legal que passaram a infringir aos partidários do rei, à medida em adquiriam autoridade para tanto. Por meio de tais condenações, atentaram contra a liberdade civil, isto é, contra o ordenamento legal da sociedade, mas também, e de quebra, contra a liberdade individual, o direito dos indivíduos de serem condenados e punidos apenas a partir do devido processo legal, que Hume considera um dos mais importantes componentes da liberdade inglesa. Se este é um direito fundamental, não é por ser um direito natural dos indivíduos, visto tratar-se de uma garantia inteiramente positiva, fundada na Magna Carta, reafirmada e estendida pela Petição de direitos e aperfeiçoada pelo decreto do *habeas corpus* de 1679 (Cf. H,VI, 366). Este é um componente fundamental da liberdade inglesa, porque oferece a proteção legal indispensável ao bom andamento da disputa civil, em especial, da disputa partidária: "tal lei (do *habeas corpus*) é necessária para a proteção da liberdade numa monarquia mista; e se não tiver lugar em nenhuma outra forma de governo, bastaria esta consideração para nos levar a preferir nossa atual constituição à qualquer outra" (Idem.).

Hume tem em vista aquilo que foi assinalado por Maquiavel nos *Discursos sobre a primeira década de Tito Lívio*, quando destaca a instituição romana da acusação pública como uma espécie de pilar da liberdade romana. Vale a pena citar a passagem dos *Discursos* à título de comentário e explicação às passagens da *História* em que Hume critica as condenações arbitrárias lideradas pelos comuns.

> Aos que recebem a guarda da liberdade numa cidade não se pode conferir autoridade mais útil e necessária do que o poder de acusar perante o povo ou qualquer magistrado ou conselho os cidadãos que porventura pecassem de algum modo contra o estado livre. Esta ordenação tem dois efeitos utilíssimos para uma república. O primeiro é que os cidadãos, por medo de serem acusados, nada intentam contra o estado; e intentando, são reprimidos de imediato e sem consideração. O outro é que se permite o desafogo daqueles humores que de algum modo cresçam nas cidades contra

> qualquer cidadão: e, quando tais humores não tem como desafogar-se por modos ordinários, recorre-se a modos extraordinários, que levam toda a república à ruína. Por isso, nada há que torne mais estável e firme uma república do que ordená-la de tal modo que a alteração dos humores que a agitam encontre via de desafogo ordenada pelas leis. (MAQUIAVEL, 2007a, I, 7, p. 33)

Mas os comuns, outrora "guardas da liberdade", passam a perverter este ordenamento tão importante. Quando a crise se instaura, passam a empregar termos como "delinquente" para expressar "um grau e um tipo de culpa não exatamente conhecida e estabelecida" (H,V, 291), com o qual condenavam aqueles que apenas exerciam seus poderes legais, e epítetos como "escandaloso" para denominar seus inimigos a fim de torná-los odiosos (H, V, 302). Instalaram uma corte de inquisição do clero com procedimentos cruéis (Idem.) e submeteram diversos ministros do rei a julgamentos e condenações arbitrárias.

A mais escandalosa dessas condenações é a de Strafford (Cf. H,V, 310 e ss), ministro de Carlos I e "um dos mais eminentes personagens que apareceu na Inglaterra" (H,V, 327), o qual, entre outras qualidades, destaca-se na avaliação de Hume pela maneira com que nessa ocasião, encarregando-se ele próprio de sua defesa, recorreu ao estatuto de Eduardo III em que se define o crime de traição, para mostrar que não há nesse estatuto menção ao "esforço por subverter as leis fundamentais" de que era acusado e que a introdução desse crime no catálogo é uma "subversão de toda lei". E assim, comenta Hume, "sob a aparência de defender a liberdade, reverteu-se o melhor estatuto calculado para assegurá-la promulgado por um parlamento inglês" (H,V, 315)[12]. Os comuns inventaram ainda a "evidência acumulativa ou construtiva", em que ações, as quais sozinhas não configuram crimes, ou apenas crimes menores, são unidas na acusação de uma única traição, sujeita às mais altas penalidades. Strafford defendeu-se com um misto de "modéstia e humildade, firmeza e vigor" que tornou impossível sua condenação. No entanto, como este era "um ataque muito importante de partido para que se deixasse de realizá-lo por algum expediente ainda que extraordinário" (H,V, 318), novas provas de traição foram levantadas até que o ministro fosse enfim condenado e executado. Este é apenas uma entre outras condenações arbitrárias conduzidas pela casa dos comuns contra os partidários da coroa.

Hume registra porém que a investida contra Strafford caminhou lado a lado com a persecução do plano de liberdade dos comuns: na mesma sessão do parlamento em que o ministro foi condenado, deu-se a abolição da *star chamber,* "este grande símbolo de poder arbitrário" (H,V, 329). De modo que, observa ele, "exceto pela condenação de Strafford, este foi um parlamento memorável" (H,V, 330).

Hume aproveita a ocasião desta contradição manifesta para reiterar uma ponderação bastante recorrente em sua narrativa política (cf., H, V, 44; VI, 166, E, 41). Acerca da abolição da *star chamber* ele se pergunta se um grau de arbitrariedade não é inevitável ao exercício da autoridade, e se a sociedade humana pode ser tão perfeita a ponto de ser "suportada apenas pelas máximas gerais e rígidas da lei e da equidade" (H,V, 329). A ponderação se introduz, nesta como em outras passagens, como uma maneira

12 Para uma discussão sobre esse estatuto, sua importância e discussões subsequentes sobre o seu conteúdo Cf. H.VI, 431 e ss.

de se contrapor aos eventuais excessos das investidas regulatórias dos comuns. Mas, neste contexto, ela serve também como um atenuante das arbitrariedades em que os próprios comuns incorreram no exercício de sua autoridade. Hume está pondo em evidência que um certo grau de arbitrariedade é intrínseco ao exercício de *toda* e *qualquer* autoridade, já que há, segundo ele, o que talvez pudéssemos chamar uma espécie de excesso da autoridade sobre a lei (que consiste em suas raízes políticas, como a popularidade e a capacidade de forçar – cf. *supra*, Cap. 3.1). Ao mesmo tempo em que esta observação atenua em certa medida a culpa dos comuns, neste e em outros episódios em que procederam de forma arbitrária, joga contra eles a pecha que imputavam com exclusividade ao partido oposto, como se fossem eles os únicos porta-vozes da lei e o sistema legal não tivesse brechas pelas quais se tornasse disputável.

Há aqui um equilíbrio difícil. Se a disputa partidária excede a lei e se não pode ser inteiramente regulada por ela, não pode contudo lhe dar as costas, sob pena de tornar-se facciosa. A lei, que está em disputa, é aquilo com que se pode contar a fim de regulá-la e de impedir que, tornando-se facciosa, a disputa partidária arruine a lei. Por facção pode-se entender aqui o mesmo que Maquiavel, referência inconfundível em toda a discussão:[13] a tendência de se valer de meios extraordinários para afirmar um interesse partidário, espécie de extravasamento do humor político para além das vias legais e ordinárias.

Assim como Maquiavel, Hume entende que o facciosismo obedece a uma lógica fragmentária, levando à divisão dos partidos em subpartes, que passam a se opor e enfraquecer re-

13 Vale contudo frisar que Maquiavel não pensava ainda em disputa partidária propriamente dita, mas em disputa civil (a disputa entre as partes da cidade).

ciprocamente. E, desse modo, o partido da liberdade dividiu-se entre moderados ou presbiterianos e independentes, estes últimos se sobrepuseram aos primeiros, ganhando ascendência sobre o exército; o exército voltou-se contra o parlamento, dissolveu-o, assassinou o rei e substituiu a autoridade civil pela militar. A degradação que se seguiu não foi apenas institucional, mas também moral (Cf. H,V, 493;VI, 438).

Isso ocorreu – vale insistir – porque a disputa partidária em torno de questões civis foi inflamada pela religiosa.[14] O furor religioso e o fanatismo dos comuns, que já se faziam notar desde os tempos de Jaime I e com os quais nunca souberam lidar, tendo ao contrário contribuído para inflamá-los, ganharam o centro da cena no início do reinado de Carlos I, quando os comuns renovaram suas eternas reclamações contra o crescimento do papismo e "o que sempre foi sua principal queixa passou a ser a única" (H, V, 164-5). O puritanismo e suas características passaram então a operar como "símbolos partidários" (Cf. H,V, 165) As distinções tornaram-se "uniformes e regulares" e aquele "fogo entusiasmado que irá colocar a nação inteira em combustão, começou então a se formar" (H,V, 213) A questão religiosa não pode portanto ser deixada de lado, sob pena de não se entender o processo que conduziu ao facciosismo e à guerra civil.

---

14 O fanatismo, não a ingerência de interesses privados, é o fator de corrupção dos partidos. Sobre isso, Hume escreve o seguinte acerca dos membros do parlamento sob Carlos II: " eles seguiam as opiniões e preconceitos da nação; e sempre pareciam ser mais governados pelo humor e visões partidárias do que pelo interesse público e mais pelo interesse público do que por alguma influência privada e corrupta" (H,VI, 353).

Ainda assim, Hume quer distinguir as coisas, diferenciando-se dos autores que viam as desordens civis como resultado da controvérsia religiosa:

> Os historiadores que viveram próximos a esta época, ou o que é mais decisivo, todos os autores [Clarendon é mencionado em nota] que trataram casualmente dessas transações públicas [a saber, os procedimentos da corte de inquisição do clero instaurada pelos comuns] ainda representam as desordens e convulsões civis como procedentes das controvérsias religiosas, e consideram as disputas políticas sobre poder e liberdade como inteiramente subordinada a outra (H,V, 303.)

O esforço analítico de Hume caminha em sentido inverso. Ele quer separar as causas. Se é verdade que a disputa religiosa envenenou a civil, que de outro modo teria tido um desfecho mais fácil (Idem), se é verdade que, do lado do povo, a controvérsia sempre foi inteiramente religiosa (Cf. H,V, nota AA, p. 572), reduzir a disputa civil à religiosa é perder de vista as determinações propriamente civis, a operação das causas ou regras gerais da jurisprudência que cabe ao historiador discriminar no curso dos acontecimentos, como forma de regular o juízo político. Quando as causas se entrecruzaram, a disputa entre os partidos civis inflamou-se e os medos e zelos (*jealousies*) que levaram às armas não obedeciam mais a razões civis, mas religiosas (H, V, 380). Esse ingrediente corrompeu os nobres princípios (Idem). Mas, o reconhecimento das causas que conduziram à guerra civil e à suspensão da constituição não se faz sem que se distinga entre as causas particulares que conduziram a este desfecho e as causas mais gerais e regulares dos processos históricos – neste caso, a disputa partidária e por trás dela a divisão civil, operando neste e em outros contextos no sentido do aprimoramento da constituição e da liberdade. Assim, ao mesmo tempo em que Hume mostra que a disputa religiosa é inseparável da partidária, ele pode lamentar que este "mecanismo da religião" tenha "com tão pouca necessidade se introduzido na política" (H,V, 178). Trata-se aqui de separar entre a causa geral, explicativa da história constitucional, e as circunstâncias ocasionais que a acompanham, mas que não fazem parte da regra, regulando, com isso, o juízo político (cf. cap. 5.3).

Restauração da constituição e dos partidos civis

A história dos partidos não termina porém aqui. Depois de um interregno, em que, juntamente com a constituição, a disputa partidária foi suspensa, ela será reeditada, de outra maneira, com a restauração.

Hume considera que no interregno intentou-se impor pelo terror da espada um "sistema perfeito de liberdade", de maneira contrária ao senso comum e às máximas estabelecidas da política (*policy*) (H,V, 509). Ele qualifica o governo militar de Cromwell de tirânico e despótico (H,VI, 73-4). Os acordos firmados, os precedentes, a história, a moralidade comum, tudo isso foi deixado de lado por atores ocasionais aos quais faltava juízo político, fanáticos religiosos que desconsideravam a necessidade de mobilizar os interesses e os afetos da nação como fundamento de sua autoridade legislativa. Para eles é como se a constituição caísse do céu e não tivesse que ser produzida e negociada sobre a Terra.

Nem por isso, as regras gerais da política deixaram de operar, reconstituindo, à revelia desses atores, as instituições históricas por eles neglicenciadas. Os interesses, as maneiras, práticas e formas de vida contrariadas pela violência e o fanatismo do governo militar de Cromwell terminaram por convergir na união dos partidos em torno da restauração da monarquia parlamentar (Cf. H, VI, 117; 136). Carlos II ganhou popularidade (Cf. H, VI, 156), não mostrou ressentimento (Cf. H, VI, 161), a disputa civil se arrefeceu (H, VI, 170) e o partido da corte levou a melhor nas primeiras eleições para o parlamento (Cf. H, VI, 172). Os maus humores provindos do fanatismo religioso se dissiparam e uma moral mundana, de companheirismo e prazer - para o que tendia o caráter do rei (H,VI, 157) - instaurou-se (Cf. H,VI, 141) "Uma alegria e festividades universais difundiu-se em toda a nação" (Cf. H,VI, 157).

Na conta dessa reconciliação geral deve-se computar não apenas a necessidade de um acordo mínimo em torno de instituições já estabelecidas, capazes de conter a violência generalizada, como também o acordo moral em torno de certos valores de convivência, em oposição ao rigorismo moral e à intolerância dos independentes. Os humores da nação tendiam agora para a valorização da conduta alegre e festiva da corte. Essa disposição moral abriu espaço para que se retomasse o mecanismo de regulação propriamente político interrompido pela guerra civil, a saber, a disputa entre os comuns e a coroa e de seus partidários em torno da constituição. Vale frisar que o acordo em torno da constituição é um acordo propriamente político, não moral: um acordo em torno das instituições estabelecidas da monarquia parlamentar, como elemento de mediação da disputa civil, que permanece viva.

Com a restauração, o mecanismo de dependência financeira do rei em relação ao parlamento permaneceu montado, e, ainda que os comuns não mais o acionassem de maneira agressiva, não estavam interessados em desarmá-lo (Cf. H.VI, 160). O rei, por seu turno, acomodou-se a essa dependência (Cf. H, VI, 233). Tampouco a pretensão, qualificada por Hume como "exorbitante" e "usurpadora", de dominar a milícia foi expressamente abandonada pelo parlamento (H,VI, 163). Mas em contrapartida reconheceu-se que o poder da espada não poderia ser exercido pelo parlamento sem o rei.

Isto não significou, contudo - observa Hume -, o abandono do direito, ou antes, da possiblidade de resistir (H,VI, 174), isto é, de forçar o rei a ceder aos interesses da nação e às limitações legais de suas prerrogativas, como por vezes insistiu equivocadamente o partido da corte (Cf. E, 70). Quanto ao tópico da resistência civil, Hume tem uma posição muito próxima da de Hobbes. Resistir não é para ele propriamente exercer um direito, mas antes um poder (*potentia*) de não obediência (Cf. GAUTIER, 2001b), sempre operante como mecanismo de pressão da autoridade legislativa instituída, ainda que esta autoridade tenha, em contrapartida, numa tensão permanente e jamais regulável pela lei, o poder (a *potestas* e a *potentia*) de impor a lei. Aqui opera aquele excesso anteriormente observado da política ou da autoridade sobre a lei. Quanto à disputa partidária em torno da questão da resistência, Hume a tem como inútil. Segundo ele, a resistência é um "remédio irregular (...) impossível de ser fixado ou determinado precisamente por qualquer linguagem" (H, VI, 294). Seja como for, o fato é que os primeiros parlamentos depois da restauração estiveram mais preocupados com previnir a rebelião do que com limitar a autoridade real (H,VI, 174). E o rei, por sua vez, empenhou-se em se tornar popular e conquistar as afeições de seus súditos (Cf. H,VI, 234).

Restabeleceu-se, além disso, ainda que sob críticas, a hierarquia eclesiástica (Cf. H,VI, 165), inseparável da monarquia, preservando-se contudo um "ar de moderação e neutralidade" com o intuito de contentar os presbiterianos. O partido da igreja não se mostrou porém moderado, buscando "retaliar seus inimigos, conforme as medidas usuais da justiça partidária", estimulando rumores de complôs e conspirações contra o governo (H,VI, 176) e valendo-se do pretexto de proteção da monarquia para perseverar no projeto de enfraquecer os não conformistas (Cf. H,VI, 200). Os comuns, por seu turno, exigiam de Carlos II o banimento dos padres e jesuítas, o que lhes foi prometido, mas jamais executado, de modo a minar sua confiança na coroa. "Sintomas crescentes de mau humor" começaram então a se multiplicar em torno dessa questão (H,VI, 207), sinalizando que os partidos religiosos ainda estavam presentes e atuantes.

O que, no entanto, rompeu com a boa relação entre o parlamento e a coroa, acirrou os ânimos e preparou o caminho para o afastamento definitivo dos Stuart, não foi a distensão religiosa, sempre no horizonte, e sim uma questão política de corelações de forças, de balanço do poder, que se revelava na atitude ambígua de Carlos II com relação a França. Àquela altura, a França de Luiz XVI despontava como a grande potência europeia, a qual cabia a Inglaterra botar freio, mas de cuja aliança Carlos II procurou se valer, a fim de se precaver de uma possível reedição das violências que levaram à execução de seu pai. As questões de política externa – a relação com a França e Holanda – tomam boa parte da narrativa humiana sobre o governo de Carlos II e, só depois de ter mostrado o quanto o rei desagradou a nação com uma política inconsequente nesse domínio, Hume retoma a narrativa sobre as animosidades religiosas, que novamente vieram a inflamar a disputa civil.

De início, o rei abraçou em sua política externa uma linha de ação que lhe trouxe popularidade e que, fosse perseguida até o fim, "teria provavelmente tornado esse reino feliz e sua memória certamente respeitada" (H, VI, 216). Trata-se da a tríplice aliança entre Inglaterra, Holanda e Suécia, com o intuito de fazer frente ao poder da França (Cf. H, VI, 221). Mas, depois de um determinado momento estimulado por maus conselheiros, adotou a política contrária, oferecendo a Luiz XVI a possibilidade de conquistar os Flandres sem oposição inglesa, em troca de proteção militar em caso de nova rebelião na Inglaterra. Por este passo pode-se estimar "a opinião que fazia da disposição facciosa de seu povo" (H,VI, 243). Logo depois, Carlos II declara guerra a Holanda (Cf. H, VI, 256), ela própria dividida entre "facções violentas" (H,VI, 263; 267), desgastando ambas as nações numa animosidade recíproca que apenas serviu ao fortalecimento da França (Cf. H,VI, 262). Ao adotar tal política, contrária àquela antes adotada e apreciada pela nação (a tríplice aliança), Carlos II mostrou que esperava "tornar-se independente de seu povo, cujos sentimentos se tornaram indiferentes para ele" (H, VI, 266). Não conseguiu, porém, levar a guerra com a Holanda adiante, já que o parlamento não lhe concedeu os suprimentos necessários (Cf. H, VI, 282). Mesmo assim, prosseguiu com sua conduta incerta, oscilando entre a necessidade de agradar ao parlamento e a Luiz XVI, numa relação ambígua e servil em relação a França, que causou indignação nos ingleses. "Tais disposições naturalmente prepararam o caminho para os eventos que se seguiram" (H,VI, 321).

Tais eventos marcam a volta das animosidades inflamadas em torno de questões religiosas, quando os rumores de um complô papista contra as instituições inglesas a fim de dobrá-las à ingerência de Roma, totalmente fantasioso e inverosímil, começaram a ganhar crédito e a inflamar os ânimos. Sobre este episódio Hume observa que "em toda a história, será difícil encontrar uma instância semelhante de frenesi popular e ilusão fanática (*bigoted*)" (H,VI, 348). "Todos os partidos concorreram na ilusão" (H, VI, 342). Ninguém ousava se opor abertamente a ela, e mesmo secretamente não se podia, sem grande "força de juízo", "cultivar uma opinião contrária aos sentimentos prevalecentes" (H,VI, 347). Nesse episódio, interessa mais uma vez a Hume separar as ordens de causas. Antes que os humores religiosos viessem agudizar a disputa, as condições do seu acirramento estavam dadas no plano civil, como fica claro na seguinte passagem, em que Hume faz um balanço da relação do parlamento com Carlos II:

> Eleito durante a alegria e festividade da restauração, (o parlamento) consistia quase que inteiramente de realistas, dispostos a dar suporte à coroa com toda a liberalidade permitida pelos hábitos da época. Alarmados pela aliança com a França, gradualmente retiraram sua confiança no rei, e entendendo que ele perseverava na busca de um interesse estrangeiro, passaram a apresentar sintomas da mais refratária e zelosa (*jealous*) disposição. O complô papista a levou além dos limites da moderação. (H,VI, 353)

A ordem causal está aqui claramente estabelecida. Primeiro, questões civis levaram ao rompimento das boas relações entre o parlamento e o rei. A disputa civil cedeu então espaço para a religiosa, que se sobrepôs a primeira, inflamando-a e levando à perseguição violenta, facciosa e arbitrária dos católicos supostamente envolvidos no complô. Isto "desonrou a nobre causa da liberdade na qual o parlamento estava engajado" (H, VI, 361). "Ser um jesuíta, ou mesmo um católico era prova suficiente de culpa" (H, VI, 354). Um projeto de lei em que os papistas eram declarados idólatras e excluídos das duas casas do parlamento foi apresentado (H, VI, 349). A fúria dos comuns foi despertada (Cf. H, VI, 353) e voltou-se contra o rei, em função de suas relações ambíguas com a França e das suspeitas que desde então pesavam sobre ele de que quisesse subverter a constituição inglesa em favor da religião católica e do papado (suspeitas que, embora incertas, Hume considera bem fundadas, Cf. H, VI, 286-7, nota m).

Ao perder popularidade, o rei passou então a cortejar o antigo partido dos cavaleiros (H, VI, 376), agindo como chefe de facção, "gratificando seus amigos pela persecução de seus inimigos" (H, VI, 419). A disputa partidária, que esteve calma desde a restauração sem contudo ter desaparecido, foi então reanimada, ganhando perfil faccioso. Apesar da gritaria em torno do complô papista, Hume considera que o espírito de entusiasmo já não mais poderia ser revivido e que o que estava em jogo nesse contexto era antes o zelo partidário que o religioso (H, VI, 376). À diferença dos tempos da guerra civil, prevaleceu além disso um certo equilíbrio entre os partidos: as punições arbitrárias aos católicos supostamente envolvidos em crimes de traição e o desarme de uma conspiração (desta vez real) contra rei, levaram ao descrédito do complô (Cf. H, VI, 396, 403) e à reconciliação da nação com a corte (Cf. H, VI, 441).

É nesse contexto que em 1680 as denominações *Tory* e *Whig* começam a ser empregadas para denominar os partidos (Cf. H, VI, 381). No próprio emprego das alcunhas vislumbra-se os efeitos do facciosismo, já que eram usadas por cada partido com o intuito de reprovar seus antagonistas, associando-os, de um lado, aos fanáticos protestantes da Escócia, denominados *whigs,* e do outro, aos papistas irlandeses, denominados *tories.* Ainda que Hume lamente que o espírito faccioso tenha se colado à disputa civil, reeditada após a restauração, e que a disputa tenha por vezes se tornado fútil e especulativa (como por exemplo com relação ao princípio do direito irrevogável, a que os *tories* aderiam especulativamente, em contradição com suas práticas, àquela altura tão ciosas das liberdades inglesas quanto a dos *whigs* – Cf. E, 70), ele assinala claramente que a disputa partidária gira em torno de uma questão civil relevante, um ponto que efetivamente suscita discussão e a consideração das razões de um lado e de outro: a questão da sucessão protestante.

Desde o momento em que a disputa partidária se reacende no reinado de Carlos II, a questão da exclusão de Jaime II, irmão de Carlos II, herdeiro natural do trono de afeições abertamente católicas, dividiu o parlamento. Com a coroação de Jaime II em 1685, a questão tomou o centro da cena, já que o rei pôs em prática uma linha de conduta imprudente e indiscreta em favor dos católicos, aos quais queria não apenas garantir a indulgência, como um lugar na administração. No momento em que Jaime II assume o trono, a casa dos comuns era majoritariamente *Tory* (Cf. H,VI, 453). A coroa tinha poder, independência, e rendimentos suficientes, de modo que, embora o caráter do rei oferecesse "razões para a mais alta vigilância, em virtude dos princípios arbitrários de que estava imbuído" (H,VI, 454), teria conseguido fazer com que os ingleses resignassem a sua liberdade, não tivesse atentado contra sua religião (Cf. H,VI, 470). "Quase a totalidade desse curto reino consistiu em investidas sempre imprudentes, frequentemente ilegais, por vezes ambas as coisas, contra tudo o que era mais amado e reverenciado pela nação" (H,VI, 481). Entre tais investidas, está a suspensão das leis penais quanto aos assuntos eclesiásticos. Sobre isso, Hume faz uma consideração importante que nos conduz ao coração, ao ponto preciso em torno do qual gravitou a disputa partidária depois da restauração:

> (o rei) não foi dissuadido pela reflexão de que esse esquema de indulgência já havia sido arruinado em duas tentativas mal sucedidas, e que, num governo como o da Inglaterra, não é suficiente que uma prerrogativa seja aprovada por alguns juristas e *antiquaries*; se ela for condenada pela voz geral da nação e ainda assim for posta em ação, a vitória sobre a liberdade nacional não é menos notável do que se ela fosse obtida pela mais flagrante injustiça e usurpação. (H,VI, 482)

A conduta de Carlos II em relação a França, onde por essa época se perseguiam os protestantes, somada à conduta de Jaime II, aberta e arbitrariamente favorável aos católicos, fez dos Stuart uma casa dinástica impopular. Tais reis não se dobraram aos sentimentos majoritários da nação, tendo Jaime II levado ao limite a impopularidade de sua desafortunada casa real. O que está em questão - mais uma vez aqui – é uma disputa civil, não meramente religiosa. É a liberdade que está em risco no momento em que o rei demonstra um tal desprezo pelos sentimentos da nação, sejam eles de que natureza for – no caso, os sentimentos religiosos.

Assim, se no primeiro *round* da disputa partidária esteve em jogo a questão da limitação da autoridade pela lei, neste segundo *round*, posterior à restauração, esteve em jogo a questão da limitação da autoridade pela opinião. Ambas são questões civis relevantes, que brotam da divisão civil e suscitam a disputa partidária, na medida em que inovam. Felizmente, a segunda rodada da disputa pôde se dar, à diferença da primeira, sob o amparo das instituições da monarquia parlamentar, de modo que os partidos puderam disputar abertamente, de maneira civilizada, cada um fazendo concessões ao outro, a questão em aberto acerca da legitimidade da quebra na sucessão monárquica.

Se por vezes essa discussão tornou-se frívola e inútil, quando *whigs* e *tories* se esforçavam por marcar diferenças de princípios sobre o fundamento de governo, enveredando-se em questões especulativas inúteis e perdendo de vista o ponto em disputa, nem por isto este deixa de ser relevante. Há uma disputa civil em curso, aberta pelas inconsistências da constituição, em torno de suas regras, mas também de sua natureza e balanço. Longe de considerar a questão frívola, Hume toma parte ativa nela, quando discute as razões de um lado e de outro em torno da sucessão protestante, como no ensaio dedicado à questão, ou quando se engaja na discussão maior sobre natureza da constituição inglesa, como faz na *História da Inglaterra,* com a qual se posiciona de maneira inequivocamente favorável à quebra sucessória.

★

O que importa reter ao final desse percurso é que a disputa partidária, na medida em que reflete disputas civis relevantes, está longe de ser para Hume um destempero a ser substituído pela moderação do espectador imparcial. Ao historiador, distante no tempo, cabe criticar a disputa quando torna-se frívola, quando passa da medida, torna-se facciosa e corrompe as relações civis. Mas esta é uma tendência de toda divisão civil, na medida em que a ela somam-se outros motivos de divisão, como os religiosos. Ainda assim, a disputa partidária desponta na narrativa de Hume como positiva, na medida em que é um desdobramento das disputas civis e que estas são consideradas o motor político da história constitucional.

A disputa civil entre os comuns e a coroa fez nascer os partidos políticos, formados em torno das brechas da constituição, em torno do que ela deixa em aberto a favor de um lado e outro na disputa civil. É a indeterminação da constituição – o fato de que as disputas civis não podem ser decididas por critérios de justiça pré-estabelecidos – o que explica a formação dos partidos, inclusive em sua dimensão estratégia. Contrariamente ao que advogou Bolingbroke (BOLINGBROKE, 1997), os partidos não são tampouco, para Hume, ocasionais. Ainda que as pautas em disputa possam ser datadas, ainda que nem sempre estejam claramente definidas, como mostra a dificuldade em determinar quais eram precisamente as posições em disputa entre *whigs* e *tories,* levando Hume a afirmar que "determinar a natureza desses partidos é um dos problemas mais difíceis com os quais se pode lidar" (E, 69), sua análise caminha no sentido de mostrar que, numa constituição mista, em que há divisão da autoridade e reais distinções de interesses e de princípios, novas pautas de disputa sempre hão de se colocar, alimentando a formação de partidos.

É o que seguiu ocorrendo depois de 1688, em torno da questão do crédito público e a oposição a Walpole.[15] Nos *Ensaios políticos* Hume não é mais o historiador das disputas civis e partidárias, mas um autor que toma parte nas polêmicas de seu tempo, em torno das incertezas e resistências à ordem política saída da revolução gloriosa, cujo destino permanece incerto. Os *Ensaios*

15 Sobre essa discussão, ver KRAMNICK, 1992

culminam na proposta do que Hume entende ser as reformas constitucionais capazes de fazer frente a esta instabilidade inerente à constituição, evitando ou ao menos retardando a dissolução sempre possível do corpo político. Isso não significa, contudo, que ele entendesse ser possível superar de uma vez por todas essa instabilidade através de um equilíbrio constitucional perfeito. Onde o equilíbrio não é jamais perfeito e o sistema de justiça jamais fechado, há margem de discussão sobre o destino da constituição, sobre os perigos que a ameaçam de dissolução e as formas de enfrentá-los – uma discussão política, portanto –, assim como para a ação política no sentido de formar a opinião a favor desta ou daquela solução.

Quando Hume faz sua proposta de aperfeiçoamento da constituição, ele não o faz de maneira a não tomar partido, mas, ao contrário, a firmar posição nas polêmicas do seu tempo. Se a maneira moderada e bem ponderada com que o filósofo-historiador o faz o distingue do homem de partido, o que Hume diz repetidas vezes não ser, a negativa não implica que ele veja os partidos como um elemento de corrupção apenas. Ao contrário: se "o governo funda-se *tão somente* na opinião" (HUME, 1985, p. 32, grifo meu), esta está por ser disputada pelo filósofo, como uma maneira de sustentar as instituições que ele defende. A filosofia torna-se assim política (Cf. MERRIL, 2015). E se a opinião do filósofo é geral e regular, se visa o equilíbrio do corpo político e mobiliza um saber sobre as regras da política, se a perspectiva do filósofo não é nesse sentido partidária, a ciência política que ele desenvolve vê nos partidos, desde que moderados e dispostos à coalizão, uma prática legislativa saudável, responsável pela regulação política e aperfeiçoamento do sistema de justiça.

Epílogo

Hume e a Democracia dos modernos

O moderno conceito de democracia representativa, que se delineia no século XIX em obras como *A democracia na América* de Alexis de Tocqueville e *Considerações sobre o governo representativo* de John Stuart Mill, deita suas raízes no pensamento político do século XVIII, quando a liberdade estava associada às repúblicas e às monarquias constitucionais, e quando o conceito de democracia era ainda empregado em seu sentido clássico, em conformidade com a tipologia aristotélica dos regimes, como o "governo dos muitos." A democracia dos modernos, herdeira da república e da monarquia constitucional, é um conceito bem mais complexo e de todo modo bastante diverso da democracia dos antigos. Pode-se identificar ao menos três de suas raízes iluministas, as quais se pode fazer remontar de maneira emblemática a três autores do iluminismo europeu: Montesquieu, Rousseau e Hume.

A raiz que remonta a Montesquieu consiste na ideia de balaço dos poderes, como garantia contra a dominação e o arbítrio. A partir dessa referência, a democracia será pensada enquanto *forma de governo* – não mais simplesmente o governo dos muitos, como para os antigos, mas uma complexa engenharia institucional, capaz de garantir a presença balanceada de interesses e perspectivas distintas – os diversos corpos ou partes da cidade – nas diversas funções de governo. A democracia é aqui gestada no interior de uma linhagem republicana, que remonta a Harrington e conduz ao *Federalista*, passando por Montesquieu. Tais autores procuraram pensar um modelo institucional capaz de garantir a presença balanceada das diversas partes sociais e políticas da cidade nas instâncias de governo.

Uma segunda raiz remonta a Rousseau e consiste no princípio da soberania popular enquanto fonte normativa do sistema de direito público e privado em que consiste o Estado. A distinção entre soberania e governo, que remonta a Hobbes e Bodin e perfaz o coração do *Contrato Social* de Rousseau (Cf. TUCK, 2015), organiza a distinção entre Estado e governo, sendo a soberania o princípio instituidor e organizador do Estado. Assim, em referência a este grande "dogma" da democracia que é a soberania popular (Cf. TOCQUEVILLE, 2014. I. p. 65), a democracia moderna é pensada enquanto *forma de Estado*, num sentido inteiramente novo em relação ao antigo, doravante irredutível a uma forma de governo. A democracia dos modernos remete a todo um conjunto normativo, enlaçando os indivíduos num corpo coletivo e abstrato, um sistema de direitos e obrigações recíprocas, fundado em princípios de justiça e sobreposto aos interesses individuais e de grupo, a que denominamos Estado. Daí porque pareçam sempre insuficientes e mínimas as definições de democracia que pretendam reduzi-la a um sistema de disputa pelo governo. Como forma de Estado, a democracia é um conceito bem mais carregado do ponto de vista normativo.

Há ainda uma terceira raiz do conceito moderno de democracia que se pode fazer remontar a Hume (ainda que um pensador raramente lembrado quando este é o assunto) e consiste numa maneira de pensar a gênese histórica das instituições políticas em sua relação com o campo das forças sociais, num processo em referência ao qual se poderá então pensar a democracia enquanto uma *forma de sociedade*. A democracia é, nesse caso, a forma política da sociedade comercial, caracterizada por uma distribuição mais igualitária e dinâmica da propriedade e do poder social, mas também por um certo sistema de opiniões, certas maneiras de pensar que lhe são próprias - as maneiras, as artes, as ciências, a religião, a moral, formas da opinião sobre as quais se assenta em última instância todo governo, como sintetiza Hume num bordão que toca o coração do pensamento democrático contemporâneo: "o governo funda-se *tão somente* na opinião" (HUME, 1985, p. 32, grifo meu). Sua ideia é que das formas sociais decantam-se certas instituições, que não apenas respondem às dinâmicas sociais, como podem lhes dar novas direções, sendo as instituições políticas de todo modo inteiramente relativas às formas sociais correspondentes e ao processo histórico em que tomam forma.

Os emblemas "Montesquieu", "Rousseau" e "Hume" sinalizando estes três aspectos da democracia não passam de emblemas. O pensamento de nenhum desses autores reduz-se ao emblema. Rousseau e Montesquieu pensaram a sociedade, Montesquieu pensou o Estado, Rousseau o governo. Hume pensou o governo e o Estado. Cada uma dessas dimensões e a relação entre elas estão presentes no pensamento dos três autores. Mas, cada um deles prioriza um dos aspectos quando se propõe a responder à clássica questão sobre o melhor regime.

Ao lançar mão desses emblemas minha intenção é uma só: deixar indicado ao fim desse percurso que Hume tem que ser incluído no time dos autores do século XVIII a quem devemos retornar para pensar a democracia dos modernos. É uma forma de contestar e de nos convidar a abandonar de vez a equivocada imagem que se colou em nosso autor - a de um monarquista, conservador, contrarevolucionário (Cf. BONGIE, 2000), que deixou passar sem apear o cavalo das revoluções democráticas que logo teriam lugar na Europa e na América. Hoje encontra-se bem mapeada a importância de Hume para o movimento intelectual que culminou na revolução americana (Cf. SPENCER, 2005; 2017). Mas é preciso levar adiante os estudos sobre sua contribuição para o pensamento democrático.

A título de mera sugestão vale observar que Tocqueville parece seguir uma trilha aberta por ele quando pensa a forma política inteiramente nova da democracia moderna como o avesso inseparável de uma determinada forma social, de tal maneira a já não ser possível abstraí-la e pensá-la nos quadros de uma tipologia dos governos posta de antemão, como um dado da natureza ou da razão, uma espécie de ideia reguladora da análise histórica e sociológica, como é o o caso de Montesquieu e Rousseau. É justamente esse passo (que eu diria "humiano") que faz nascer em Tocqueville a ideia de democracia como a forma da experiência política moderna. E se levarmos em conta o que Stuart Mill diz acerca de *A Democracia na América*, a saber, que se trata "o primeiro livro de filosofia escrito sobre a democracia, tal como ela se manifesta na sociedade moderna" (MILL, 1977a, p. 57), e seu entusiasmo com o olhar sociológico e histórico do observador francês para as instituições políticas americanas - com o método de Tocqueville, *como* ele fala do assunto, mais do que *o que* ele diz sobre a democracia (MILL, 1977(b), p. 251) – podemos medir a importância de um retorno a Hume, como aqui se propôs.

Referências bibliográficas

ANSCOMBE, G. E. M. "Rules, rights and promises". In: *Midwest studies in philosophy*, v. 3, 1978.

ARAUJO, C. "Hume e o direito natural". In: Quirino, Vouga, Brandão (orgs). *Clássicos do pensamento político*, São Paulo: Edusp, 1998.

ARISTÓTELES, *Ethica Nicomachea V 1-15, Tratado da Justiça* (trad. Marco Zingano) São Paulo: Odysseus, 2017.

ARQUILLIÈRE, H.-X. *L'augustinisme politique*, Segunda edição, Paris: Vrin, 1972.

BAIER, A. "Moral sentiments and the difference they make". In: *Proceedings of the aristotelian society*, supplementary volume 69, 1995.

______"Hume's account of social artífice – its origins and originality" in: Ethics, 98, p.757-78. (reeditado in: Haakonsen, Whatmore, eds. *David Hume*, Farnham/ Burlington, Ashgate, 2013)

______"Artificial Virtues and the equally sensible non-knaves: a response to Gauthier in: Hume Studies, 18, pp.429-39 (reeditado in: Haakonsen, Whatmore, eds. *David Hume*, Ashgate, 2013)

______ *The cautious jealous virtue: Hume on justice*. Cambridge/ London: Harvard University Press, 2010.

BARROS, A.R.G. (2015) *Republicanismo inglês*. São Paulo: Discurso editorial.

BARRY, B. *Theories of Justice. A Treatise on Social Justice, v. 1*. Los Angeles, University of California Press, 1989.

BERNS, T. Violence de la loi à la renaissance, Paris: Kimé, 2000

BERRY. C. J. "Sociality and Socialisation". In: BROADIE, A. (org.) The Cambridge Companion to Scottish Enlightment, Cambridge University Press, 2003.

______*The idea of Comercial Society in scottish enlightenment.* Endiburgh: Endiburgh University Press, 2015.

______ *Essays on Hume, Smith and the scottish enlightenment.* Endiburgh: Endiburgh University Press, 2018.

BOBIO, N. "Sociedade Civil". In: *Dicionário de política*, v. 2, Brasília: Editora UnB, 2010.

BOLINGBROKE, *A dissertation upon parties*, In: *Political writings*, Cambridge, Cambridge University Press, 1997.

BONGIE, L.L. *David Hume, prophet of the counter-revolution*, Indianapolis: Liberty Fund, 2000.

BOROT, L. "Hobbes et Harrington: la liberté et l'experience" In: *Thomas Hobbes, de la méthaphysique à la politique*, Paris:Vrin, 1989.

BRADY, R. *An historical treatise of cities and burghs or boroughs*, London: Browne, 1711 (re-print Gale ECCO print editions).

BRAND, W. *Hume's theory of moral judgement.* Dordrecht/ Boston/ London, Kluger Academic Publishers, 1992.

BRITO VIEIRA, M. *The elements of representation in Hobbes.* Leiden: Brill, 2009.

BROADIE, A. "Sympathie and the Impartial Spectator". In: HAAKONSEN, K. (org.) *The Cambridge companion to Adam Smith.* Cambridge: Cambridge Univeristy Press, 2006.

BUCKLE, S. *Natural Law and the Theory of Property. Grotius to Hume.* Oxford: Clarendon Press, 1991.

BUTLER. *Fifity Sermons.* In: RAPHAEL D. D. (ed.) *British Moralists 1650-1800,* v.1. Indianápolis: Hatchet, 1991.

CACHEL, A. "Do padrão do gosto em Hume: a crítica e a racionalidade", In: *Rapsódia* (USP). v.2, 2018.

CAIRNS, J. W. *Legal theory*, In: BROADIE, A. (org.) *The Cambridge Companion to Scottish Enlightment*. Cambridge, Cambridge University Press, 2003.

CAFFENTIZ, C. G. "Hume, money and civilization; or Why was Hume a metallist?" In: *Hume Studies*, n. 27, v.2, november, 2001, p. 301-335.

CAPALDI. N; LIVINGSTON, D. (org.) *Liberty in Hume's History of England*. Dordrecht/ Boston/ London: Kluwer Academic Publishers, 1990.

CARDOSO, S. (2015) "Em direção ao núcleo da 'Obra Maquiavel': sobre a divisão civil e suas interpretações", *Discurso* 45/2. p. 209-247.

CARRIVE, P. *Bernard Mandeville: passion, vices, vertus*. Paris:Vrin, 1980

CICERO. *De republica*. Paris: Garnier, 1954.

______ *De legibus*. Paris: Garnier, 1954 (b).

______ *De oficiis*. Paris: Belle Letrres, 1974.

CLÉRO, J-P. "Le concept de nature humaine dans le *Traité* e dans L'*Histoire D'Angleterre*", In: Gautier, C. (org.) *Hume et le concept de société civile*, Paris: PUF, 2001.

COKE, E. *The second part of the Institutes of the law of England*, London: Brooke, 1797 (re-print ULAN press).

COHON, R. *Hume's morality, feeling and fabrication*, Oxford University Press, 2008.

CROMARTIE, A. "Harringtonian Virtue: Harrington, Machiavelli, and the Method of the Moment". The Historical Journal, Vol. 41, o. 4 (Dec., 1998), p. 987-1009

COTTON, J. "James Harrington and Thomas Hobbes", *Journal of the History of Ideas*, Vol. 42, No. 3 (Jul. - Sep., 1981), p. 407-421

DAVIE, W. "Hume's general point of view". In: *Hume studies*, v. XXIV, n. 2, november/1998.

DELEULE, D. *Hume et la naissance du libéralisme économique*. Paris: Aubier, 1979.

DELEUZE, G. *Empirismo e Subjetividade*, São Paulo: Ed 34 Letras, 2001.

DIATKINE, D. "Hume et le libéralisme économique". In: *Cahiers d'économie politique*, n°16-17, 1989. *Le libéralisme économique. Interprétations et analyses.* p. 3-19;

DUMONT, L. *Homo Aequalis*. Paris: Gallimard, 1977.

FERGUSON, A. *Ensaio sobre a história da sociedade civil*. Trad. Eveline Campos Hauck e Pedro Paulo Pimenta. São Paulo: Ed. Unesp, 2019.

FIELD, S. L. *Potentia, Hobbes and Spinoza on power and popular politics*. Oxford, Oxford University Press, 2020.

FOISNEAU, L. "Le Vocabulaire du pouvoir: potentia/ potestas, power". In: (ZARKA Y-C., org.) *Hobbes et son vocabulaire*. Paris: Vrin, 1992.

FORBES, D. *Hume's philosophical politics*. Cambridge: Cambridge University Press, 1975.

FRATESCHI, Y. *A física da política*. Campinas: Editora Unicamp, 2008.

FREDERIC II, *L'antimachiavel*. In. *Oeuvres*, Paris: Fayard, 1985.

GARRET, D. "The first motive to justice: Hume's circle argument squared". *Hume Studies*, 33, 2007, p. 257-88 (reeditado in: Haakonsen, Whatmore, eds. *David Hume*, Farnham/ Burlington, Ashgate, 2013).

GAUTIER, C. (org.) *Hume et le concept de societé civil*. Paris: PUF, 2001.

______ "Du droit au fait de résistance: histoire et société civil". In: Gautier, C. (org.) *Hume et le concept de société civile*, Paris: PUF, 2001b.

______ *Hume et les savoirs de l'histoire*. Paris:Vrin, 2005.

GAUTHIER, D. *The logic of Leviathan*. Owford University Press, 1969.

______ "David Hume, contractarian". In: *The philosophical review*, LXXXVIII, n° 1, janeiro, 1979.

GIANETTI, E. *Vícios privados, benefícios públicos? A ética na Riqueza das Nações*. São Paulo: Cia das Letras, 2007 [1993].

GIARRIZZO, G. *David Hume politico e storico*. Torino. Einaudi; 1962.

GOUGH, J. W. *Fundamental Law in the English Constitutional History*. Oxford University Press, 1955. Trad. francesa; Paris: PUF, 1992.

GRAMSCI, A. *Notas sobre Maquiavelo, sobre la política y sobre el Estado moderno*. Buenos Aires: Nueva Visión, 1984.

GROTIUS, H. *De jure belle ac pacis*, Joannis a Schoonhoven & Soc., s/d (Google e-Books);

______ *The rights of war and peace*. Tuck, R. (ed.), Indianapolis: Liberty Fund, 2005.

HAAKONSSEN. K. *L'árt du législateur, la jurisprudence naturelle de David Hume et d'Adam Smith* (trad. F. Kearns), Paris: PUF, 1981.

______ *Natural Law and moral philosophy, from Grotius to scottish enlightment*, Cambridge, Cambridge University Press, 1996.

______ "Hugo Grotius and the history of political thought". In: Haakonsen (org.). *Grotius, Pufendorf and Modern Natural Law*, Aldershot/ Brookfield: Ashgate, 1999.

______ "Natural jurisprudence and theory of Justice", In: BROADIE, A. (org.). *The Cambridge Companion to Scottish Enlightment*, Cambridge University Press, 2003

HARDIN, R. *David Hume: moral and political theorist*, Oxford: Oxford University Press, 2007.

HARRINGTON, J. *The Commonwealth of Oceana*, Cambridge: Cambridge University Press, 1992.

HARRIS, J. A. "Of Hobbes and Hume: a review of Paul Russel *The riddle of Hume's Treatise*: skepticism, naturalism and irreligion. In: *Philosophical books*, v. 50, n. 1, 2009, p. 38-46.

HARRISON, J. *Hume's theory of justice*. Oxford: Clarendon Press, 1981.

HAYEK, F.A. *Law, Legislation and Liberty* (vols. 1-3), London: Routlage, 1982.

______ "The legal and political philosophy of David Hume". In: Studies In Philosophy, Politics And Economics, University of Chicago Press, 1985.

HERDT, J. A. *Religion and Faction in Hume's moral philosophy*, Cambridge University Press, 1997.

HIRSCHMAN, A. *Les passions et les intérêts* (trad. P. Andler), Paris: PUF, 1980.

HOBBES, T. *Leviathan*, London: Penguin books, 1985.

HOBBES, T, Leviatã, tradução João Paulo Monteiro e Maria Beatriz Nizza da Silva, São Paulo: Abril Cultural, 1974.

HONNETH, A. *Luta por reconhecimento,* tradução Luiz Repa, São Paulo: Editora 34, 2003.

HONT, I. "Adam Smith's history of law and government". In. BOURKE, R., GEUSS, R. (org.) *Political Judgement, Essays for John Dunn*, Cambridge University Press, 2009.

______ *The jealousy of trade, international competition and the nation-state in historical perspective*, Harvard University press, 2010.

______ *Politics in Commercial Society, Jean-Jacques Rousseau and Adam Smith*, Harvard University Press, 2015.

HUME. D. *A Treatise on Human Nature*, Selby-Bigge/ Nidditch (eds), Oxford: Clarendon Press, 1989. [T]

______ *Tratado da Natureza Humana*. Tradução Déborah Danowski, São Paulo: Editora Unesp/ Imprensa oficial, 2000. [T trad.]

______ *Enquiry concernig the principles of morals*, Selby-Bigge (ed.), Oxford: Clarendon Press, 1975. [EPM]

______ *Investigação sobre os princípios da moral*. In: *Investigações sobre o entendimento humano e sobre os princípios da moral*, trad. José Oscar de Almeida Marques, São Paulo: Editora Unesp, 2003.

______ *Essays Moral, Political and Literary*, E. Miller (ed.), Indianapolis: Liberty Fund, 1985.[E]

______*Ensaios políticos*, tradução P. P. Pimenta, São Paulo: Martins Fontes, 2003. [E trad.]

______ *The History of England* (6 vols). Indianapolis: Liberty Fund, 1983. [H]

______ *História da Inglaterra* (seleção, tradução, apresentação e notas, P. P. Pimenta), São Paulo, 2014. [H trad.].

______ *A letter from a gentleman to his friend in Edinburgh*. In: *An Enquiry concerning human undertanding: with Abstract to the Treatise of Human nature and a letter from a gentleman to his friend in Edinburgh*. Indianapolis: Hackett, 1993.

HUNDERT, E. J. *The Enlightement's Fable*. Cambridge, 1994.

HUTCHESON, F. *An Inquiry into the original of our ideas of beuty and virtue*. London: Lincoln-Rembrandt reprint, 1738.

______ *A short introduction to moral philosophy, containing the elements of ethics and the law of nature*. In: Collected works of F. Hutcheson, v. IV. Hildesheim/ Zurich/ New York: G. Olms Verlag, 1990.

______ *A system of moral philosophy*. In: Collected works of F. Hutcheson, v. IV. Hildesheim/ Zurich/ New York: G. Olms Verlag, 1990.

JAFFRO, L. "La formation de la doctrine du sens morale: Burnet, Shaftesbury, Hutcheson". In: Jaffro, L. (org.). *Le sens morale: Une histoire de la philosophie morale de Locke à Kant*. Paris: PUF, 2000.

KAMES, H. H. *Essays upon several subjects concerning british antiquities*, London, M. Cooper, 1749 (Nabu Public Domain Reprints).

______ *Historical Law-tracts*. Edinburgh: A. Kincaid, 1761 (The lawbook exchange, Ltd. Union, New Jersey, 2000).

KANT, I. *Fundamentação da Metafísica dos Costumes*. Lisboa; Edições 70, 2008.

KAVKA, G. S. *Hobbesian moral and political theory*. Princeton University Press, 1986.

KING J.T "The place of the language of morals in Hume's Second Inquiry". In: Livingston D (ed.) *Hume, a re-evaluation*, Nova York: Fordan University Press, 1978.

KLAUDAT, A. "A obrigação da promessa em Hume", KRITERION, 124, junho a dezembro/2011.

KRAMNICK, I. *Bolinbroke and his circle, the politics of nostalgia in the age of Walpole*. Ithaca, Cornell University Press, 1992.

KUNTZ, R. "Hume: a teoria social como sistema". KRITERION, 124, junho a dezembro/2011.

LANDIS, J. E. 'Whither Parties? Hume on partisanship and political legitimacy". In: *American Political Science Review*, 2017.

LARRÈRE. C. "Les typologies des gouvernements chez Montesquieu". *Revue Montesquieu*, Grenoble, In.5, p. 157-172, 2001.

LEFORT, C. *Le travail de l'oeuvre Machiavel*, Paris: Gallimard, 1986.

LE JALLÉ, E. *L'autorégulation chez Hume*. Paris: Puf, 2005.

LA ROCHEFOUCAULD *Oeuvres*. Bibliothèque de la Pléiade. Gallimard, Paris: 1964.

LAFOND, J. "Mandeville et La Rochefoucauld". in: *L'home et son image*. Champion, Paris: 1996.

______ "De la morale à l'économie Politique", In: Force e Morgan (org.). *De la morale à l'économie politique*, Paris, PUF, 1996.

LIEBERMAN, D. "Adam Smith on Justice, Rights, and Law", In: (HAAKONSEN, K. org.) *The Cambridge Companion to Adam Smith*, Cambridge University Press, 2006.

LIMONGI, M.I. "A semântica do materialismo de Hobbes". Analytica (UFRJ), Rio de Janeiro, v. 5, n.1, p. 109-135, 2002.

______ *O homem excêntrico, paixões e virtudes em Thomas Hobbes*. São Paulo: Loyola, 2009.

______ "Estado representativo/ governo representativo: sobre os aspectos democráticos da representação política em Hobbes". *CONJECTURA: FILOSOFIA E EDUCAÇÃO* (UCS), v. 23, p. 147-170, 2018.

LIVINGSTON, D. *Hume's Philosophy of Common Life*. University of Chicago, Chicago Press, 1984.

______ *Hume's historical conception of liberty*, In: CAPALDI. N; LIVINGSTON, D. (org.) *Liberty in Hume's History of England*. Dordrecht/ Boston/ London: Kluwer Academic Publishers, 1990

LOCKE, J. *Segundo Tratado sobre o governo*. In: Locke, J. Dois tratados sobre o governo, São Paulo: Martins Fontes, 2005.

______ *Essays on the law of nature*.Von Leyden (ed.). Oxford: Oxford University Press, 1988.

______ *An Essay concerning human understanding*, Nidditch (ed.). Oxford: Oxford University Press, 1979.

MACK, E. "Des droits naturels chez Smith". In: *Cahiers d' Économie Politique*, n. 19, Paris: L'Harmattan, 1991.

MADISON, JAY, HAMILTON, *The federalist*. Indianapolis: Liberty Fund, 2001.

MALHERBE, M. "Science politique et histoire dans les *Essais* de David Hume". In: Gautier, C. (org.) *Hume et le concept de société civile*. Paris: PUF, 2001.

MANDEVILLE, B. *The fable of the Bees and others writings*, Cambridge: Hackett, 1997.

______ *La Faible des Abeilles*, trad. P. Carrive, 2 vols, Paris:Vrin, 1991

______ *Uma Investigação sobre a origem da virtude moral*, In: *Filosofia Moral Britânica*, vol I, Campinas: Ed. Unicamp, 1996.

MAQUIAVEL, N. *O Príncipe*, edição bilingue, trad. Diogo Pires Aurélio, São Paulo: Editoria 34, 2017.

______ *Discorsi sopra la prima deca di Tito Livio*. In: M. Martelli (ed.), *Tutte le opere*, Bompiani, Florença, 2018.

______ *Discursos sobre a primeira década de Tito Livio*. São Paulo: Martins Fontes, 2007a.

______ *Istorie fiorentine*. In: M. Martelli (ed.), *Tutte le opere*, Bompiani, Florença, 2018.

______ *História de Florença*. São Paulo: Martins Fontes, 2007b.

McARTHUR, N. *David Hume's political theory, law, commerce, and the constitution of government*, Toronto/ Buffalo/ London, University of Toronto Press, 2007.

MERRILL, T. W. *Hume and the politics of Enlightment*. Cambridge, Cambridge University Press, 2015.

MONTESQUIEU. *L'Esprit de lois*. In: *Oeuvres*, Paris: Seuill, 1964.

MONZANI, L.R. *Desejo e prazer na Idade moderna*. Curitiba: Champagnat/ PUCPR, 2011 [1995].

NASCIMENTO, L. F. S. *Shaftesbury e a ideia de formação do caráter moderno*, São Paulo: Alameda, 2012.

OZ-SALZBERGER, F. "The political theory of the Scottish; In: BROADIE, A. (org.) The Cambridge Companion to Scottish Enlightenment, Cambridge University Press, 2003.

MOSCATELI. R. *Rousseau frente ao legado de Montesquieu*. Porto Alegre, EdiPUCRS, 2010.

PASCAL, B. *Pensées*, In: *Oeuvres*, ed. Lafuma. Paris: Seuil, 1963

______ *Trois discours sur la condition des grands*, In: *Oeuvres*. ed. Lafuma, Paris: Seuil, 1963.

PHILLIPSON, N. *David Hume, the philosopher as historian*. Yale University Press, 1989.

PIMENTA, P.P. *A linguagem das formas*, São Paulo: Alameda, 2007.

______ *A imaginação crítica*, Hume no século das Luzes. Rio de Janeiro: Azougue, 2013.

______. *A trama da natureza*, São Paulo: ed. Unesp, 2018.

PITSON, A. E. "Hume on Promises and Their Obligation" In: *Hume Studies*, Volume 14, Number 1, April 1988, p. 176-190.

POCOCK, J. G. A. *The ancient constitution and the feudal law*. New York: Norton library, 1967.

______ *The maquiavellian moment*. Segunda edição. Princeton: Princeton University Press, 2003.

______ "Languages and their implications: the transformation of the study of political thought", In: *Politics, Language and Time. Essays on political thought and history*. Chicago: University of Chicago Press, 1989 (a).

______ "Machiavelli, Harrington and English Political Ideology in the Enghteenth Century", In: *Politics, Language and Time. Essays on political thought and history*. Chicago: University of Chicago Press, 1989 (b).

PUFENDORF. S. *De Jure Naturae et Gentium*, Francofurti: Officina Knochiana, 1744 (disponível em http://www.archive.org/details/dejurenaturaeeg01pufe).

______. *Of the law of nature and nations*, Oxford: L. Lichfield, 1710 (Galle ECCO Print Editions).

______ *On the duty of man and citizen*. Tully. J. (ed.). Cambridge: Cambridge University Press, 1991.

QUAGLIONI, D. *Machiavelli e la lingua della giurisprudenza*, Bologna: Mulino, 2011.

RAAB, F. *The english face of Machiavelli*, Londres/ Nova York: Routledge, [1964] 2013.

RAPHAEL, D. D. "Hume and Adam Smith on Justice and Utility, Proceedings of the Aristotelian Society, New Series, Vol. 73 (1972 - 1973), p. 87- 103.

______ "The impartial Spectador", In: SKINNER, A. S. WILSON, T. (ed.) *Essays on Adam Smith.* Oxford: Clarendon press, 1975.

______ *The impartial Spectator*, Adam Smith Moral Philosophy. Oxford: Clarendon Press, 2007.

RASMUSSEN, D. C. *The infidel and the professor.* Princeton, Princeton University Press, 2017.

RAWLS, J. *Uma teoria da Justiça.* São Paulo: Martins Fontes, 1997

REIS, N. H. N., "David Hume e suas inconfessáveis relações com Maquiavel". *Revista Estudos Hum(e)anos*, v. 7, n.2, 2019.

ROSEMBLUM, N. L. *On the side of the angels, an appreciation of parties and partisanship*, Princeton/ Oxford: Princeton University Press, 2008.

ROTHSCHILD, E. *Economic sentiments. Adam Smith, Condorcet, and the Enlightment.* Cambridge, Harvard University Press, 2001.

ROUSSEAU, J-J. *Discurso sobre a origem e o fundamento da desigualdade entre os homens.* São Paulo: Martins Fontes, 2005.

______ *O Contrato Social.* São Paulo: Martins Fontes, 2006.

RUSSEL, P. *The riddle of Hume's Treatise: skepticism, naturalism and irreligion.* Oxford, Oxford University press, 2008.

SABL, A. *Hume's politics: coordination and crisis in the History of England.* Princeton, Princeton University Press, 2012.

SAGAR, P. *The opinion of mankind, sociability and the theory of state from Hobbes to Smith.* Princeton, Princeton University Press, 2018.

SALLES, F. O. "Natureza e artifício: Hume crítico de Mandeville e Hutcheson", in: *Discurso*, V. 50. n.1, 2020.

SEN, A. *A ideia de justiça.* São Paulo: Companhia das Letras, 2013.

SHAFTESBURY. *A letter concerning enthusiasm.* In. *Characteristicks of men, manners, opinions, times.* v. I, Indianapolis: Liberty Fund, 2001 (a). 3 vols.

______. *Soliloquy, or advise to an author.* In In. *Characteristicks of men, manners, opinions, times.* v. I, Indianapolis: Liberty Fund, 2001 (b). 3 vols

An Inquiry concerning virtue and merit. In: *Characteristicks of men, manners, opinions, times*, v. II, Indianapolis: Liberty Fund, 2001 (c). 3 vols.

SKINNER, Q. *Liberty before liberalism*. Cambridge, Cambridge University Press, 1998.

______ *Hobbes and republican liberty*. Cambridge, Cambridge University Press, 2008.

SMITH, A. *The theory of Moral Sentiments*, Indianapolis: Liberty Fund, 1982a

______ *Lectures on jurisprudence*, Indianapolis: Liberty Fund, 1982b.

______ *An inquiry into de Nature and causes of the wealth of nations*, 2 vols. Indianapolis: Liberty Fund, 1981.

SMITH, H. F. R. *Harrington and his Oceana, a study os 17th century utopia and its influence in America*. Cambridge, Cambridge University Press, 1914 (Cornell University Library, digital collections).

SMITH, R. J. 1987. *The gothic bequest, medieval institutions in british thought*, 1688-1863. Cambridge, Cambridge University Press, 1987.

SPENCER, M. G. *David Hume and the Eighteenth-Century America*, Rochester: University of Rochester Press, 2005.

STEWART, J. B. *The moral and political philosophy of David Hume*. New York/ London: Columbia University Press, 1963.

______ *Opinion and reform in Hume's political philosophy*. Princeton: Princeton University Press, 1992.

STRAUSS, L. *Natural Right and History*. Chicago, Chicago University Press, 1968.

SUZUKI, M. *A forma e o sentimento do mundo Jogo, Humor e arte de viver na filosofia do século XVIII*. São Paulo: Editora 34, 2014.

TOCQUEVILLE, A. *A democracia na américa*. 2. vols. São Paulo: Martins Fontes, 2014.

THOMPSON, F. *Magna Carta, its role in the making of the English constitution (1300-1629)*. Minneapolis: The University of Minnesota Press, 1948.

TUCK, R. "The 'modern' theory of natural Law. In: Pagden, A. (ed.) *The languages of political theory in Earl-modern Europe*. Cambridge: Cambridge University Press, 1987.

______ *Natural rights theories, their origin and development*, Cambridge University Press, 1979 (1° edição), 1995.

______ *The sleeping sovereign: the invention of modern democracy*. Cambridge: Cambridge University Press, 2015.

TULLY, J. *An approach to political philosophy: Locke in contexts*. Cambridge: Cambridge University Press, 1993.

VANDERSCHRAAF, P. & VALLS, A."Hume on decisions, Convention, and Justice" In: COVENTRY, A. & VALLS, A (ed.) *David Hume on Morals, Politics and Society*, Yale University Press, 2018.

VILLEY, M. *A formação do pensamento jurídico moderno*, São Paulo: Martins Fontes, 2009.

VLACHOS, G. *Essai sur la politique de Hume*, Paris: Domat-Montchrestien, 1955

WALDRON, J. *Law as desagreement*, Oxford: Clarendon Press, 1999.

______. *A Dignidade da Legislação*, São Paulo: Martins Fontes, 2003.

WEIN, S. "David Hume and the empiricist theory of law". *Man and Nature*, 9, 1990, pp. 33-44 (reeditado em Mackinnon, K. *Hume and Law*, Ashgate, 2012, pp.23-34)

WESTON, C. C. "L'Anglaterre: l'ancienne constitution et le droit commun", In: Burns, J. H. (org.) *Histoire de la pensée politique moderne*, 1450-1700, Paris, PUF, 1997.

WEXLER, V. G. *David Hume and the history of England*. Philadelphia, The american philosophical society, 1979.

WHELAN, F. *Order and artifice in Hume's political philosophy*, University of Chicago press, 1984.

______ *Hume and Machiavelli: political realism and liberal thought*. Lexington books, 2004.

WHITE, J.; YPI, L. The meaning of partisanship, Oxford University Press, 2016.

WINCH, D. *Adam Smith's Politics*. Cambridge University Press, 1978.

ZARKA, Y-C. *La décision métaphysique de Hobbes*, Paris: Vrin, 1987.

______ *Hobbes et la pensée politique moderne*, Paris: PUF, 1995.

______ "Puissance et liberté: de la métaphysique à la politique chez Hobbes", In: *Liberté et Necessité chez Hobbes et ses contemporains*, Paris: Vrin, 2012.

Alameda nas redes sociais:
Site: www.alamedaeditorial.com.br
Facebook.com/alamedaeditorial/
Twitter.com/editoraalameda
Instagram.com/editora_alameda/

Esta obra foi impressa em São Paulo no primavera de 2022. No texto foi utilizada a fonte Bembo Std em corpo 10,5 e entrelinha de 15,5 pontos.